神速

関 正生の
TOEIC® L&R テスト
神単語

関 正生、桑原雅弘、Karl Rosvold 著

TOEIC is a registered trademark of ETS.
is not endorsed or approved by ETS.
*L&R means Listening and Reading

the japan times 出版

JN107666

◉ はじめに

●単語帳の「腕の見せ所」とは？

英語学習において「単語を覚える」ことは永遠の課題で、それは TOEICテストでも同じですが、TOEICには以下の特徴があります。

> **①授業・受験ではまったく出てこなかった単語が出る**
>   例：cater「料理を提供する」／itinerary「旅程（表）」／venue「会場」
> **②訳語を見ても意味がわかりにくい単語が出る**
>   例：irrigation「灌漑」／logistics「物流」／focus group「フォーカスグループ」
> **③日本語でもここ数年で使い始めたような最新単語が出る**
>   例：telecommute「在宅勤務する」／webinar「オンラインセミナー」／self-driving「自動運転の」

こういった単語が次々に出てくるのです。これをどう捌くかが単語帳の作り手の腕の見せ所であり、単語帳そのものの価値に大きく影響します。

①の場合、「学校で習う基本単語」と「TOEIC特有語」との選別が大事です。学校で習ってきた単語はもちろん大事ですが、そればかり載せてもTOEICの英文を読めるようにはなりません。

本書では、今まで膨大な数の大学受験生とTOEIC学習者の両方を教えてきた経験があるからこそできる絶妙な選別をしました。

②は従来の単語帳で見落とされていることです。訳語を載せるだけではピンとこない単語もあるので、本書ではその意味や使い方をしっかり説明していきます。

③については「最新の単語が出るの？　なんかイヤだな」と思う人も多いかもしれませんが、逆に言えば最新の単語が出るからこそTOEICは実践的であり続けるわけです。本書ではそういった単語もしっかり掲載・解説しているので、ぜひTOEICテストだけでなく、実際の英会話・ビジネスでも役立ててください。

●990点満点著者3人のエッセンス

大学入試や英検の問題と違って、TOEICテストでは問題用紙が回収されます。実際に出た英文・問題は、自身が会場で受けずして知ることはできません（公式問題集はありますが）。

毎回、満点を取得しながら、新しい傾向・問題・ひっかけパターン・英文の内容、そして語彙をチェックして覚えて帰ってくる作業は何回やっても脳と体が疲弊します（もちろんその大変さは皆さんも同じです。TOEICテストを受けるって、本当に大変なことですよね）。毎回新しい表現がたくさん出るわけではないので、持ち帰る新しい情報など1回の試験で2～3個です。まるで砂漠の中で砂金を集めるような作業なのですが、本書の著者3人はそれを長年続けてきました。そしてこの本の執筆に当たり、徹底的に情報を集め、それぞれの視点から分析をして、さらに3人で話し合い、議論を重ね、そのエッセンスを詰め込みました（全員同じ会社に属する社員で、この10年ほど文字通り毎日顔を合わせています。この連帯感はどの本にも負けないものだという自負があります）。

いきなり熱く語ってしまいましたが、そんな本書は初級者～上級者まですべてのTOEIC学習者に役立つと信じています。特に意識したのは以下の悩みを持つ学習者です。

> **ケース①　単に訳語があるだけでは覚えにくい**
> **ケース②　丸暗記より理屈やストーリーが好き**
> **ケース③　今まで単語帳はすべて挫折した…**

世間には「単語は自分でやるもの」という暗黙の了解がありますが、だからといって、ただ単語を羅列して「よく出る」とか「頑張ろう」と言うだけではプロフェッショナルの仕事とは思えません。効率の良い覚え方を伝えたり、1人では気づかないことを教えたりすることこそが僕らの仕事です。本書で「単語だってここまで"解説できる"」ということを実感して、ぜひTOEICの単語をマスターしていってください。

関 正生・桑原 雅弘・Karl Rosvold

◉ 目次　Contents

Chapter 1　最新情報を知る

Chapter 2　モヤモヤを晴らす

カバー・本文デザイン	㈱ アンパサンド
組版	㈱ 秀文社
ナレーション	Howard Colefield (米)、Emma Howard (英)、花奏舞依 (日)
音声収録・編集	ELEC録音スタジオ

⦿ 本書の特長と使い方

➷ ホントに出る！

telecommute「在宅勤務する」、webinar「オンラインセミナー」など、普通の単語帳ではほとんど載っていないもののTOEICでは出る最新単語も採用しています。

また、TOEICでは「単語の言い換え」がよく出るので、類義語・言い換えられる単語が大切です。ただ、その対策となると単語が羅列されるだけのことが多く、それをひたすら覚えるのはあまりにも苦痛だと思います。本書では「実際にどう出たか」という情報をたくさん載せているので、大事なものからチェックしていくことができます（実は、同じ言い換え問題が出ることがTOEICではよくあります）。

スコア直結の800語をテーマ・目的別に厳選。各見出し語に例を2つ掲載し、異なる意味や用法、関連語の例もまとめて攻略します。

> **見出し語**
> スコア直結の800語をテーマ別・目的別に習得！

> **語義**
> 本番で出題される語義を掲載。赤シートで隠して学習できる

002

remotely

副 遠くで・（否定文で）まっ〜ない

[rimóutli]

> **発音記号**
> 音声と共に確認すると効果的

▶ encourage employees to work remotely instead of reporting to work

▶ I'm not remotely inte

> **フレーズ例**
> 2つの例で、異なる意味や用法、派生語・関連語も一気に攻略できる。見出し語の例は
> ▶、派生語・関連語の例は▷で掲載

➤ 覚えられる！

フレーズ（例文）は「TOEICにそのまま出る」ようなものばかりです。また、すべての単語にフレーズを2つ載せ、違った角度から単語を学習できるようにしました。

さらに、単語の「解説」を2種類（「核心」と「隠れポイント」）設けました。単語を覚えるために様々な角度から説明をしています。また、「見出し語」は他の例文で何度も登場させ、自然と復習できる仕組みになっています。

➤ スコアに直結！

単に訳語を載せるだけではなく、「設問で狙われる内容」もきっちり説明しています。たとえば、tentativeは「あくまで仮の」という意味ですが、「この後に変更するかも」と意識することでPart 7の設問が圧倒的に解きやすくなるのです（74ページ）。

本書で使われている記号
動動詞 **名**名詞 **形**形容詞 **副**副詞 **接**接続詞 **前**前置詞
S 主語　V 動詞　s 従属節の主語　v 従属節の動詞
O 目的語　C 補語　p.p. 動詞の過去分詞

派生語・関連語
出題頻度の高い関連語も
まとめてチェック

音声
見出し語・語義・
例文の音声つき

🔊 1-001

形 remote 遠い・（可能性が）わずかな

▶ 従業員に、出社せずにリモートで働くことを奨励する
※ report to work「通勤する・出社する」

▶ 私は転職にまった〜興味がない

補足説明
フレーズ例で押さえておきたい
重要単語や熟語を確認

◉「リモコン（remote control）」は「遠隔で操作する機器」ですね。work remotely「遠くで働く」→「リモートワークをする」は現代で必須の表現です。work from[at] home「在宅勤務する」もチェックを。◎例2のように「実現からほど遠い」→「可能性が低

「◉核心」「◎隠れポイント」
リアリティのある単語解説が理解と定着を促進。隠れポイントで、TOEIC頻出の出題パターンなどもフォロー

⦿ 特典音声のダウンロード

見出し語と語義、例1・2（英語）のMP3音声をスマートフォン（アプリ）やパソコンでダウンロードし、ご利用いただくことができます。

〈スマートフォン〉

1. ジャパンタイムズ出版の音声アプリ
   「OTO Navi」をインストール
2. OTO Naviで本書を検索
3. OTO Naviで音声をダウンロードし、再生
   3秒早送り・早戻し、繰り返し再生などの便利機能つき。
   学習にお役立てください。

〈パソコン〉

1. ブラウザからジャパンタイムズ出版のサイト
   「BOOK CLUB」にアクセス
   https://bookclub.japantimes.co.jp/book/b618890.html
2. 「ダウンロード」ボタンをクリック
3. 音声をダウンロードし、iTunesなどに取り込んで再生
   ※音声はzipファイルを展開（解凍）してご利用ください。

Chapter 1
最新情報を知る

Section 1
最新単語

TOEICでは現実社会を反映して、常に新しい単語が登場します。たとえば、a virtual store「仮想空間の店」やwebinar「オンラインセミナー」といった単語は世間の注目と同時にTOEIC本番で出ていますし、2020年以降、telecommute「在宅勤務する」も頻繁に出題されるようになりました。

まずは本書の最大の特長である最新単語を攻略していきましょう。

Section 1　最新単語　会社・働き方系

001
☐
☐
☐

telecommute

動 在宅勤務する

[téləkəmjùːt]

▶ telecommute instead of going to the office

▶ a telecommuting policy

002
☐
☐
☐

remotely

副 遠くで・(否定文で)まったく～ない

[rimóutli]

▶ encourage employees to work remotely instead of reporting to work

▶ I'm not remotely interested in changing jobs.

003
☐
☐
☐

flexible

形 柔軟な・融通の利く

[fléksəbl]

▶ the pros and cons of flexible scheduling

▶ introduce flexible working hours

004
☐
☐
☐

freelance

形 フリーランスの
動 フリーランスとして働く

[fríːlæns]

▶ earn a living as a freelance photographer

▶ freelance as a mobile app developer

800

名 telecommuting 在宅勤務

⊙ tele-は「遠い」で、telephone「遠くからの音」→「電話」や telescope「遠くを見る機械」→「望遠鏡」で使われています。telecommute は「遠くで(tele)通勤する・働く(commute)」→「在宅勤務する」です。⊙現実社会の動向を反映して、TOEICの世界でも在宅勤務を許可する会社はどんどん増えています。

700

▶ オフィスに出社する代わりに在宅勤務をする

▶ 在宅勤務の方針

600

形 remote 遠い・(可能性が)わずかな

⊙「リモコン(remote control)」は「遠隔で操作する機器」ですね。work remotely「遠くで働く」→「リモートワークをする」は現代で必須の表現です。work from[at] home「在宅勤務する」もチェックを。⊙例2のように「実現からほど遠い」→「可能性が低い・まったく~ない」という意味でも使えます。

500

▶ 従業員に、出社せずにリモートで働くことを奨励する
　※ report to work「通勤する・出社する」

▶ 私は転職にまったく興味がない。

400

名 flexibility 柔軟性
名 flextime フレックスタイム制

⊙本来は「曲げられる」で、TOEICでは「(時間や場所を)曲げられる」→「柔軟な・融通が利く」の意味が大事です。日本でも「フレキシブルな働き方」と使われています。⊙ flexible working hours は「柔軟な働く時間」→「フレックスタイム制」(= flextime)です。

300

▶ 柔軟なスケジュール設定の利点と欠点
　※ pros and cons「利点と欠点・メリットとデメリット」

▶ フレックスタイム制を導入する

200

名 freelancer フリーランサー

⊙元々は「自由な(free)槍(lance)」→「(国家や団体に所属せず自由に報酬をもらう)傭兵」で、そこから「会社に所属せず独立して仕事をする人」を表すようになりました。⊙現実でフリーランスの人が増えるのに伴い、TOEICでも登場しています。Part 7で「フリーランスのライター・写真家」がよく出ます。

100

▶ フリーの写真家として生計を立てる
　※ earn a living「生計を立てる」

▶ 携帯アプリの開発者としてフリーで働く

0

Section 1　最新単語　会社・働き方系

005

☐
☐
☐

outsource

[áutsɔ̀:rs | àutsɔ́:rs]

動 外部に委託する

▶ Production costs have been reduced by outsourcing some operations.

▶ outsource domestic shipping to BrownVan, Inc.

006

☐
☐
☐

overtime

[óuvərtàim]

名 残業・時間外
形 時間外の
副 時間外に

▶ work overtime

▶ reduce overtime hours

007

☐
☐
☐

venture

[véntʃər]

名 ベンチャー企業
動 危険にさらす・思い切ってする

▶ invest in a new venture

▶ I'd venture to say Bill White's new single will be very popular.

008

☐
☐
☐

entrepreneur

[à:ntrəprənə́:r]

名 起業家

▶ a Silicon Valley entrepreneur

▶ a serial entrepreneur who has founded multiple startup companies

◀)) 1-002

800

700

600

500

400

300

200

100

_/0

名 outsourcing 外部委託

▶ 一部の業務を外部に委託することで、生産コストが削減された。

▶ 国内配送を BrownVan 社に委託する
※ outsource A to B「AをBに委託する・外注する」

◉辞書にはいろいろな訳語が載っていますが、「資源(source)を外に出す(out)」→「(業務を)外部に委託する・外注する」の意味が重要です。日本語でも「アウトソーシング」と使われています。◉本文の outsource が、選択肢でhire an outside company「外部の会社を雇う・委託する」などに言い換えられることもあります。

▶ 残業する・時間外労働をする

▶ 残業時間を減らす

◉「規定の時間(time)をオーバーする(over)」→「残業・時間外」です。例1は副詞、例2は形容詞です。TOEICでは「これから忙しくなるから残業しなきゃ／弊社では時間外労働はない」といった話がよく出ます。
◉ work extra hours でも「余分な時間働く」→「時間外労働をする」を表せます。

名 startup / start-up 新興企業

▶ 新しいベンチャー事業に投資する

▶ あえて言うなら、Bill White のニューシングルはとても人気が出そうですね。
※ venture to ~「思い切って~する・あえて~する」

◉ adventure「冒険」から生まれた単語で、既存の事業に比べてリスクを伴う冒険的な会社を指します。Part 7の「会社に関する記事」でよく出る単語です。◉ a joint venture は「共同事業」、venture capital は「ベンチャーキャピタル(高い成長が予想される未上場のベンチャー企業などへの投資を行う会社)」です。

形 entrepreneurial 起業家としての

▶ シリコンバレーの起業家

▶ 複数のスタートアップ企業を立ち上げている連続起業家
※ serial「連続の」

◉日本でも「アントレプレナー」と言うことが増えてきました。enterprise「事業・会社」と語源が同じなので、「enterprise を作る人」と覚えてもいいでしょう。◉例2にある startup は start up「始める」から生まれた単語で、「事業を始めたばかりの企業」→「新興企業・スタートアップ企業」です。

009
☐
☐
☐

virtual

形 仮想の・事実上の

[və́:rtʃuəl]

▶ a virtual store

▶ a virtual tour of the facility

010
☐
☐
☐

physical

形 身体の・実際の

[fízikəl]

▶ go to the doctor for a physical exam

▶ a physical store

011
☐
☐
☐

video conference

名 テレビ会議・オンライン会議

[vídiòu kánfərəns]

▶ set up a video conference

▷ have the new videoconferencing software installed

012
☐
☐
☐

scan

動 スキャンする・読み取る

[skǽn]

▶ scan a bar code

▶ scan employee ID cards at the Security Desk

700

600

500

400

300

200

100

副 virtually コンピューター上で・事実上

▶ インターネット店舗（仮想空間の店）
※物理的な店にいる体験をオンライン上でできる店のこと

▶ 施設のバーチャル見学

◉日本でも「バーチャル空間」やVR「仮想現実(virtual reality)」と使われていますね。Part 7で「virtual storeのおかげで会社が成功した」話が出たこともあります。◉副詞virtuallyはalmostに近いイメージで、The gas tank is virtually empty.「ガソリンのタンクはほぼ空っぽだ」のようにも使えます。

副 physically 身体的に・実際に

▶ 健康診断を受けに病院に行く
※exam「検査」(≒ examination)

▶ 実店舗
※(online[virtual] storeとは違って)実際に存在している店

◉スポーツで「フィジカル(体の強さ)」と使いますね。「身体の」だけでなく、「物理的な・実際の」という意味も大事です(onlineやvirtualの逆)。
◉Part 7でa physical ticketという表現が出題されたことがあります。これは「(デジタルチケットではなく)実際の紙のチケット」のことです。

名 videoconferencing テレビ会議
（の技術・システム）

▶ テレビ会議を設定する

▷ 新しいテレビ会議のソフトウェアをインストールする
※have O p.p.「Oが〜される」

◉「音声やビデオ通信(video)によって、離れた場所で行う会議(conference)」のことです。現実世界の動きを反映し、TOEICでも「テレビ会議・リモート会議」が頻繁に行われています(今後も増えるはず)。◉関連表現として、teleconference「テレビ会議」やconference call「電話会議」もよく出ます。

▶ バーコードを読み取る

▶ 警備デスクで従業員用 ID カードをスキャンする

◉「スキャナー」は「文字を読み取ってデジタルデータ化する機械」です。TOEICでは「カードをスキャンする機械の導入／駐車スペースを検知するセンサー」などの話が出ます。
◉TOEIC対策でよく言われる「スキャニング」は「文書をスキャンするようにざっと読む」ことです(この方法自体は勧めませんが)。

Section 1　最新単語　テクノロジー・SNS系

013
☐
☐
☐

swipe
[swáip]

動 読み取り機に通す
名 読み取り機に通すこと

▶ swipe an access card at the gate

▶ complete purchases by swiping a credit card

014
☐
☐
☐

text
[tékst]

動 テキストメッセージを送る
名 テキスト・文章

▶ I'll text you later.

▶ Could you text me those six digits?

015
☐
☐
☐

type
[táip]

名 型・タイプ・種類
動 文字を打つ・入力する

▶ a new type of solar panel

▶ Feel free to type your report on my computer.

016
☐
☐
☐

stream
[strí:m]

名 小川・流れ
動 ストリーミング配信する

▶ a stream of traffic

▶ The concert was streamed live.

800
700
600
500
400
300
200
100
0

▶ ゲートでアクセスカードを読み取り機に通す

▶ クレジットカードを読み取り機に通して買い物を完了させる
※ purchase「買い物・購入品」(202番)

⊙日本語の「スワイプ」は「指で画面を押した状態でスライドさせる」イメージですが、TOEICでは「(磁気カードを)読み取り装置にスライドさせる」という意味が大事です(スライドの動作は同じですね)。💬安全規則の話で「入室のためにカードを読み取り機に通して」のような文脈でよく出ます。

▶ 後でメッセージを送りますよ。

▶ その6桁の数字を(メッセージで)送ってくれませんか?

⊙Eメールの場合はe-mailですが、メッセージアプリ(LINEなど)の場合はtextを使います。text 人「人にメッセージを送る」(例1)やtext 人 物「人に物をメッセージで送る」(例2)の形が大切です。💬名詞ではa draft of the text for the pamphlet「パンフレット用の文言の原案」のように使います。

名 typing タイピング・文章入力

▶ 新型のソーラーパネル

▶ 報告書を書くのに、私のパソコンを自由にお使いください。
※ feel free to ~「自由に~する」

⊙本来「型」で、そこから「活字(型を使った印刷)」→「文字を打つ・タイプする・入力する」となりました。
💬動詞が大事で、type one's e-mail address は「メールアドレスを入力する」、type up the meeting minutes は「会議の議事録をタイプして仕上げる」です(type up「タイプして仕上げる」)。

名 streaming ストリーミング
形 live-streaming ライブストリーミングの

▶ 交通の流れ

▶ そのコンサートはライブ配信された。
※ live「生で・ライブで」(副詞)

⊙本来「小川・流れ」で、stand near a stream は「小川のほとりに立つ」です。そこから「(人や物の)流れ」、「データを絶えず流して配信する」→「ストリーミング配信する」となりました。
💬ストリーミング配信とは「データを受信しながら同時に再生する方式」のことです。

Section 1　最新単語　テクノロジー・SNS系

017

☐
☐
☐

electronic

[ilèktránik]

形 電子の・インターネットでの

▶ an **electronic** document

▶ The **e**-reader has a lot of storage.

018

☐
☐
☐

electronically

[ilèktránikəli]

副 コンピューター上で・オンラインで

▶ be updated **electronically**

▶ submit an application **electronically** or via postal mail

019

☐
☐
☐

downloadable

[dáunlòudəbl]

形 ダウンロード可能な

▶ a **downloadable** e-coupon

▶ The e-book is freely **downloadable** from our Web site.

020

☐
☐
☐

webinar

[wébənà:r]

名 オンラインセミナー

▶ host a **webinar**

▶ register for the **webinar** by clicking the link below

800

名 electronics 電子機器

⊙ electr は「電気」を表し、electricity「電気」で使われています。TOEIC の世界では「電子化・ペーパーレス化」の話題が頻出なので、欠かせない単語です。"e-" と略すこともあり、e-book「電子書籍」／e-reader「電子書籍リーダー・電子書籍端末」／e-coupon「電子クーポン」などがよく出ます。

700

▶ 電子文書

▶ その電子書籍端末は大量のストレージを搭載している。

600

⊙「電子的に」と訳されることも多いのですが、「コンピューター上で・オンラインで」と考えた方が理解しやすいでしょう（≒ online）。Part 7では「コンピューター上で閲覧可能／オンラインで提出して」といった内容が頻出です。⊙ 例 2 で は electronically と postal mail「郵便」が対比されています。

500

▶ コンピューター上で更新される

▶ オンラインもしくは郵送で申請書を提出する
※ via「〜によって」(732番)

400

動 download ダウンロードする
動 upload アップロードする

⊙ 動詞につく "-able・-ible" は「可能（〜できる）」と「受動（〜される）」の意味で、downloadable は「ダウンロードされることができる」です。be downloadable from ~「〜からダウンロードできる」でよく使います。⊙ Part 4・7の設問で「ダウンロードできるものは?」と問われることもあります。

300

▶ ダウンロードできる電子クーポン

▶ その電子書籍は弊社サイトから自由にダウンロードできます。

200

⊙ web と seminar がくっついてできた単語で、「インターネット上で行うセミナー」のことです。最近は日本でも「ウェビナー」とよく使われています。すでに TOEIC 本番で何度も登場している重要単語です。⊙ 関連語として、webcam「ウェブカメラ」や Web-based「ウェブを基盤にした」なども出ます。

100

▶ オンラインセミナーを開催する

▶ 下記のリンクをクリックしてオンラインセミナーに登録する

Section 1　最新単語　テクノロジー・SNS系

021

self-driving

形 自動運転の

[sélfdráiviŋ]

▶ a self-driving vehicle

▶ A self-driving car is also known as a driverless car or autonomous car.

022

automated

形 自動の・自動化された

[ɔ́:təmèitid]

▶ a highly automated plant

▶ install automated check-in machines

023

optimize

動 最適化する・最も効果的にする

[ɑ́ptəmàiz]

▶ optimize a production process

▶ optimize software to run on a mobile device

024

misinformation

名 誤った情報

[mìsinfɔ:rméiʃən]

▶ prevent the spread of misinformation

▶ misinformation and disinformation on social media

800

形 driverless 運転手のいない・自動運転の
形 autonomous 自律の・自動の

▶ 自動運転の車

▶ 自動運転車は、運転手のいない車や自律走行車としても知られている。

⊙「自分自身で(self)運転する(driving)」→「自動運転の」です。Part 7で自動運転の技術が紹介されることがあります。💬 driverless は「運転手が(driver)いない(less)」→「無人の・自動運転の」、autonomous は「自身の(auto)法律の(nomous)」→「自治の・自律の・自動の」です。

700

600

動 automate 自動化する
名 automation 自動操作・オートメーション **形 automatic** 自動の
副 automatically 自動で

▶ 高度に自動化された工場

▶ 自動チェックイン機を導入する
※ホテルや空港での話／automated check-out だと「(スーパーなどの)セルフレジ」を表す

⊙ auto-「自動」は automobile「自動車」で使われています。automated は「自動化された」→「自動の」で、「人間ではなくコンピューターや機械を使って」という意味です(あらゆるものが自動化する現代では必須)。💬 ATM は automated[automatic] teller machine(現金自動預払機)の略です。

500

400

名 optimization 最適化
形 optimal 最適の・最善の
形 optimum 最適の・最善の

▶ 生産工程を最適化する
※最も効率的になるよう改善すること

▶ ソフトウェアを携帯機器で使うのに最適化する
※run「機能する・作動する」(359番)

⊙ opti- は「前を見る」で(optimistic は「前向き」→「楽観的な」)、「前を向いて改善する」→「最適化する」と考えれば OK です。💬 SEO は Search Engine Optimization「検索エンジン最適化(ウェブでの検索結果で上位に表示させて閲覧する人を増やすこと)」の略で、この話題が Part 7 で出たこともあります。

300

200

名 disinformation 偽情報

▶ 誤った情報の拡散を防ぐ

▶ SNS における誤った情報と偽情報
※ social media「ソーシャルメディア・SNS」

⊙「誤った(mis)情報(information)」です。ネットや SNS での誤情報に関する話でよく使われるようになり、TOEIC でも「誤情報の拡散を防ぐため SNS 戦略を考える」といった話が出ます。💬 disinformation は「(だます・真実を隠すための故意の)偽情報」で、misinformation とセットでよく使われます。

100

0

Section 1　最新単語　テクノロジー・SNS系

025

biased
形 見方の偏った

[báiəst]

▶ a biased opinion

▶ be heavily biased in favor of large corporations

026

anonymous
形 匿名の

[ənánəməs]

▶ conduct an anonymous survey

▶ thanks to an anonymous donation

027

unanimous
形 満場一致の

[ju:nǽnəməs]

▶ reach a unanimous decision

▶ be unanimous in approving the policy

028

state-of-the-art
形 最新式の・最先端の

[stéitəvðiá:rt]

▶ state-of-the-art technology

▶ install state-of-the-art videoconferencing equipment

名 動 bias 先入観・偏見／先入観を持たせる
形 unbiased 偏見のない・公平な

⊙ bias は動詞「先入観を持たせる」もあり、biased は「先入観を持たせられた」→「先入観を持った・見方の偏った」です。Part 5の語彙問題でも出題されたことがあります。
💡 例2の be biased in favor of ~ は、直訳「~に賛成して(in favor of ~)見方の偏った(be biased)」→「~寄りの考え方で」です。

▶ 偏見

▶ とても大企業寄りの考え方で

副 anonymously 匿名で
名 anonymity 匿名性

⊙ 語頭の a- は「~がない」を表し、「名前がない」→「匿名の」となりました(asymmetry は「(左右)非対称の・アシンメトリーの」です)。日本でも「匿名のハッカー集団」を「アノニマス」と言っています。💡 SNS 社会では欠かせない単語ですし、TOEIC では「匿名のアンケート調査」や「匿名の寄付」の話が頻出です。

▶ 匿名の調査を行う

▶ 匿名の寄付のおかげで

副 unanimously 満場一致で

⊙ anonymous と混同しがちですが、un(= uni)「1つの」に注目して「心が1つの」→「満場一致の」と考えればOKです。uni- は unicorn「ユニコーン・一角獣」や unicycle「一輪車」でも使われていますね。💡 be unanimous in -ing は「~することにおいて満場一致だ」→「満場一致で~する」です。

▶ 満場一致の決定に至る
※ unanimous は u から始まるが、発音は母音「ウ」ではないので直前の冠詞は a

▶ 満場一致でその方針を承認する

形 cutting-edge 最先端の

⊙「芸術の域(art)に達する状態(state)までに洗練された」→「最新式の」です。Part 4の広告で最新の機能をアピールしたり、Part 7で最先端の技術が紹介されたりします。
💡 cutting-edge は「刃の先端(edge)を切り開いて(cut)いくような」→「最先端の」です。

▶ 最新技術

▶ 最新のテレビ会議設備を導入する

700

600

500

400

300

200

100

0

Section 1　最新単語　テクノロジー・SNS系／環境系

029

☐
☐
☐

up-to-date

形 最新の

[ʌ́ptədéit]

▶ the most up-to-date traffic conditions

▶ keep up-to-date on industry trends

030

☐
☐
☐

outdated

形 時代遅れの

[àutdéitid]

▶ a plant with outdated equipment

▶ give customers outdated information

031

☐
☐
☐

sustainable

形 持続可能な

[səstéinəbl]

▶ sustainable energy

▶ promote sustainable growth

032

☐
☐
☐

renewable

形 再生可能な・更新可能な

[rinjúːəbl]

▶ renewable forms of energy such as wind and solar

▶ a renewable contract

800

▶ 最新の交通状況

▶ 業界のトレンドを常に追っている

⊙「本日(date)まで(up to)」→「(本日までの)最新情報」と考えればいいでしょう。TOEICでは「最新情報を確認して／最新の設備を持っている」などと出ます。💬 keep[stay] up-to-date on ~ は、直訳「~に関して(on)最新のままでいる」→「~の最新情報を常に把握している」です。

700

600

形 out-of-date 時代遅れの

▶ 時代遅れの設備を持つ工場

▶ 客に古い（正しくない）情報を与える

⊙「日付・時代の(date)外(out)」→「時代遅れの」です。「(機械などが)時代遅れの」と「(情報が)古くて間違っている」という意味が大事です。Part 7で「誤って古い情報を載せてしまった」という話がよく出ます。💬 out-of-date「日付・時代の外」→「時代遅れの」や old-fashioned「時代遅れの・古い」もぜひチェックを。

500

400

動 sustain 維持する・持続させる
名 sustainability 持続可能性

▶ 持続可能なエネルギー
※太陽光・風力などで持続的に作ることができるエネルギー

▶ 持続可能な成長を促進する

⊙ sustain は「下から(sus)キープする(tain)」→「持続させる」という動詞です。sustainable は「維持されることができる」→「持続可能な」となります。日本でもSDGs「持続可能な開発目標(Sustainable Development Goals)」と使われていますね。💬 特に sustainable energy の話は最近のTOEICでよく出題されています。

300

200

動 renew 更新する
名 renewal 更新

▶ 風力や太陽光などの再生可能なエネルギー

▶ 更新可能な契約

⊙「再び(re)新しく(new)されることできる(able)」→「再生可能な」です。TOEICの世界でも「化石燃料に代わる再生可能エネルギーの開発」に注目が集まっているんです。💬 Part 5の品詞問題でもよく狙われるので、派生語までしっかりチェックしてください。

100

Section 1　最新単語　環境系

033

environmentally

副 環境面で

[invàiərənméntli]

▶ an environmentally friendly vehicle

▶ environmentally responsible business practices

034

paperless

形 紙を使わない・ペーパーレスの

[péipərləs]

▶ the benefits of paperless billing

▶ go paperless

035

disposable

形 使い捨ての

[dispóuzəbl]

▶ disposable plastic cups

▶ stop using disposable wooden chopsticks

036

single-use

形 使い捨ての

[síŋgljúːs]

▶ dispose of single-use plastic containers

▶ get rid of single-use plastic straws

名 environment 環境
形 environmental 環境の

⊙ environmentally friendly は「環境面で優しい」→「環境に優しい」という超重要表現です。eco-friendly「環境に優しい」も併せてチェックを。
💡 environmentally は「形容詞+ly =副詞」ですが、friendly は「名詞+ly =形容詞」です。friendly の「名詞を修飾する役割」が Part 5 でよく狙われます。

▶ 環境に優しい乗り物
　※ ≒ an eco-friendly vehicle

▶ 環境に責任を持つ商慣行
　※ practice「習慣・慣習」(377番)

⊙「紙 (paper) を減らす・なくす (less)」です。環境への配慮やコスト削減の意識から、TOEIC の世界でも「ペーパーレス化」がどんどん進められています。💡 例 2 は go + 形容詞「形容詞になる」の形で、「ペーパーレスシステムを導入する・紙の使用をやめる」ことを表しています。

▶ ペーパーレス請求書の利点
　※ billing「請求書」(91番)

▶ ペーパーレスに移行する

動 dispose 処分する
名 disposal 処分／自由に使えること・裁量

⊙ dispose は「離して (dis) 置く (pose)」→「捨てる・処分する」です。disposable は「捨てられることができる」→「使い捨ての」となります。
💡 動詞は dispose of ~「～を処分する」の形が大事で、dispose of old magazines「古雑誌を処分する」のように使います。

▶ 使い捨てのプラスチックカップ

▶ (使い捨ての) 割りばしの使用をやめる
　※ wooden「木でできた」／ chopsticks「はし」
　(2本で1セットなので複数形)

⊙「1回のみ (single) 使える (use)」→「1回のみ使われて捨てられる・使い捨ての」です (この use の発音は「ユース」)。💡「プラスチック汚染」が社会問題になり、海外ニュースでも頻繁に使われている単語です。日本のカフェでもプラスチック製の使い捨てストローを紙製のストローに変える動きが進んでいますね。

▶ 使い捨てのプラスチック容器を処分する

▶ プラスチック製の使い捨てストローの使用をやめる
　※ get rid of ~「～を排除する・やめる」

Section 1　最新単語　環境系

037

recyclable

[rìːsáikləbl]

形 リサイクル可能な
名 (recyclables で) リサイクル可能な物

▶ Smartphone batteries are recyclable.

▶ sort the recyclables into three categories

038

edible

[édəbl]

形 食べられる

▶ edible plants

▶ throw away food that is still edible

039

landfill

[lǽndfil]

名 埋立地・(埋立て式)ゴミ処理場

▶ end up in a landfill

▶ More than half of the garbage that goes to landfills is actually recyclable.

040

vegan

[víːgən]

名 ヴィーガン(完全菜食主義者)
形 ヴィーガンの

▶ make the recipe vegan-friendly

▶ A vegan diet excludes all products from animal sources, such as cheese, eggs, and milk.

動 recycle リサイクルする・再生利用する
形 reusable 再利用できる

⊙語末の -able に注目すれば、「リサイクルされることができる」→「リサイクル可能な」とわかりますね（英英辞典でも can be recycled と説明されています）。複数形 recyclables で「リサイクル可能な物」という名詞です。見落としている人が多いですが、意外と名詞でもよく使われますよ。

▶ スマートフォンのバッテリーはリサイクルできる。

▶ リサイクル品を3つのカテゴリーに分類する
　※sort A into B「AをBに分類する」

⊙「食べる（ed = eat）ことができる（ible）」→「食べられる・食用の」です（≒ can be eaten）。おいしいかどうかは別として「食用に適している」という意味です。⊙ throw away は直訳「遠くに投げる」→「捨てる」です。put away「遠くに置く」→「片付ける」と混同しないように注意してください。

▶ 食べられる植物

▶ まだ食べられる食品を捨てる
　※edible の代わりに good も使える

⊙「土地（land）を満たす（fill）」→「埋立地」→「ゴミ処理場」です。少し難しいですが、TOEIC で「ゴミ・リサイクル」関係の話は頻出なのでぜひチェックを。⊙南米に「ランドフィルハーモニック」というオーケストラが存在しますが、これは「ゴミで作った楽器を演奏する楽団」です。

▶ 最終的に埋立地のゴミになる
　※end up in[at] ～「最終的に～に行き着く」

▶ ゴミ処理場に行くゴミの半分以上が、実はリサイクル可能です。

名 形 vegetarian 菜食主義者／菜食（主義）の

⊙vegetarian は「肉・魚」を食べず、vegan はそれに加え「卵・乳製品・蜂蜜」などもとりません。健康面だけでなく環境面への配慮から vegan になる人が増えています（動物性食品の生産には多くの資源が必要）。⊙TOEIC で出題済みですし、「ベジタリアンメニューの提供」もよく出ます。

▶ レシピをヴィーガン対応にする
　※make OC「OをCにする」

▶ ヴィーガンの食事では、チーズ、卵、牛乳などの動物性食品を一切とりません。
　※exclude「除外する」

重要語法① give型

"V 人 物"の形の動詞は「与える」という意味が基本で、give 人 物「人に 物 を与える」がその代表格です。当たり前だと思われている "teach 人 物" も実は「知識を与える」、"show 人 物" は「情報を与える」ということですね。

【give型の動詞　基本形：give 人 物「人 に 物 を与える」】

□ **give**「与える」／□ **send**「送る」／□ **teach**「教える」／□ **tell**「話す」／□ **show**「見せる」／□ **bring**「持ってくる」／□ **lend**「貸す」／□ **pay**「支払う」／□ **sell**「売る」／□ **allot**「割り当てる」／□ **award**「授与する」／□ **grant**「与える」／□ **hand**「手渡す」／□ **offer**「提供する」／□ **pass**「手渡す」／□ **promise**「約束する」

□ **do**「与える」※doの 物 にくるのは… good「利益」／harm・damage「害」／justice「公平」／a favor「親切」などの決まった名詞のみ

【例】Employees are awarded a certificate upon completing the course.

コース終了後、従業員には修了証書を授与します。

※award 人 物「人 に 物 を授与する」の受動態／upon -ing「〜するとすぐに」／upon completing ~ ≒ upon completion of ~「〜を終えると(すぐに)・〜が完了次第」(515番)

【例】Could you do me a favor?

1つお願いがあるのですが。

※直訳「私に1つ親切(a favor)を与えてくれませんか?」

Chapter 1
最新情報を知る

Section 2
Part 1で毎回出る「まとめ単語」

Part 1で楽器が写っている写真では、個々の楽器に触れるのではなく、(musical) instrument「楽器」と総称的に表すことがよくあります。こういった「総称的にまとめて表す単語」はPart 1で超重要です。

他のPartでも、本文の具体的な内容を、正解の選択肢ではまとめ単語で表すことがよくあります。正解に絡む超重要単語ばかりです。

041

instrument

名 道具・楽器

[ínstrəmənt]

▶ Instruments have been stored on a shelf.

▶ She's playing a musical instrument.

042

vehicle

名 乗り物

[víːəkl]

▶ Some vehicles are parked in a parking lot.

▶ Some vehicles are at an airport.

043

artwork

名 芸術作品／（本やスライドなどの）画像・挿絵

[áːrtwə̀ːrk]

▶ Some artwork is lying on the table.

▶ review artwork and chart on a slide

044

equipment

名 装置類・機器類

[ikwípmənt]

▶ Workers are operating equipment at a work site.

▶ launch new exercise equipment

700

▶ 道具（器具）が棚に保管されている。
　※store「保管する」(167番)

▶ 彼女は楽器を演奏している。

◉「演奏する道具」→「楽器」で、ギター・ピアノ・フルートなどを総称的に表します。音楽の「インストゥルメンタル(instrumental)」は「楽器だけの曲」のことです。💡「道具・器具」の意味では、Part 5でlaboratory instrument「実験器具」が問われたこともあります。

600

▶ 駐車場に数台の車が停まっている。
　※be parked「駐車している・停まっている」／parking lot「駐車場」

▶ いくつかの乗り物が空港にある。

◉「自動車」を中心に、広く「人が乗って動くもの」全般を表せます。「キャンピングカー」などの車を「RV車」と言いますが、recreational vehicle のことです（recreational「娯楽の」）。💡vehicle には「バス・トラック・タクシー・電車」、さらには「飛行機・自転車・バイク」なども含まれます。

500

400

▶ 芸術作品がいくつかテーブルに置かれている。
　※lie「ある・置かれている」

▶ スライドの画像や表を確認する
　※chart「図表」

◉「芸術の(art)作品(work)」→「芸術作品」です。Part 1では「絵・肖像画・彫像」などをartworkと総称的にまとめて表すことがあります。Part 4・7でも「芸術作品の展示会・コンテスト／芸術家の紹介」は頻出です。💡応用として、例2の「画像・挿絵」の意味までチェックできれば完璧です。

300

200

動 equip 備え付ける

▶ 作業員が作業現場で機械を操作している。

▶ 新しい運動器具を発売する
　※launch「発売する」(78番)

◉equip「備え付ける」の名詞形で、「会社・工場に備え付けられたもの」→「設備・装置類・機器類」となりました。装置の大小は関係なく、パソコン・コピー機・台所用品・掃除道具など幅広く表せます。💡「機械類全般」を表す不可算名詞なので、冠詞のaや複数のsはつきません。

100

Section 2　Part 1で毎回出る「まとめ単語」

045

device
名 機械

[diváis]

▶ A woman is using an electronic device.

▷ The woman is operating machinery.

046

gear
名 用具・装置
動 準備をする

[gíər]

▶ She's wearing safety gear.

▶ He's putting on protective gear.

047

item
名 品物・商品／項目・品目

[áitəm]

▶ A variety of items are arranged on a table.

▶ add an item to the meeting agenda

048

merchandise
名 商品類

[mɔ́:rtʃəndàiz | mɔ́:rtʃəndàis]

▶ Some merchandise is on display in a store window.

▶ This store sells a wide selection of merchandise.

800

名 machine 機械
名 machinery 機械類

▶ 女性が電子機器を使っている。

▷ 女性が機械を操作している。

⊙ device はスマホ・タブレット・ヘッドフォン・マウスなどを総称的に表します。最近はスマホ関係の機器を「デバイス」と言いますが、本来は「機械」という意味なんです。💬 machine は「機械」、machinery は集合的に「機械類」を表す不可算名詞です。どちらも Part 1 頻出のまとめ単語です。

700

600

名 tool 道具・工具
名 apparatus 装置

▶ 彼女は安全防具を身に着けている。
　※ be wearing「身に着けている」(状態)

▶ 彼は安全防具を身に着けている際中だ。
　※ be putting on「まさに身に着けている途中」(動作)

⊙ Part 1 で safety gear・protective gear「安全防具」がよく出ます。ヘルメット・手袋・ゴーグルなどを総称して表します。Part 4 の工場アナウンスでも大事な表現です。💬 発展として、be geared toward ~「~に向かってギアが入っている」→「~に向けられている・~向きだ」という熟語もあります。

500

400

動 itemize 項目別に分ける・リストにする
名 product / goods 商品

▶ 様々な物（商品）が机に並んでいる。

▶ 会議の議題に 1 つ項目を加える
　※ agenda「議題」

⊙ 幅広くスマホ・テーブル・シャツなどの「品物・商品」を表します。「アイテム」と聞くと「便利な道具」を思い浮かべがちですが、英語の item は本来「ひとつのモノ」という意味です。💬「(表や議題の)項目・品目」の意味もあり、delete an item from a list は「リストから項目を1つ削除する」です。

300

200

名 merchant 商人

▶ 商品はショーウインドーに陳列されている。
　※ be on display「陳列されて」(573番)

▶ この店は品揃えが豊富です。
　※ a wide selection of ~「豊富な品揃えの ~」(485番)

⊙ 販売されている「商品」を幅広く表す単語です（様々な商品を「ひとまとめ」にした不可算名詞）。💬 "merch-" はフランス語で「市場」です（フランス語の発音「マルシェ」は日本の青空市場で使われています）。merchant「市場の人」→「商人」、merchandise「(商人が扱う)商品」ということです。

100

0

Section 2　Part 1で毎回出る「まとめ単語」

049

produce

名 農産物

動 生産する・引き起こす

名 [prádju:s]　動 [prədjú:s]

▶ A vendor is selling produce in an outdoor market.

▶ the produce section of a grocery store

050

appliance

名 電化製品

[əpláiəns]

▶ She's unplugging an electrical appliance.

▶ The company's kitchen appliances are selling well.

051

utensil

名 (特に台所の)用具

[juténsəl]

▶ Cooking utensils are hanging from a rack.

▶ A drawer full of cooking utensils has been left open.

052

cookware

名 調理器具

[kúkwèər]

▶ Cookware is being stored in a kitchen cabinet.

▷ A server is setting silverware on a table.

800

名 production 生産・作品
形 productive 生産的な
名 producer 生産者・プロデューサー

⊙動詞「生産する」(アクセントは「プロデュース」)は有名ですが、TOEICでは名詞「農作物」(アクセントは「プロデュース」)も重要です。野菜や果物全般を表します。💡Part 1以外でも、produce section「農産物売り場」/ fresh produce「生鮮食品」/ organic produce「有機農産物」などと使われます。

700

▶ 商人が青空市場で農作物を売っている。
※vendor「商人・業者」(582番)

▶ スーパーの農産物売り場

600

⊙エアコン・冷蔵庫・電子レンジ・コンロ・洗濯機などを総称的に表す単語です。applyは「応用する・利用する」で、applianceは「家の中で利用する物」→「器具・電化製品」となりました。💡 a household appliance「家庭用電化製品」、an appliance store「家電用品店」なども頻出です。

500

▶ 彼女は電化製品をコンセントから抜いている。

▶ その会社のキッチン用の電化製品はよく売れている。
※sell well「売れ行きが良い」(sellは自動詞)

400

⊙「手に持つ調理道具」のイメージで、ナイフ・フォーク・スプーン、そしてヘラ・トング・お玉なども表します。utilize「利用する」と語源が同じで、「料理で利用する用具」という意味です。💡cooking utensilsは「料理で使う用具」→「調理器具」です。Part 1では「キッチン」の写真がよく出ます。

300

▶ 調理道具がラックに吊されている。

▶ 調理器具でいっぱいの引き出しが開いたままになっている。
※leave OC「OをCのままにする」の受動態

200

名 kitchenware / houseware 台所用品・調理器具
名 silverware / cutlery (銀製)食器類

100

▶ 調理器具が食器棚に保管されている。

▷ 給仕係がテーブルに食器類を置いている。
※server「給仕係」

⊙「料理(cook)で使う商品(ware)」→「調理器具」で、鍋・フライパンなどを表します。💡kitchenwareは「キッチンで使う商品」→「台所用品」、housewareは「家庭で使う商品」→「家庭雑貨・台所用品」です。silverwareは「銀製の商品」→「銀製食器類」で、ナイフ・スプーン・フォークなどを表します。

0

Section 2　Part 1で毎回出る「まとめ単語」

053

beverage

名 飲み物

[bévəridʒ]

▶ Some beverages are arranged on a table.

▶ Snacks and beverages will be provided for attendees.

054

document

名 書類・文書
動 記録する

[dákjumənt]

▶ The man is handing the woman a document.

▶ document all business expenses

055

material

名 材料・資料・生地

[mətíəriəl]

▶ Reading materials are stacked on a table.

▶ These shirts are made of special material that dries quickly.

056

furniture

名 家具類

[fə́:rnitʃər]

▶ Furniture has been arranged on a porch.

▶ the arrangement of furniture in a room

800

700

⊙コーヒー・お茶・ジュースなどを総称して表すまとめ単語です。日本でも「○○・ビバレッジ」とよく使われています。Part 1に限らず「飲食の提供」に関する話は頻出で、設問にもよく絡みます。♥TOEICではイベントでcomplimentary beverages「無料の飲み物」(83番)がよく提供されます。

▶ いくつか飲み物がテーブルに並んでいる。

▶ 参加者には軽食と飲み物が提供される。
※ snack「軽食」(301番)／attendee「参加者」(351番・770番)

600

名 documentary 記録作品
名 documentation 文書・文書による裏付け

⊙資料・申込書・報告書・パンフレットなど様々な文書を総称して表します。パソコンで「ドキュメント」といえば「文書」のことです。♥動詞「(文書に)記録する」もチェックしておきましょう。ちなみに、documentation「文書」という単語がPart 6で空所になったこともあります(こちらは不可算名詞)。

▶ 男性が女性に書類を渡している。
※ hand 人 物「人に物を手渡す」

▶ すべての経費を記録する

500

400

⊙ reading material「読み物」は本・雑誌・新聞などを総称して表します。♥materialは「物質」という訳語が有名ですが、TOEICでは「物を作り上げている物質」→「材料・資料・生地」といった意味でよく出ます。raw materials「原材料」／hand out training materials「研修用の資料を配布する」です。

▶ テーブルの上に読み物が積み重なっている。
※ stack「積み重ねる」(567番)

▶ これらのシャツは速乾性のある特殊な素材でできている。

300

200

⊙ベッド・テーブル・椅子などをひとまとめにした単語です。「1つの家具」ではなく「家具類・家具ひとまとめ」を表すため不可算名詞になります。
♥furnitureにaや複数のsはつかないので、「家具1つ」と言いたいときはa piece of furnitureやan item of furnitureなどを使います。

▶ ポーチ(屋根付き玄関)に家具が並んでいる。

▶ 部屋での家具の配置
※ arrangement「配置」(343番)

100

0

057

baggage / luggage 　名 荷物（一式）

[bǽgidʒ] / [lʌ́gidʒ]

▶ The passenger is putting her luggage on a scale.

▶ Proceed to the baggage claim area to pick up your luggage.

058

clothing 　名 衣類

[klóuðiŋ]

▶ A woman is purchasing an item of clothing.

▶ They are wearing protective clothing.

059

garment 　名 衣服

[gáːrmənt]

▶ A man is folding garments.

▶ a wrinkle-resistant garment

060

footwear 　名 履物

[fútwèər]

▶ She's trying on some footwear.

▶ provide sturdy and lightweight footwear

800

▶ 乗客が荷物をはかりに載せている。
　※空港のシーン

▶ 手荷物を受け取るために、手荷物受取所
　にお進みください。

⊙ baggage は bag「カバン」に注目
すれば OK です。baggage も lug-
gage も「手荷物類・荷物一式」を表
す不可算名詞です（bags＋suitcases
のこと）。💬 baggage claim (area)
は、飛行機から降りた後に空港で「預
けた自分の荷物を受け取るエリア」の
ことで、Part 3・4 の空港でのアナウン
スでも出ます（claim は 316 番）。

700

600

▶ 女性が衣服を 1 点購入しているところだ。

▶ 彼らは防護服を着用している。

⊙ シャツ・セーター・パンツ（ズボン）な
ど「衣類全般」を表す不可算名詞で
す。an item[article] of clothing
「衣服 1 点」や protective clothing
「防護服」は Part 1 でよく出ます。
💬 似た単語を整理すると、cloth
「布」、clothes「衣服」、clothing「衣
類全般」となります。

500

400

▶ 男性が衣服をたたんでいる。

▶ しわになりにくい衣服
　※wrinkle-resistant「しわになりにくい」
　（798番）

⊙「体を保護する（gar）もの」→「衣
服」で、衣服を総称的に表します
（clothing より硬いニュアンス）。gar
「保護する」は、guard「保護する」や
garage「車庫（車を保護するもの）」と
も関連があります。💬 例1にある fold
「たたむ」は、発音が似た hold「持つ」
との区別が狙われることもあります。

300

200

▶ 彼女は履物を試し履きしているところだ。
　※try on ~「~を試着する・試し履きする」

▶ 丈夫で軽量な履物を提供する
　※sturdy「丈夫な」／lightweight「軽量な」

⊙「足に（foot）身に着ける（wear）も
の」です。靴・ブーツ・サンダル・スニー
カー・スリッパ・靴下などを総称的に表
します。💬 Part 3・4・7 でも「靴屋」の
宣伝や紹介は出て、場所を問う設問
で Welcome to ○○ Footwear.
「○○履物店へようこそ」がヒントにな
ることもあります。

100

重要語法② take型

"V 人 物"の形で、「与える」の真逆で「人 から 物 を奪う」という意味になる特殊な動詞が少しだけあります。「give & take」という言葉からわかる通り、giveの反対がtakeとなるので、こういった動詞をtake型と呼びたいと思います。以下はすべて「奪う」という意味から考えてみてください。

【take型の動詞　基本形：take 人 物「人 から 物 を奪う」】

☐ **take** 人 時間「人 に 時間 がかかる」※「人 から 時間 を奪う」

☐ **cost** 人 金「人 に 金 がかかる」　　※「人 から 金 を奪う」
　　　　 人 命「人 の 命 が犠牲になる」※「人 から 命 を奪う」

☐ **save** 人 手間「人 の 手間 が省ける」※「人 から 手間 を奪う」

☐ **spare** 人 手間「人 の 手間 が省ける」※「人 から 手間 を奪う」

☐ **owe** 人 金「人 から 金 を借りる」　※「人 から 金 を(一時的に)奪う」

☐ **deny** 人 物「人 に 物 を与えない」※「人 から 物 を(一時的に)奪う」

【例】
Your timely e-mail spared me the trouble of going to meeting.
タイミング良くメールをくれたおかげで、会議に行く手間が省けた。
※直訳「あなたのタイミングの良いメールが、私から会議に行く手間を省いた」

応用として、spareにはspare 人 時間「人 に 時間 を与える」というgive型の使い方もあります。後ろにくる単語によって、「与える」と「奪う」のどちらの意味にもなるのです。

【例】
Could you spare me a few minutes?
少し時間をいただけますか？

Chapter 1
最新情報を知る

Section 3
TOEIC 特有単語

大学入試などではあまり強調されないものの、TOEICではやたらと出る単語をしっかり掲載していきます。たとえば、directory「名簿」／venue「会場」／cater「料理を提供する」といった、TOEICを受けるうえで必ず押さえておく必要がある単語をマスターしていきましょう。

Section 3　TOEIC特有単語

061
article

[á:rtikl]

名 商品・物／記事／（法律・契約の）条項

▶ an article of clothing

▶ a magazine article

062
directory

[diréktəri | dairéktəri]

名 名簿・案内板

▶ an employee directory

▶ The building directory is located in the lobby next to the elevator.

063
excerpt

[éksə:rpt]

名 抜粋・引用

▶ an excerpt from the interview

▶ Questions 77 through 79 refer to the following excerpt from a meeting.

064
memo

[mémou]

名 社内文書

▶ What is stated about employees in the memo?

▶ send a memo about the new remote work policy

700

600

500

400

300

200

100

0

▶ 服 1 点

▶ 雑誌記事

⊙本来は「ひとかけら(の物)」で、「た くさんある中の物のひとかけら」→「商 品・物」となりました。Part 7の同義語 問題で、article ≒ item「商品・物」が 問われたこともあります。◉「新聞の 中のひとかけら」→「記事」で、この意 味ではPart 7の指示文で必ず使われ ます。

▶ 社員名簿

▶ 建物の案内板は、ロビーのエレベーターの 隣にあります。

⊙ direct は「方向を示す・導く」で (353番)、directoryは「検索するとき に、目当ての人へ導く(direct)もの」→ 「名簿」となりました。◉「場所へ導くも の」→「案内板」の意味もあります。 Part 3・4の図表問題では「(お店の) 売り場案内版・(会社の)案内板」の意 味で出て、店や部署の場所が問われ ることもあります。

▶ インタビューからの引用

▶ 問題 77-79 は次の会議の抜粋に関する ものです。
※Part 4での指示文として

⊙「外に(ex)切り抜いたもの」→「抜 粋・引用」で、Part 4・7の指示文で必 ず出てきます。TOEIC 受験には欠か せない単語です。◉ excerpt from a meeting は「会議からの抜粋・会議 の一部」です。

▶ 社内文書では従業員について何が述べら れていますか?
※Part 7の設問として

▶ 新しいリモート勤務の方針に関して社内 文書を送る

⊙ memorandum の 短 縮 形 で、 Part 5・6・7のいずれでも目にする重 要単語です。TOEICでmemoを見た ら、「走り書きのメモ」よりも、まずは 「社内報」をイメージしてください。 ◉日本語の「メモ」にはnoteを使うこ とが多いです(131番)。

065

venue

名 会場

[vénjuː]

▶ an ideal venue for the expo

▶ look for a hotel that can serve as a conference venue

066

convention

名 会議

[kənvénʃən]

▶ hold an annual convention

▶ The trade show will take place at the convention center.

067

upcoming

形 やってくる・今度の

[ʌ́pkʌ̀miŋ]

▶ publicize an upcoming event

▷ I will be flying to Algeria to attend the forthcoming meeting.

068

appointment

名 (人と会う)約束・(病院の)予約・任命

[əpɔ́intmənt]

▶ schedule a doctor's appointment

▶ the appointment of Carlos MacKinnon as the new CEO

700

▶ 展示会に理想的な会場
  ※ expo「展示会・博覧会」(299番)

▶ 会議会場として使えるホテルを探す
  ※ serve as ~「~としての機能を果たす」(348番)

⊙フランス語のvenir「来る」に由来する単語で、「人が来る場所」→「開催地・会場」となりました(avenue は「人が来る道」→「大通り」、revenue は「元に戻ってくるお金」→「収入」)。
💡辞書には「裁判地」なども載っていますが、「(大きなイベントが開かれる)場所・会場」で十分です。

600

動 convene 開く・集まる
形 conventional 従来の

▶ 年次総会を開く

▶ 見本市が会議会場で開催予定だ。
  ※ trade show「見本市・展示会」(299番)

⊙「同じ職業や組織の人が集まる(convene)大きな集まり」のイメージです。an industry convention は「ある業界の協議会」です。💡会議や展示会をする施設を「コンベンションセンター(convention center)」と言い、日本でも貸し会議室などの名称に使われています。

500

400

形 forthcoming やってくる・今度の

▶ 今度のイベントを宣伝する
  ※ publicize「宣伝する」

▷ 近々開かれる会議に参加するため、アルジェリアに飛行機で行く予定だ。

⊙ coming up「やってくる・行われる」から生まれた単語です。up が「徐々にやってくる」イメージを醸し出しています。forthcoming も大事で、forth は forward と同じ意味で「前へ」という副詞です。💡Part 5・6では、upcoming や forthcoming に注目して「未来」を表す時制を選ぶ問題も出ます。

300

200

動 appoint 任命する

▶ 医師の診察の予約を入れる

▶ Carlos MacKinnon を新 CEO に任命すること
  ※ CEO「最高経営責任者(chief executive officer)」

⊙日本語の「アポ(イントメント)」は「仕事の約束」のイメージが強いのですが、本来「それなりの職についた人との面会」です。TOEICでは「医者との面会」→「病院の予約」でよく出ます。a dental appointment は「歯医者の予約」です。💡例2は the appointment of 人 as 役職「人 を 役職 に任命すること」の形です。

100

0

069

book

[búk]

動 予約する

▶ book a flight to Paris

▶ I'm afraid we are fully booked tonight.

070

reserve

[rizə́ːrv]

動 予約する・取っておく
名 蓄え

▶ reserve a table for dinner

▶ We reserve the right to refuse service for any reason.

071

reservation

[rèzərvéiʃən]

名 予約／不安・懸念・疑い

▶ make a reservation

▶ have reservations about the investment

072

confirm

[kənfə́ːrm]

動 確認する

▶ confirm a reservation

▶ confirm a job offer

800

名 booking 予約
名 bookkeeping 簿記
名 bookkeeper 簿記・帳簿係

700

▶ パリへの航空便を予約する

▶ 申し訳ございませんが、今夜、当ホテルは予約ですべて埋まっております。
※ホテルの受付係のセリフ／weは「ホテル」のこと

◉「予約帳簿(book)に書き込む」→「予約する」となりました。「ダブルブッキングとは「予約が重なること」ですね。book a trip「旅行を予約する」、book a hotel「ホテルを予約する」とよく出ます。◉ be fully bookedは、直訳「完全に予約されている」→「予約でいっぱいだ・満室だ」という重要表現です。

600

形 reserved 控えめな

500

▶ ディナーを予約する

▶ 当社は、いかなる理由でもサービスの提供をお断りする権利を有します。

◉本来「後ろに(re)取っておく・保管する(serve)」で、「お店のテーブルを取っておく」→「予約する」となりました。最近はネットでチケットを買うときに「リザーブ」とよく書かれています。◉例2の reserve the right to ~「~する権利を保有する」も、reserve本来の意味から理解できますね。

400

300

▶ 予約する

▶ その投資に懸念を抱えている

◉ reserve「予約する」の名詞形で、TOEICで「予約の確認・キャンセル」は超定番の話題です。◉「気持ちを後ろに(re)取っておく(serve)こと」→「不安・懸念・疑い」という意味もあります。例2は have reservations about ~「~について不安に思っている・~に懸念を抱えている」です。

200

名 confirmation 確認

100

▶ 予約を確認する

▶ 仕事のオファーを正式に承認する
※「確認する」→「正式に承認する」といった感じでも使える

◉ firm「固い」から「(理解を)固める」→「確認する」となりました(conは強調)。予約や出欠の確認はTOEICで定番のテーマです。◉名詞形も大事で、a confirmation number「確認番号」／a confirmation e-mail「確認メール」／a confirmation notice「確認通知」などが頻出です。

0

Section 3　TOEIC特有単語

073

reschedule

動 予定を変更する

[rì:skédʒu:l]

▶ reschedule a dental appointment

▶ The workshop was rescheduled for next week.

074

conflict

名 [kánflikt]　**動** [kənflíkt]

名 矛盾・板挟み・（予定の）重複
動 矛盾する・かち合う

▶ have a scheduling conflict

▶ conflict with other events held at the same time

075

last-minute

形 直前の

[lǽstmìnit]

▶ make a last-minute change to the plan

▷ change the venue at the last minute

076

organize

動 整理する／計画する・手配する

[ɔ́:rgənàiz]

▶ A man is organizing the contents of a drawer.

▶ organize an event

800

⊙「再び(re)スケジュールを組む
(schedule)」→「予定を変更する」で
す。日本語でも「リスケする」と使われ
ていますね。TOEICでは予約・予定
が頻繁に変更されるだけにとても大

700

▶ 歯医者の予約を変更する

▶ そのワークショップの予定は来週に変更
された。
※ be rescheduled for ~「予定が~に変更
される」

切です。💬 reschedule A for[to] B
「Aの予定をBに変更する」の形が大
事です。Part 5でforが問われたこと
もあります(このforは「方向性」)。

600

⊙「何かがぶつかってごちゃ混ぜにな
る」イメージで、TOEICでは「(スケジ
ュールの)重複」の意味が重要です。
💬動詞ではconflict with ~「~と(スケ
ジュールが)かち合う」の形でよく使

500

▶ 予定が重複している
※直訳「予定の重複(a scheduling conflict)
を持つ」

▶ 同じ時間に開催される他のイベントとかち
合う

います。TOEICではダブルブッキング
が日常茶飯事です。

400

副 at the last minute 直前で

⊙「最後の1分」→「直前の・土壇場
の・ぎりぎりの時間での」となりました。
ハイフンで結んで、last-minute が形
容詞の働きをします。💬 TOEICでは
予約や予定が「直前で変更」されるこ

300

▶ 直前に予定を変更する

▷ 直前で会場を変更する

とがよくあります。「変更点」は設問で
ほぼ必ず狙われるので、「変更前 or
変更後」をしっかり整理してください。

200

名 organization 組織
名 organizer 運営者・主催者
形 organized 整った・几帳面な・有能な

⊙本来は「きちんと並べる」イメージ
です。「組織する」の訳語が有名です
が、TOEICでは「整理する」(例1)や
「計画する・準備する・手配する」(例2)

100

▶ 男性が引き出しの中の物を整理している。
※ Part 1で出る

▶ イベントを企画する

といった軽い感じでよく使われます。
💬 organize a party「パーティーを企
画する」、organize a meeting「会議
を取りまとめる」です。

0

Section 3　TOEIC特有単語

077

inquiry

名 問い合わせ

[inkwáiəri]

▶ in response to your inquiry about hotel reservations

▶ Inquiries from the media should be directed to our public relations department.

078

launch

動 発売する・開始する
名 発売・開始

[lɔ́:ntʃ]

▶ launch a new product

▶ launch a new advertising campaign

079

unveil

動 公開する・発表する

[ʌ̀nvéil]

▶ unveil a prototype for a new virtual reality headset

▶ unveil a statue

080

apply

動 当てはまる・適用する／申し込む／貼り付ける・塗る

[əplái]

▶ The discount applies to purchases over £50.

▶ apply for a job

800

動 inquire 問い合わせる

⊙ inquire は「中を(in)捜し求める (quire)」で、ask を硬くしたようなイメージです。その名詞形が inquiry で、Part 3〜7で「問い合わせ」が頻出です。💡例2は direct A to B「A を B に向ける」(353番)の受動態で、直訳は「問い合わせは、〜に向けられるべきだ」です。public relations「広報」は略して "PR" といえば簡単ですね。

700

▶ ホテルの予約に関する問い合わせに応えて
　※ in response to 〜「〜に応えて」

▶ メディアからのお問い合わせは、弊社の広報部までお願いいたします。

600

⊙ 元々は「ロケットを打ち上げる」で、「市場や業界にロケットを打ち込む」→「発売する・開始する」となりました。日本語でも「新サービスのローンチ」のように使われています。Part 2〜7でよく出る超重要単語です。💡名詞として product launch「商品の発売」のようにも使えます(大事な複合名詞)。

500

▶ 新製品を発売する

▶ 新たな広告キャンペーンを開始する

400

⊙「ベール(veil)を取る(un)」→「ベールを取って公開する・発表する」となりました。新商品を発表するときにピッタリの単語です。💡例2のように「(像・彫刻・記念の盾などを)披露する」ときにも使えます。式典で布をとって披露するので、より本来のイメージに近い用法です。

300

▶ 新しい VR ヘッドセットの試作品を公開する
　※ prototype「試作品」(293番)

▶ 像を披露する（除幕式を行う）

200

名 application 申込(用紙)／アプリケーション
名 applicant 志願者・応募者
名 appliance 電化製品

⊙ 本来「ピッタとくっつける」で、「事象にピタッとくっつける」→「当てはまる・適用する」となります。apply to 〜「〜に当てはまる・適用される」／ apply A to B「A を B に適用する」の形が大事です。💡「自分の気持ちを〜に向けてくっつける」→「申し込む」で、apply for 〜「〜に申し込む・応募する」も超頻出です。

100

▶ 50 ポンドを超えてお買い上げの場合、割引が適用されます。

▶ 仕事に応募する

0

Section 3　TOEIC特有単語

081
- [ ]
- [ ]
- [ ]

retail
[ríːteil]

名 小売り
形 小売りの
副 小売りで

▶ a retail store

▷ sell fruit wholesale to supermarkets

082
- [ ]
- [ ]
- [ ]

warehouse
[wéərhàus]

名 倉庫

▶ store supplies in a warehouse

▶ Boxes have been stacked up in front of a warehouse entrance.

083
- [ ]
- [ ]
- [ ]

complimentary
[kàmpləméntəri]

形 (好意により)無料の

▶ offer complimentary beverages

▶ provide complimentary Internet access to all guests

084
- [ ]
- [ ]
- [ ]

refreshments
[rifréʃmənts]

名 軽食

▶ offer refreshments free of charge

▶ Complimentary refreshments will be provided for attendees.

800

700

名 retailer 小売店・小売業者
名形副 wholesale 卸売り/卸売りの/卸売りで
名 wholesaler 卸売業者

▶ 小売店

▷ スーパーに果物を卸す
※直訳「スーパーに卸売りで果物を売る」(副詞)

◉「何度も(re)細かく切る(tail)」→「切り売りする」→「小売り」となりました。「小売り」とは「一般消費者に直接売ること」です。◉一方、「お店に売ること」を「卸す」と言い、英語ではwholesaleで表します。本来「丸ごと(whole)販売する(sale)」→「卸売り」です。

600

▶ 備品を倉庫に保管する

▶ 倉庫の入口の前にいくつかの箱が積み重なっている。
※ Part 1 で出る/ stack up「積み重ねる」(567番)

◉「商品(ware)を収納しておく場所(house)」→「倉庫」です。TOEICでは「倉庫の在庫を確認する/倉庫に備品を運ぶ」などがよく出ます(リスニングでも頻出)。◉ houseware「台所用品」(52番)との混同に注意が必要ですが、warehouseはあくまでhouse(場所)、housewareはware(物)です。

500

400

▶ 無料の飲み物を提供する

▶ 無料のインターネットサービスをすべての客に提供する

◉「褒め言葉(compliment)の」→「相手を持ち上げるようなサービスの」→「無料の」です。TOEICでは「無料の飲食物・無料のサービス」が頻繁に提供されます(Part 5の語彙問題でも頻出)。◉「無料で」の意味になる、for free / free of charge / at no cost / without chargeをセットで押さえましょう。

300

200

動 refresh 元気づける

▶ 無料で軽食を提供する

▶ 出席者に無料の軽食が提供されます。

◉「気分一新」の他に、「軽い飲食物・軽食」という意味もあり、TOEICではこちらの方がはるかに重要です。「いろいろな飲食物」ということで複数形refreshmentsで使います。◉リスニングで、本文のsnack「軽食」(301番)が選択肢でrefreshmentsに言い換えられたこともあります(厳密にはsnackは飲み物を含みませんが)。

100

0

Section 3　TOEIC特有単語

085

expense

名 費用

[ikspéns]

▶ reduce travel expenses

▶ spare no expense in product promotion

086

refund

名 返金
動 返金する

名 [rí:fʌnd] 動 [rifʌnd]

▶ return a purchase for a full refund

▶ A refund will be issued to your account within five business days.

087

reimburse

動 払い戻す

[rì:imbə́:rs]

▶ Our employees can be reimbursed for travel expenses up to $100.

▷ be eligible for immediate reimbursement

088

partial

形 部分的な・偏った

[pá:rʃəl]

▶ issue a partial refund

▶ make a partial payment

800

| 形 expensive 高価な | ⊙ expense の形容詞が expensive |
| 名 expenditure 支出・経費 | で、「費用がかさむ」→「高価な」となっ |

700

▶ 出張費を削減する

▶ 商品の販売促進に費用を惜しまない

⊙ expense の形容詞が expensive で、「費用がかさむ」→「高価な」となったわけです。「経費」という意味では複数形で使うのが普通です。

💡 spare no expense は、直訳「ゼロの費用（no expense）を使わないでとっておく（spare）」→「費用を惜しまない」という表現です。

600

形 refundable 返金できる・払い戻し可能な

▶ 全額返金を求めて購入した商品を返品する

▶ 返金は 5 営業日以内にお客様の口座に行われます。

⊙ 「再び（re）お金を払う（fund）」です。TOEIC では「商品に欠陥があったので交換・返品したい／返金してほしい」→「返金には領収書が必要」といったやりとりがよく出ます。💡 issue は「ポンッと出す」イメージで（357番）、issue a refund「返金をポンッと出す」→「返金する」です（≒ provide a refund）。

500

400

名 reimbursement 払い戻し
動 名 rebate 払い戻す／払い戻し

▶ 弊社の従業員は、100 ドルまで旅費の払い戻しを受けることができます。

▷ 即座の返金の対象である
※ be eligible for ~「～の対象だ」（493番）

⊙ 「再び（re）財布（burse = purse）の中に（in）」→「払い戻す」です。re-imburse お金「お金 を払い戻す」やreimburse 人 for お金「人 に お金 を払い戻す」（例1はこの受動態）の形でよく使います。💡 名詞形も大切で、例2は「すぐに返金してもらえる」ということです。

300

200

形 impartial 偏らない・公平な

▶ 部分的に返金する

▶ 一部を支払う

⊙ 「部分（part）に偏った」→「部分的な・一部の」です。TOEIC では、「返金」の話題で a partial refund「部分返金」／a full refund「全額返金」がよく使われます。💡「部分的な」→「皆に公平にするわけではない」→「不公平な・偏った」という意味もあります（≒ biased／25番）。

100

0

Section 3　TOEIC特有単語

089
☐
☐
☐
estimate

名 [éstəmət]　動 [éstəmèit]

名 見積もり
動 推定する・見込む／見積もる

▶ provide a free estimate

▶ The property value is estimated at $50,000.

090
☐
☐
☐
invoice

[ínvɔis]

名 請求書

▶ I'll e-mail you the revised invoice.

▶ The new system enables us to send invoices to customers electronically.

091
☐
☐
☐
bill

[bíl]

名 請求書・勘定書・法案
動 請求書を送る

▶ receive an electric bill

▶ bill a customer for services provided

092
☐
☐
☐
statement

[stéitmənt]

名 声明・明細書

▶ release a statement

▶ access the billing statement in the app

形 estimated 見積もり・推定の

⊙本来「ざっくり計算する」イメージで、そこから「推定する・見込む」、「費用をざっくり計算する」→「見積もる・見積もり」となりました。広告で「まずは無料見積もりを」とよく使われます。
💡例2は be estimated at [価格]「[価格]と見積もられている」の形です。また、「見積もる」の意味では quote（335番）とよく言い換えられます。

▶ 無料で見積もりをする

▶ その資産価値は5万ドルと見積もられている。
※ property value「資産価値」

⊙本来の語源は envoy「使者」と同じで「送り出されたもの」ですが、「紙の中に(in)払ってくれという声(voice)を入れたもの」くらいに覚えてもいいでしょう。💡TOEICでは「紙の請求書をオンラインに切り替える」といった話もよく出ます。

▶ 修正した請求書をメールで送りますね。
※ e-mail [人] [物]「[人]に[物]をメールで送る」

▶ 新しいシステムのおかげで、顧客にオンラインで請求書を送ることができる。

名 billing 請求書（の作成・送付）

⊙本来「紙切れ」で、「ビラ(チラシ)」は bill がなまったものです。「お金を払ってくれという紙切れ」→「(特に公共料金の)請求書」となりました。💡「請求額・費用」そのものを表すこともあり、pay the repair bill「修理費用を払う」／lower my energy bill「光熱費を下げる」です。

▶ 電気代の請求書が届く

▶ 提供したサービスの請求書を客に送る

動 state 述べる

⊙ state「述べる」の名詞形で、「考えを述べたもの」→「主張・声明」、「お金の使い道を述べたもの」→「明細書」となりました。💡a billing statement は「請求する(billing)明細書」→「請求明細書」です。その他、a bank statement「銀行取引明細書」／an expense statement「経費明細書」なども出ます。

▶ 声明を発表する

▶ アプリで請求明細書にアクセスする

700

600

500

400

300

200

100

0

Section 3　TOEIC特有単語

093

utility

名 実用性・公共事業

[ju:tíləti]

▶ a utility company

▶ high utility bills

094

revenue

名 収入・収益

[révənjù:]

▶ robust growth in revenue

▷ All proceeds go to the charity End Hunger.

095

contract

名 契約(書)
動 契約する

名 [kántrækt] 動 [kəntrækt]

▶ enter into a contract

▶ Burns and Associates has been contracted to conduct a market research project.

096

guarantee

動 保証する
名 保証(書)

[gæ̀rəntí:]

▶ guarantee delivery within three business days

▶ host a lecture that is guaranteed to be thought-provoking

1-024

800

700

600

500

400

300

200

100

0

⊙ useと関連があるので、「使える・役立つこと」→「実用性」と考えてください。TOEICでは「社会全体の人に実用的なもの」→「公共事業」の意味が大切です。⊚ Part 3・4では、本文で「水漏れ・配管工」などが出てきて、会社の種類を問う設問でa utility companyが正解になったりします。

▶ 公益事業の会社
※電力・ガス・水道会社など

▶ 高い公共料金

名 proceeds 収益
名 earnings 収益

⊙ 材料費や広告費に投資したものが、「収益となって再び元に戻って(re)きたもの(venue)」→「収益」です。
⊚ 名詞proceedsは「企業が前進する(proceed)」→「利益を上げる」→「収益」、earningsは「稼ぐ(earn)こと(ing)」→「収益」です(どちらも収益がたくさんあるイメージから複数形で使われます)。

▶ 大幅な収益増
※robust「大幅な」(479番)

▷ 売上はすべて慈善団体 End Hunger に寄付されます。

名 contractor 請負業者

⊙「一緒に(con)引っ張り合う(tract)」→「契約」となりました。契約は「お互いが自分の都合の良いように引っ張り合いながら判を押すもの」です。例2はbe contracted to ~「~する契約を結ぶ[請け負う]」の形です。
⊚ Part 7の同義語問題では、agreement「契約」やretain「雇い続ける」(533番)と言い換えられています。

▶ 契約を結ぶ
※enter into ~「(交渉などを)締結する」

▶ Burns and Associates は市場調査を行うことを請け負っている。

⊙ 芸能人が言う「ギャラ」はguaranteeのことで、「テレビ出演が保証する金額」ということです。例2はbe guaranteed to ~「~することが保証された」の形です。⊚ 同義語問題でguarantee ≒ assurance「保証」が問われたこともあります(assure「確実な(sure)状態にする」→「保証する」の名詞形)。

▶ 3 営業日以内の配送を保証する

▶ 示唆に富むことを保証した講義を開く
※thought-provoking「示唆に富む」

097

warranty

名 保証（書）

[wɔ́:rənti]

▶ This watch comes with a five-year warranty.

▶ The computer is not under warranty.

098

transact

動 （業務を）行う・取引する

[trænzǽkt]

▶ transact business online

▷ process an electronic transaction

099

promote

動 促進する・宣伝する／昇進させる

[prəmóut]

▶ promote a new service

▶ be promoted to an executive position

100

transfer

動 移る・移す／転送する／乗り換える

[trænsfə́:r]

▶ transfer to an overseas branch

▶ Mr. Clark was transferred to the company's Paris research center.

800

▶ この時計は5年間（有効）の保証付きです。

▶ そのパソコンは保証期間外だ。
※≒ The computer is out of warranty.

⊙実は元々 guarantee と同じ単語でした（発音が少し似ていますね）。guarantee は「（行動などの）保証」、warranty は「（商品に対する）保証」によく使います。♀ under warranty 「保証期間中で」や out of warranty 「保証の外へ」→「保証期間が切れて」は重要です。

700

名 transaction （業務の）処理・取引

▶ オンラインで取引する

▷ 電子取引の手続きをする
※ process「手続きをする・処理する」(174番)

⊙「会社を移動して・超えて(trans)行動する(act)」→「取引する」です。transact business with ~「～と（事業の）取引をする」の形が大事です。♀ 名詞 transaction も頻出で、a transaction fee「取引手数料」、conduct financial transactions online「オンラインで金融取引をする」を押さえておきましょう。

600

500

名 promotion 促進・昇進
形 promotional 販売促進の・宣伝用の
動 advertise 宣伝する

▶ 新サービスを宣伝する

▶ 重役に昇進する

⊙本来「前へ(pro)動かす(mote = motor・move)」で、「物・事を前へ動かす」→「促進する・宣伝する」、「人を前へ動かす」→「昇進させる」となりました。♀ promote 人 to 役職「人を役職に昇進させる」の受動態、人 is promoted to 役職「人は役職に昇進させられる」→「昇進する」が大事です。

400

300

▶ 海外支社に異動する
※ branch「支店・支社」(639番)

▶ Clark さんは会社のパリ研究センターに異動になった。

⊙「移動して(trans)運ぶ(fer)」です。trans は transmit「送る」で、fer は ferry「フェリー（荷物を運ぶ船）」で使われています。「～に転任する」は transfer to ~（自動詞）・be transferred to ~（他動詞）のどちらも OK です。♀ transfer at Tokyo station「東京駅で乗り換える」もチェックを。

200

100

101

situate

動 置く

[sítʃuèit]

▶ be situated across from an office building

▶ Situated downtown, the property is near shopping centers and restaurants.

102

locate

動 置く・(場所を)突き止める

[lóukeit | loukéit]

▶ be conveniently located

▶ locate a missing item

103

cater

動 (パーティーなどに)料理を提供する・仕出しする

[kéitər]

▶ cater an upcoming event

▶ cater to the needs of start-ups

104

confidential

形 秘密の・機密の

[kànfədénʃəl]

▶ confidential documents

▶ have an obligation to keep client information confidential

800
700
600
500
400
300
200
100
0

名 situation 状況

▶ オフィスビルの向かいに位置している

▶ その物件は中心街に位置し、ショッピングセンターやレストランに近い。
※ property「物件」(736番)

⊙本来「(建物を)置く」で、be situated「置かれている」→「位置している・ある」となります。シチュエーション(situation)とは「人が置かれた状況」ですね。💬be situated 場所 / 場所 に位置している」の形でよく使います。また、例2は分詞構文でSituated ~, SV.「~に位置してSVだ」の形です。

名 location 場所・立地／店舗

▶ 立地が良い
※直訳「便利に位置している」

▶ 紛失物を探し出す

⊙受動態 be located「(建物が)置かれている」→「位置する・ある」でよく使われます(≒be situated)。💬「位置(location)を特定する」→「突き止める・探し出す・見つける」という意味も大事です。Part 7の同義語問題で locate ≒ find が問われたこともあります。

名 catering (料理の)仕出し・ケータリング
名 caterer (料理の)仕出し業者・ケータリング業者

▶ 今度のイベントに仕出しする
※ cater for ~ としてもOK

▶ 新興企業のニーズに応える

⊙日本語でも「ケータリング(料理の配達・給仕のサービス)」と使われています。a catering company「ケータリング業者」や a catering service「仕出しサービス」の話題はTOEIC定番です。💬cater to ~「~(要求など)に応じる」という意味もあり、例2は meet the needs of ~ で言い換え可能です。

形 confident 自信がある・確信した
名 confidence 自信・信頼
名 confidentiality 機密性・機密保持

▶ 機密書類

▶ 顧客情報の守秘義務を負う
※直訳「顧客の情報を機密にしておく義務(obligation)を持っている」

⊙名詞 confidence は「自信・信頼」で、confidential は「信頼がある」→「秘密の」となります。最近は日本でも、郵便物に「親展」と書いてあるそばに confidential とよく書かれています。💬confidential information「機密情報」も大事で、Part 7で「機密情報の保護」の話が出ることもあります。

105

membership

[mémbərʃip]

名 会員であること・会員数

▶ sign up for an annual membership

▶ discuss ways to increase membership

106

subscribe

[səbskráib]

動 定期購読する・(定期的なサービスに)申し込む

▶ subscribe to *Time* magazine

▶ subscribe to a video streaming service

107

renew

[rínjú:]

動 更新する

▶ renew one's membership

▶ renew a library book

108

brochure

[brouʃúər]

名 パンフレット

▶ an electronic version of the brochure

▷ the accompanying booklet

800

⊙「会員・メンバー(member)であること」という意味です。YouTubeの「メンバーシップ(特典などを受けられる有料会員)」で使われています。a membership card「会員証」／ a membership fee「会費・会員料金」などが頻出です。💬「会員であること」以外に「会員数」の意味でも使われます。

700

▶ 年会員に申し込む

▶ 会員数を増やす方法について話し合う

600

名 subscription 定期購読
名 subscriber 定期購読者

⊙「用紙の下(sub)に名前を書く(scribe)」→「署名する・定期購読する」です。subscribe to ~「~を定期購読する」の形でよく使います。💬現代では「(動画サービスなどの)定期会員に登録する・申し込む・加入する」といった意味も重要です。YouTubeの「チャンネル登録」ボタンには英語ではsubscribeと書かれています。

▶ タイム紙を定期購読する

▶ ストリーミング動画サービスに申し込む
※ video streaming service とは Netflix や Amazon Prime などのこと

500

名 renewal 更新
形 renewable 再生可能・更新可能な

⊙「再び(re)新しくする(new)」→「更新する」です。Part 5の語彙問題で超頻出ですし、他のPartでも更新のお知らせ(定期購読・ジムの会員・契約など)は定番です。💬例2のように「(借りた物の返却期限を)更新する」→「返却期限を延長する・継続して借りる」という意味でも使われます。

400

▶ 会員資格を更新する

▶ 図書館で借りた本の返却期限を延長する

300

名 booklet パンフレット
名 pamphlet パンフレット
名 flyer チラシ

⊙ pamphletという単語もありますが、brochureの方がよく使われます。元々はフランス語なので「ブロウシュア」という不思議な発音です。💬TOEICでは超重要な単語で、Part 1で「パンフレットを読んでいる」写真が出たり、他のPartでも「パンフレットの制作・配布」の話が出たりします。

200

▶ 電子版のパンフレット

▷ 同封の冊子
※ accompanying「同封の」(154番)

100

0

109

questionnaire

名 アンケート（用紙）

[kwèstʃənéər]

▶ complete a questionnaire

▶ Workshop attendees will be given a questionnaire to fill out.

110

satisfaction

名 満足（度）

[sæ̀tisfǽkʃən]

▶ increase employee satisfaction by providing them with more frequent feedback

▶ conduct a customer satisfaction survey

111

itinerary

名 旅程（表）・旅行計画

[aitínərèri]

▶ make changes to the travel itinerary

▶ make an itinerary for a business trip

112

tour

名 ツアー・見学
動 旅行する・見学する

[túər | tɔ́ː]

▶ a factory tour

▶ tour a production facility

1-028

800

700

600

500

400

300

200

100

0

▶ アンケートに記入する

▶ ワークショップの参加者には、記入していただくアンケート用紙をお配りします。

⊙「質問(question)に関するもの」→「アンケート」です。complete a questionnaire ≒ fill out[in] a questionnaire「アンケートに記入する」は超頻出です。⊙例2の直訳は「ワークショップの参加者は、記入すべきアンケート用紙が与えられる」です。

動 satisfy 満足させる・(期待・要求などを)満たす **形 satisfying** 満足のいく **形 satisfied** 満足した **形 satisfactory** 満足のいく・まずまずの

▶ より頻繁にフィードバックをすることで、従業員満足度を上げる

▶ 顧客満足度調査を行う

⊙satisfy「満足させる」の名詞形です。customer[employee] satisfaction「顧客[従業員]満足度」は、Part 3・4・7で「顧客満足度や従業員満足度を調査・改善する」という話で出てきます。⊙形容詞的に、satisfaction survey「満足度調査」と使われることもあります。

▶ 旅の行程表を修正する

▶ 出張のスケジュールを立てる

⊙「旅行の日程(移動手段のスケジュール・旅行中の予定)」や「日程表」のことです。海外旅行のパンフレットや予定表にitineraryと書いてあることもよくあります。⊙「観光旅行」に限らず、例2のようにbusiness trip「出張」などにも使えます。

▶ 工場見学

▶ 生産施設を見学する

⊙Part 3・4で「ツアー」は定番の話題です。TOEICではそのときだけ集まる「(半日くらいの)現地ツアー」が出ます。「(名所などの)ツアー」だけでなく、「(工場・オフィスの)見学」や動詞「見学する」も大事です。⊙発音は「トゥア」や「トー」といった感じです。

重要語法③　tell型

【tell型の動詞

基本形：tell 人 of ~ ／ tell 人 that ~ ／ tell 人 to ~】

動詞＼型	V 人 of ~	V 人 that ~	V 人 to ~
tell「伝える」	tell 人 of ~	tell 人 that ~	tell 人 to ~
remind「思い出させる」	remind 人 of ~	remind 人 that ~	remind 人 to ~
convince「納得・確信させる」	convince 人 of ~	convince 人 that ~	convince 人 to ~
persuade「説得する」	persuade 人 of ~	persuade 人 that ~	persuade 人 to ~
warn「警告する」	warn 人 of ~	warn 人 that ~	warn 人 to ~
notify「知らせる」	notify 人 of ~	notify 人 that ~	notify 人 to ~
inform「知らせる」	inform 人 of ~	inform 人 that ~	~~inform 人 to ~~~
assure「保証する」	assure 人 of ~	assure 人 that ~	~~assure 人 to ~~~

※表の「赤字部分だけ」を覚えればOK（「基本形3つ×tell型8つ」で、多くの語法を一気にマスターできる）／（×）inform[assure] 人 to ~ だけは存在しないですが、あまりそこにムキになる必要はありません。

【例】

We will notify you of our decision within 48 hours.
48時間以内に我々の決定についてお伝えいたします。

Chapter 1
最新情報を知る

Section 4
「解答のキー」になる超重要単語

temporarily「一時的に」やtentative「仮の」を見たら、「この後で変更されるかも」と意識することが大切です。TOEICではその変更内容がよく問われるからです。こういった変更などを示唆する「含みのある表現」を攻略することで、Part 7の設問が格段に解きやすくなります。

Section 4 「解答のキー」になる超重要単語 繰り返し、対比・変更を示唆

113

☐
☐
☐

annual

[ǽnjuəl]

形 毎年恒例の・年に1度の／年間の

▶ hold an annual event

▶ annual sales

114

☐
☐
☐

yearly

[jíərli]

形 毎年の・年に1度の／年間の
副 毎年・年に1度

▶ undergo a yearly inspection

▶ on a yearly basis

115

☐
☐
☐

regular

[régjulər]

形 定期的な・通常の

▶ a regular customer

▷ people who regularly work from home

116

☐
☐
☐

typical

[típikəl]

形 普通の・典型的な・一般的な

▶ a typical Japanese apartment

▷ The shop typically closes at 5:00 P.M.

🔊 1-029

800

700

600

500

400

300

200

副 annually 毎年・年に1度
形 biannual 半年ごとの

⊙ Part 7で解答のキーになる超重要単語です。英文中にannualがあれば、「(そのイベントは)毎年やっている」「昨年も開催された」という選択肢が正解になります。💡「本文に annual ／ annually」→「正解の選択肢に every year(毎年)や once a year(1年に1度)」はPart 7での定番です。

▶ 毎年恒例のイベントを開催する
　※≒ hold an event annually

▶ 年間売上

形 副 daily 毎日(の)
形 副 monthly 毎月(の)

⊙ -lyで終わる単語は通常「副詞」ですが、「名詞＋ly」は形容詞の用法もあります(yearlyは形容詞・副詞のどちらもOK)。💡 annualと同じく設問に絡む重要単語です。実際にPart 6で、直前の文にannualがあり、それをthis yearly ～「この毎年の～」と表す語彙問題が出たこともあります。

▶ 年に1度の点検を受ける
　※≒ undergo an inspection yearly(副詞)

▶ 1年ごとに
　※on a ~ basis「～というベースで」／on a daily basisなら「毎日(日ごとに)」

副 regularly 定期的に・頻繁に・いつも

⊙ スポーツの「レギュラー」とは「いつも・規則的に決まって試合に出る人」です。💡「いつもしている」という繰り返しを示唆する重要単語です。実際、Part 7の本文にas always「いつものように・いつも通り」があり、regularlyが使われた選択肢が正解だと判断する問題が出たこともあります。

▶ 常連客
　※直訳「定期的な客」

▷ いつも(頻繁に)在宅勤務をしている人

副 typically 一般的には・通常は
副 usually / normally 普段は・通常は
副 generally 一般的には

⊙「よくあるタイプ(type)の」ということです。typicallyは「典型的に」よりも「通常は・普通は」と考えると理解しやすいことが多いです。💡「通常は～だけど例外もある」という流れでよく使われ、その例外の内容が設問でよく狙われます。実は「例外の存在を示唆する」重要な含み表現です。

▶ 典型的な日本のアパート

▷ その店は通常午後5時閉店です。

Section 4 「解答のキー」になる超重要単語　対比・変更を示唆

117

temporarily

副 一時的に

[tèmpərérəli]

▶ The store is temporarily closed for remodeling.

▶ The elevator is temporarily out of order.

118

tentative

形 仮の・暫定の

[téntətiv]

▶ a tentative budget

▷ We have tentatively scheduled your presentation for the evening of April 14.

119

provisional

形 仮の・暫定の

[prəvíʒənl]

▶ a provisional agreement

▷ The date for the webinar has been provisionally set for May 10.

120

interim

形 中間の・仮の・暫定的な

[íntərəm]

▶ an interim report

▶ act as interim manager

800

700

600

500

400

300

200

100

0

形 temporary 一時的な・仮の

▶ 店は改装のため一時的に休業中だ。
※ remodeling「改装」

▶ そのエレベーターは一時的に故障中だ。

⊙ temporary「あるテンポの間」→「一時的な・仮の」の副詞形です。「一時的な・仮の」ということは、「後で変更される」ことを示唆します。たとえば、例1があれば「改装後に再オープンする」と推測できますね。⊙例2のようにトラブルを表す際にもよく使われます（トラブルの内容は設問でよく問われる）。

副 tentatively 仮に・暫定的に

▶ 仮の予算

▷ あなたのプレゼンテーションを暫定的に4月14日の夕方に予定しています。

⊙ tryやtestと関連があり、「試している段階・テスト段階」と考えればOKです。⊙あくまで「仮の」という意味で、「この後に変更するかも」と示唆します（変更内容は設問でよく問われる）。実は英英辞典でも be subject to change「変更の可能性アリ」などと説明されているのです。

副 provisionally 仮に・暫定的に
名 provision 供給・準備・条件・条項

▶ 仮協定

▷ そのウェビナーの日程は暫定的に5月10日となっています。

⊙ provide「供給する」の形容詞で、「一時的に供給された」→「仮の・暫定の」となりました。⊙ tentativeと同じく、「あくまで暫定で、後で変わる可能性大」と意識することが大事です。英英辞典では likely to change「変わりそう」／ could change「変わる可能性がある」などと説明されています。

▶ 中間報告

▶ 暫定的に部長を務める
※ act as ~「～として行動する」→「～の役割を果たす・～を務める」

⊙ inter は「～の間」で（international は「国家の間」→「国際的な」）、「正式に決まるまでの間」→「中間の・仮の・暫定的な」と考えればOKです。⊙「変更」を示唆する重要単語で、例2は「誰かが急に辞めたので暫定的に部長を務めているが、正式な後任者が決まったら変更になる」イメージです。

075

Section 4 「解答のキー」になる超重要単語　対比・変更を示唆

121

case
[kéis]

名 場合・実例・(the case で)事実

▷ I brought a portable charger, just in case my phone's battery dies.

▷ The company retreat will be canceled in case of rain.

122

event
[ivént]

名 場合・出来事・イベント

▷ In the event that fewer than five students sign up for the course, it will be canceled.

▷ in the event of inclement weather

123

conventional
[kənvénʃənl]

形 従来の

▶ a conventional method

▶ contrary to conventional wisdom

124

initial
[iníʃəl]

形 最初の・当初の
名 イニシャル・頭文字

▶ the initial phase of a project

▷ Initially the event was to be held outside, but it was moved indoors at the last moment.

800

接 in case もしも～の場合には・～すると
いけないから
前 in case of ~ ～の場合

⊙SV in case sv.「svするケース（場
合）に備えて」→「svする場合にはSV
する・svするといけないからSVする」
の形が大事です。in case of ~の「～の
場合」は前置詞なので直後に名詞が
きます。◎含み表現としても重要で、
「雨天の場合は中止」とあれば、その
後に「雨天で中止になる」可能性を示
唆します。

700

▷スマホの充電切れに備えて、携帯用の充
電器を持ってきた。

▷雨天の場合、社員旅行（研修）は中止と
なります。
※company retreat「社員研修」(288番)

600

接 in the event that ~ 万一～する場
合 **前 in the event of ~** ～の場合
形 eventual 結果として起こる・最後の
副 eventually ついに・結局は

⊙日本語の「イベント」は楽しい行事
のイメージが強いですが、eventは良
いこと・悪いことの両方に使えます。in
the event that ~ は、直訳「～という
場合（the event that ~)において
(in)」→「万一～する場合は」という重
要表現です。◎in the event of ~
≒ in case of ~「～の場合」です。

500

▷受講希望者が 5 名に満たない場合は、そ
の講座は中止になります。

▷悪天候の場合
※inclement weather「悪天候」(704番)

副 conventionally 従来
名 convention 会議

⊙「昔、会議（convention)で決めた
こと」→「従来の」です。「従来の」とき
たら、「でも今は違う・従来の方法を覆
した・新しい方法を開発した」という流
れで、「従来と今」が対比されることが
多いです。◎conventional wisdom
は「広く受け入れられている習慣・社
会通念」という表現です。

400

300

▶従来の方法

▶社会通念に反して

200

副 initially 最初は・当初は
動 initiate 始める

⊙本来「最初の」で、「名前の最初の
文字」→「イニシャル・頭文字」が有名
ですね。◎「当初は○○だったが、そ
の後は△△」のような流れでよく使わ
れます。initiallyや at first「当初は」
を見たら、「後で変わる」ことを意識し
てください。その変更内容が設問でよ
く狙われます。

100

▶プロジェクトの初期段階

▷そのイベントは当初は屋外で行う予定だっ
たが、直前になって屋内に移動した。
※be to ~「～することになっている」／at the
last moment「直前に」

0

125

☐ ☐ ☐

original
[ərídʒənl]

形 最初の・元々の／独創的な

▶ the original plan

▶ exceed the original estimate

126

☐ ☐ ☐

current
[kə́:rənt]

形 現在の

▶ a current trend

▷ The workshop is currently scheduled to start at 11:00 A.M.

127

☐ ☐ ☐

former
[fɔ́:rmər]

形 以前の・前者の

▶ a former president of the company

▶ Huang Electronics and Magnasmart have both recently started selling smart refrigerators, with the former receiving excellent reviews from critics.

128

☐ ☐ ☐

respective
[rispéktiv]

形 それぞれの

▶ earn a reputation in their respective industries

▷ First class and business class tickets cost \$2,600 and \$1,400 respectively.

800
700
600
500
400
300
200
100
0

副 originally 元々は
名 origin 起源・始まり
動 originate 生じる・始まる

◉「オリジナル」と聞くと「独創的」なイメージを浮かべがちですが、本来は「最初の・元の」です（origin「起源」を意識すればOK）。◉「元々は○○だったが、その後は△△だ」のような流れでよく使われます。対比の目印になる重要単語です。

▶ 当初の計画

▶ 元々の見積もりを超える
　※exceed「超える」（439番）

副 currently 現在は

◉本来「流れ」のイメージで、「時が流れているこの現在」→「現在の」となりました。あくまで「今現在は」という意味で、「今後は変わるかも・前は違っていた」と示唆する重要単語です。◉応用で「最新の・現代の」という意味もあります（同義語問題で current ≒ contemporary「現代の」も出題済みです）。

▶ 現在の（最新の）トレンド

▷ そのワークショップは今現在、午前11時に始まる予定だ。

副 formerly 以前は・かつて

◉会社の異動や合併の話では、a former president「元社長」がよく使われます。◉the former ~「（2つのうち）前者の～」も大事です。Part 7では2つの情報（AとB）を出し、the former「前者（= A）」や the latter「後者（= B）」と表すことがよくあります。そしてこの対応関係が設問で狙われるのです。

▶ 会社の元社長

▶ Huang Electronics と Magnasmart は最近ともにスマート冷蔵庫の発売を開始し、前者は批評家から好評を博している。
　※the former = Huang Electronics

副 respectively それぞれ

◉respectは「尊敬する」以外に名詞「点」という意味があり、respectiveは「それぞれの点において」→「それぞれの」です。◉例2は「ファーストクラスは2,600ドル」、「ビジネスクラスは1,400ドル」ということで、この対応関係がよく狙われます。必ず「どれとどれが対応するか」を考えてください。

▶ それぞれの業界で名声を得る

▷ ファーストクラスとビジネスクラスのチケットの値段は、それぞれ 2,600 ドルと 1,400 ドルです。

Section 4 「解答のキー」になる超重要単語　対応関係／注意喚起表現／重要と示す

129
counterpart

名 対応する人・物

[káuntərpà:rt]

▶ The Canadian diplomats are meeting with their American counterparts right now.

▶ Plastic water bottles are fifty percent lighter than their glass counterparts.

130
kindly

副 親切に・どうぞ（〜してください）

[káindli]

▶ You are kindly reminded that check out is at 11:00 A.M.

▶ You are kindly requested to refrain from talking on your phone.

131
note

名 メモ
動 述べる・注意する

[nóut]

▶ take notes in the margin

▶ Please note that the main entrance will be closed during the construction.

132
essential

形 本質的な・重要な

[isénʃəl]

▶ play an essential role in the project

▶ It is essential that we understand our customers' needs.

800

700

▶ カナダの外交官は今、アメリカの外交官
（同等の相手）と会談しているところだ。
※counterparts = diplomats「外交官」

▶ ペットボトルは、ガラス製のものよりも
50% 軽い。

⊙「反対にある（counter）一部分
（part）」→「対等の立場にある相手」
です。♥「よく似たものの一方」と訳さ
れがちですが、「○○版・○○バージョ
ン」くらいに考えてみてください。「（別
の場所において）同じ役職の人・同じ
仕事をする人／同じ目的・役割を持っ
たもの」のことです。例2では coun-
terparts = water bottles です。

600

形 kind 親切な・優しい

▶ チェックアウトは午前 11 時であることをど
うぞご承知おきください。

▶ 携帯電話での通話はご遠慮ください。
※直訳「どうか〜を求められて」／refrain
from -ing「〜することを控える」

⊙「親切に」は有名ですが、You are
kindly reminded that ~「どうか〜
を思い出させられて」→「〜をどうぞ
ご承知おきください」といった使い方
が大切です。♥「どうか〜して」とお願
いしているので、後ろには大事な依頼
内容（= 設問で狙われやすい内容）が
きます。

500

形 noted 有名な
形 noteworthy 注目すべき

▶ 余白にメモをする
※margin「余白」（556番）

▶ 建設工事中は正面玄関が閉まっているこ
とにご留意ください。

⊙日本語の「ノート」は基本的に
notebook で、「note（メモ）するため
の book」ということです。♥ Please
note that ~ ／ Please take note
that ~「〜にご注意ください」（この
note は「注意（する）」の意味）では、
後ろに注意すべき重要情報がきて、設
問でよく狙われます。

400

300

200

▶ プロジェクトで重要な役割を果たす

▶ 顧客のニーズを理解することが重要だ。

⊙ essence「本質」の形容詞形です。
「本質的な」という訳語が有名ですが、
「（極めて）重要な」と考えた方が理解
しやすいことが多いです（例1は play
an important role in ~ とほぼ同じ
意味）。♥ Part 7 でこういった単語が
あれば、その部分は「重要情報」＝
「設問で狙われやすい内容」になるわ
けです。

100

0

Section 4 「解答のキー」になる超重要単語　重要と示す

133

vital 　　　　　　　形 重要な

[váitl]

▶ a vital skill for success

▶ It is vital that the online marketing strategy be executed flawlessly.

134

crucial 　　　　　形 重要な・不可欠な

[krúːʃəl]

▶ play a crucial role in education

▶ be crucial to the success of a big project

135

fundamental 　　　形 基本的な・重要な

[fÀndəméntl]

▶ develop fundamental business skills

▶ Competition is fundamental to economic growth.

136

indispensable 　　　形 必要不可欠な・重要な

[ìndispénsəbl]

▶ an indispensable piece of advice

▶ Social media is now indispensable to our society.

◀)) 1-034

800
700
600
500
400
300
200
100
0

名 vitality 生命力・活力

⊙ vitality「生命力・活力」は「バイタリティあふれる」と使われますね。その形容詞 vital は「生命に関する」→「重要な」です。「致命的な」という訳語で覚えがちですが、これも「重要な」という意味でよく使われます。◎例2 は It is vital that s 原形「〜することが重要だ」の形です。

▶ 成功するために重要なスキル

▶ オンライン・マーケティング戦略を完璧に実行することが重要だ。
　※ execute「実行する」(431番)／ flawlessly「完璧に」

副 crucially 決定的に

⊙ 本来「十字路(十字 = cruci：cross)」で「どちらの道に進むべきか決定することのように重要な」です。よく「決定的な」と訳されますが、「重要な」と考えれば OK です(英英辞典では extremely important と説明されることもあります)。◎ be crucial to ~「〜にとって極めて重要な」の形でよく使います。

▶ 教育において重要な役割を果たす

▶ 大きなプロジェクトを成功させるのに重要だ

⊙ メイクの「ファンデーション(下地)」は foundation「土台・基礎」のことです。fundamental は「基礎となる」→「基本的な」(例1)、「重要な」(例2)となります。◎「根本的な」という訳語が有名ですが、「重要な」の意味もチェックしてください。例2のように be fundamental to ~「〜にとって重要だ」の形が頻出です。

▶ 基本的なビジネススキルを養成する

▶ 競争は経済成長にとって重要だ。

動 dispense 分配する・なしで済ます

⊙ 動詞 dispense「なしで済ます」、形容詞 dispensable「なしで済ませられる」に否定の in がついたのが、indispensable「必要不可欠な」です。◎ 厳密に言えば「不可欠な・必要な」ですが、出てきたときはまず「重要な」と考えても OK です。

▶ 必要不可欠なアドバイス

▶ SNS は今や現代社会にとって必要不可欠だ。

Section 4 「解答のキー」になる超重要単語　重要と示す／因果表現

137

instrumental

[ìnstrəméntl]

形 重要な役割を果たす・楽器の

▶ Mike Klinger was instrumental in opening two overseas sales offices.

▶ an instrumental solo

138

matter

[mǽtər]

名 物質／事柄・問題
動 重要である

▶ What's the matter with this photocopier?

▶ It doesn't matter to me.

139

count

[káunt]

動 数える・重要である・
(count on ~ で)頼る
名 総数

▶ Please count me in.

▶ What counts is that you try your best.

140

cause

[kɔ́:z]

動 引き起こす
名 原因／大義・運動

▶ The delay in the product launch was caused by supply chain issues.

▶ raise money for a good cause

800

名 instrument 道具・楽器

700

◉「道具(instrument)となる」→「助けになる・役立つ」とよく訳されますが、実際にはもっと強い意味で be instrumental in ~「~において重要な役割を果たす」のように使います。
💡「道具の」→「楽器の・(歌がない)音楽だけの」という意味もあります。

▶ Mike Klinger は、2つの海外販売拠点の開設に貢献した。

▶ 楽器の独奏

600

◉本来「中身が詰まったもの」→「物質・事柄・問題」です。動詞「重要である」も「中身が詰まって重要だ」ということです。💡 Part 2では「AとBのどちらがいい?」に対して、例2のように「どちらでもOK」と答えることがよくあります。Either one is fine. ／ Either is fine with me.(255番)／ I have no preference. なども同様です。

▶ このコピー機のどこがおかしい(問題な)のですか?

▶ どちらでも構いません。
※直訳「私にとってそれは重要でない」

500

形 countless 数えきれない(ほど多い)

◉「数える」→「数に入れる」→「重要だ」となります。たとえば「企画のメンバーの数に入れる」のは「重要」だからですね。💡 on は「意識の接触」→「依存」で、count on ~「~に頼る」となります(≒ depend on ~)。宣伝で You can count on 会社 「会社 にお任せください」と使われることもあります。

400

▶ 私を数に入れてください(仲間に入れてください)。

▶ 重要なのはベストを尽くすことだ。

300

200

◉動詞は "原因 cause 結果" の関係をつくります。例1はその受動態 "結果 is caused by 原因" です。
💡名詞は「原因」に加えて、「行動を引き起こす原因」→「大義・運動」といった意味でも出ます。good cause「正当な理由・大義」はよく使う表現です。

▶ 商品の発売が遅れたのは、サプライチェーンに問題があったからだ。
※supply chain は生産~流通の流れ

▶ 支援金を集める
※直訳「(支援する)大義のために金を集める」

100

0

Section 4　「解答のキー」になる超重要単語　因果表現

141

☐
☐
☐

lead

[líːd]

動 指揮する・進行する・主導する・(〜に)つながる
形 主要な・先頭の

▶ lead a seminar

▶ Introducing mandatory communications skills workshops for all employees has led to fewer problems between coworkers.

142

☐
☐
☐

contribute

[kəntríbjuːt]

動 貢献する・寄与する／寄付する／寄稿する

▶ contribute an article to a nature magazine

▶ Lack of exercise and constant snacking contribute to metabolic disease.

143

☐
☐
☐

responsible

[rispánsəbl]

形 責任がある・原因となる／責任感のある・賢明な

▶ Who's responsible for approving the budget?

▶ Charlie Wu was responsible for bringing in three new clients last month.

144

☐
☐
☐

attribute

動 [ətríbjuːt]　名 [ǽtrəbjùːt]

動 〜によるものだと考える
名 性質・特性・特徴

▶ Climate change is attributed to the significant increase of greenhouse gasses.

▶ possess all the attributes of a good mentor

◀ᴵ 1-036

800
700
600
500
400
300
200
100
0

形 leading 首位の・主要な・一流の

⊙「先頭に立って率いる」イメージで、会社・セミナー・会議・ツアーなど様々なものに使えます。♡"[原因] lead to [結果]"という因果表現としても重要です(例2)。さらにPart 1では「(道などが)～に通じる」の意味でもよく出ます(585番の例2や590番の例2)。

▶ セミナーを進行する

▶ 全社員にコミュニケーションスキル講習会を義務付けることで、同僚間でのトラブルが減少した。
※mandatory「義務の」(774番)

名 contribution 貢献・寄付

⊙本来「一緒に(con)与える(tribute)」で、支援を与えれば「貢献する」、お金なら「寄付する」、記事なら「寄稿する」となります。♡例2のように「貢献する」では不自然な英文もよく出るので、"[原因] contribute to [結果]"という関係をしっかり意識してください。右向きの矢印(→)と考えればOKです。

▶ ネイチャー雑誌に寄稿する

▶ 運動不足や間食が続くと代謝障害につながる。
※metabolic disease「代謝障害」

名 responsibility 責任

⊙Part 2でWho's responsible for ~?「～の責任者(担当者)は誰?」は頻出です(≒ Who's in charge of ~?)。♡「～の責任がある」という訳語ばかり有名ですが、実際には"[原因] is responsible for [結果]"の形でもよく使われます(英英辞典でもcauseを使って説明されています)。

▶ 予算を承認する責任者は誰?

▶ Charlie Wu のおかげで、先月3人の新規顧客と関係を築くことができた。
※bring in「(関係を)築く」

形 attributable (attributable to ~で)～が原因と考えられる

⊙よく「帰する」と訳されますが、attribute [結果] to [原因]「[結果]は[原因]によるものだと考える」の形で押さえた方がわかりやすいです。例1は受動態"[結果] is attributed to [原因]"で、「結果:気候変動 ← 原因:ガスの増加」です。♡名詞は「本来備えている良い性質」といったニュアンスがあります。

▶ 気候変動は、温室効果ガスの大幅な増加が原因だと考えられている。

▶ 良い指導者の特性をすべて持っている
※mentor「助言者・指導者」(308番)

Section 4　「解答のキー」になる超重要単語　イコール表現

145

represent

動 表す・代表する

[rèprizént]

▶ represent 100 workers

▶ This painting represents many months of work.

146

amount

動 達する・(結局～に)なる
名 量

[əmáunt]

▶ amount to £10 million

▶ Losing the computer's password amounted to losing all the data on the hard drive.

147

involve

動 巻き込む・含む・伴う

[inválv]

▶ those involved in the project

▶ My new job involves traveling to New York once a month.

148

entail

動 含む・伴う・必要とする

[intéil]

▶ The initiative entails some risk.

▶ The position entails working closely with members of human resources.

名形 representative 代表者・担当者／代表して

▶ 100 人の労働者を代表する

▶ この絵画は数カ月の努力の結晶です。

◉「何かを提示する(present)」→「表す・代表する」となりました。💬単に「イコール」の役割で、S represent O は"S＝O"になることもあります(英英辞典でbe somethingやbe equal to ~ と説明されることも)。例2は「この絵画」＝「数カ月(かかった)」というイコール関係です。

◉ 名詞「量」以外に、「山を登る(mount)」→「〜に達する・〜となる」という動詞も重要です。💬 amount to ~ で「(金額などが)〜に達する」(例1)や「〜に等しい・結局〜になる」(例2)を表します。訳語よりも、まずは「イコール(＝)」と考えてみてください。なお、このtoは前置詞なので、名詞または例2のように-ingが続きます。

▶ 合計 1 千万ポンドに達する

▶ パソコンのパスワードを失うと、ハードドライブ内の全データが失われてしまうことになる。

名 involvement 関与

▶ プロジェクト関係者
※ those「人々」

▶ 私の新しい仕事は月 1 回のニューヨークへの出張を伴う。

◉「中へ(in)回転して(volve)巻き込む」です。be involved in[with] ~「〜に巻き込まれている」→「〜に関係している」が大事です。💬「含む」にとらわれず、「伴う・〜をする必要がある」や「(ほぼ)イコール」と考えると理解しやすいことも多いです。

▶ その戦略にはリスクが伴う。
※ initiative「戦略」(243番)

▶ この職に就くと人事部と密接に連携する必要がある。
※ closely「密接に」(424番)

◉「しっぽ(tail)の中に入る(en)」→「後ろにくっつく・伴う」→「含む・必要とする」です。💬 S entail O は「SはO を含む」→「SにはOが必要となる・S によってOしなければならない」といった感じでよく使われます。少し大雑把ですが、S＝Oと考えるとおおよそのイメージがつかめることも多いです。

Section 4 「解答のキー」になる超重要単語　意図問題で狙われる

149

reassure

[rìːəʃúər]

動 安心させる

▶ reassure the listeners

▶ reassure the passengers that the plane will arrive on time

150

reject

[ridʒékt]

動 断る

▶ reject an offer

▷ receive a rejection letter

151

decline

[dikláin]

動 断る・減少する
名 減少

▶ decline an invitation

▶ a steady decline in ticket sales

152

correct

[kərékt]

形 正しい
動 訂正する

▶ correct a misunderstanding

▶ My watch keeps the correct time.

700

600

500

400

300

200

100

0

形 reassuring 安心させるような
形 reassured 安心した
名 reassurance 安心

◉「何度も (re) 保証する (assure：sureと関連)」→「安心させる」です。Part 3・4の意図問題の選択肢で、To reassure the listener「聞き手を安心させるため」とよく使われます。
💡 reassure 人 that ~「人に〜と言って安心させる」も大事です。ensure that ~「〜することを確実にする」との区別がPart 5で狙われます。

▶ 聞き手を安心させる

▶ 飛行機は時間通りに到着すると乗客を安心させる

名 rejection 拒絶

◉「反対に (re) 投げる (ject)」→「断る」です。Part 3・4の意図問題で、To reject an offer「申し出(提案)を断るため」という選択肢がよく出ます。
💡 turn down「親指を下に (down) 向ける (turn)」→「断る」も大事で、To turn down a request「要望を却下するため」も意図問題で使われます。

▶ 申し出を断る

▷ 不採用通知を受け取る

◉本来「下に (de) 傾く (cline)」で、「提案・申し出を下に向ける」→「(丁重に) 断る・辞退する」、「下に傾く」→「減少する」となります。Part 3・4の意図問題で、To decline an invitation「誘いを断るため」という選択肢は定番です。💡 Part 7の同義語問題で decline ≒ reject も出題されます。

▶ 誘いを断る

▶ チケット売上の継続的な減少
 ※inは「範囲・分野(〜において)」を表す

副 correctly 正しく・正確に
名 correction 訂正
形 incorrect 間違った

◉correctのrectは、directと同じ意味で、「まっすぐ正しい方向へ指導する」→「訂正する」となりました。意図問題で、To correct a misunderstanding「誤解を訂正するため」という選択肢は定番です。💡 collect「集める」と区別してください。こちらはselect「集める」とセットで整理しましょう。

▶ 誤解を訂正する

▶ 私の腕時計は正確です。
 ※直訳「私の腕時計は正しい時間を保っている」

091

Section 4 「解答のキー」になる超重要単語　語法が大事

153

follow

動 後を追う・従う

[fálou]

▶ The team-building workshop will be followed by a short break.

▷ Following the presentation, there is a question-and-answer session.

154

accompany

動 付き添う・伴う

[əkÁmpəni]

▶ Your completed expense report must be accompanied by receipts.

▷ the accompanying application

155

subsequent

形 その後の・その次の

[sÁbsikwənt]

▶ in the subsequent months

▶ The new service will be launched subsequent to approval.

156

replace

動 取り換える・取って代わる・〜の後任となる

[ripléis]

▶ replace the lights in this room with LED lights

▶ Ms. Yap will replace Ms. Saetang as your interpreter.

🔊 1-039

800

700

600

500

400

300

200

100

0

形前 following 次の・下記の／〜の後で **名 follower** 支持者・(SNSなどの)フォロワー
形 follow-up 追加の・追跡して行う

▶ チーム育成研修の後は、短い休憩となります。
　※ team-building「チーム力育成の」(297番)

▷ プレゼンの後に質疑応答の時間がある。
　※ Following ~, SV.「〜の後、SVだ」

⊙ A follows B. は「Bの後にAがくる(A←Bの順)」で、受動態の B is followed by A. は「Bの後にAがくる(B→Aの順)」になります。be followed by ~ は右向きの矢印(→)で理解できます。💬 following は「後に続く」→「次の・以下の」、さらに前置詞「〜の後で・〜に続いて」(≒ after)と考えてもOKです。

形 accompanying 付随する・同封の・添付の

▶ 記入した経費報告書には、領収書を添付する必要がございます。

▷ 同封の応募用紙
　※ ≒ the enclosed application (-ing と p.p. の区別に注意)

⊙「仲間(company)と一緒に行く」→「付き添う・伴う」です。"サブ accompany メイン" という関係で、受動態は"メイン is accompanied by サブ"「メイン に サブ が伴う」と考えればOKです。💬 accompanying「同封の・添付の」も大事な単語で、例2では accompanied を使わない点に注意してください。

副 subsequently その次に

▶ その後の数カ月で

▶ 新サービスは承認後に開始予定です。

⊙ sub は「サブの・2番目の」で、「後からお供してついていく」イメージです。💬 subsequent to ~ は、直訳「〜に対して(to)後に続く(subsequent)」→「〜に続いて起こる・〜の後で」です。after や following と同じ感覚で捉えてOKです。文頭に置いて、Subsequent to ~, SV.「〜の後、SVだ」の形でも使えます。

名 replacement 取り換え・代わりのもの(人)

▶ この部屋の照明を LED 照明に切り替える

▶ Yap さんが、通訳者として Saetang さんの後任になる。
　※「Saetang さんがいなくなる(前任者)、Yap さんが後任者」の関係

⊙「再び(re)置く(place)」→「取り換える」です。訳語だけでは「新・旧」が一瞬で判断できないので、"replace ≒ lose・remove"と考えてください。replace の直後が「なくなる」わけです。💬 replace A with B は「Aをなくして Bを持つ」、つまり"replace 旧 with 新"と考えればOKです。

Section 4 「解答のキー」になる超重要単語　語法が大事

157

☐
☐
☐

succeed

動 成功する・後を継ぐ

[səksíːd]

▶ succeed in business

▶ Ms. Franken retired last month and was succeeded by Mr. Smith.

158

☐
☐
☐

attach

動 くっつける・添付する

[ətǽtʃ]

▶ Solar panels are attached to a roof.

▶ Attached is the file you requested.

159

☐
☐
☐

enclose

動 同封する

[inklóuz]

▶ Enclosed is the application form you requested.

▶ Please find the document you requested enclosed.

160

☐
☐
☐

substitute

動 代わりに使う・代わりを務める
名 代用品・代理人

[sʌ́bstətjùːt]

▶ substitute olive oil for butter

▶ substitute for Ms. Ramsay while she is on vacation

🔊 1-040

800
700
600
500
400
300
200
100
0

名 success 成功 **形 successful** 成功した **形 successive** 連続的・次の **名 succession** 連続・後継 **名 successor** 後任者

▶ ビジネスで成功する
※ succeed in ~「~において成功する」

▶ Franken さんは先月に退職し、Smith さんが後を継いだ。

⊙ 本来は「下に (suc = sub) 行く (ceed)」で、succeed は「跡継ぎ成功!」と考えてください。💬 succeed 人 as ~「~として人の後任になる」や be succeeded by ~「~に引き継がれる・~が後を継ぐ」の形が重要です。"前任者 is succeeded by 後任者" の関係を押さえておきましょう。

名 attachment 付着・添付（ファイル）

▶ ソーラーパネルが屋根に設置されている。
※ attach A to B「AをBにくっつける・設置する」の受動態

▶ ご要望のファイルを添付いたします。

⊙ touch「触れる」とは関係ありませんが、似た意味なので関連づけて覚えてもいいでしょう。💬 例2は "S is attached."「Sが添付されている」が倒置した（isの前後が入れ替わった）形です。attachを先頭にして目立たせることで、「添付したこと」を確実に伝えることができます。

名 enclosure 同封（物）

▶ ご要望の応募用紙を同封いたします。
※ S is enclosed. が倒置した形

▶ ご要望の文書を同封いたします。
※ ≒ Enclosed please find the document you requested.（Enclosedが先頭に出た形）

⊙「中へ (en) 閉じ込める (close)」→「同封する」です。💬 例2は find OC「OがCとわかる」の形で、直訳「~が同封しているのを見つけてください」→「~を同封いたします（のでご覧ください）」となります。find OC が倒置した、Please find enclosed the document you requested. も同じ意味です。

名 substitution 代用

▶ バターの代わりにオリーブオイルを使う
※ ≒ use olive oil as a substitute for butter（名詞の substitute）

▶ Ramsay さんが休暇を取っている間、彼女の代理を務める

⊙「代用する」という訳語が有名ですが、substitute A for Bでは「AとBのどっちを使う?」と混乱しがちです。"substitute ≒ use"と捉えれば「(Bの代わりに)Aを使う」と一瞬で判断できます。💬 例2は substitute for ~「~の代わりをする・代理を務める」の形です。TOEICで「シフトの交換」はよく出ます。

重要語法④　provide型

provideは provide 人 with 物「人に物を与える」の形をとります。withは「付帯・携帯」を表し、メインの人に物を付け加えるイメージです。以下には難しいものも含まれますが、すべて Part 5で出題されます。provideと同じ型、かつ意味も「与える」が根底にあると意識すれば、1つずつ丸暗記するよりはるかに効率的です。

【provide型の動詞

基本形：provide 人 with 物「人に物を与える」】

☐ **provide 人 with 物** ／ **supply 人 with 物**「人に物を与える」

☐ **furnish 人 with 物** ／ **feed 人 with 物**「人に物を与える」

☐ **present 人 with 物**「人に物を与える」

☐ **fill A with B**「AをBで満たす」

☐ **face A with B** ／ **confront A with B**「AにBを直面させる」

☐ **equip A with B**「AにBを備え付ける」

☐ **endow 人 with 才能**「人に才能を与える」

☐ **acquaint 人 with ~**「人に~を知らせる」

☐ **outfit 人 with 物**「人に物を与える・備え付ける」

☐ **reward 人 with 物**「人に物を与える（ことでその人に報いる）」

【例】We are happy to furnish you with the information you are looking for.

喜んでお探しの情報を提供いたします。

【例】He was confronted with numerous difficulties.

彼は多くの困難に直面していた。

※人 is confronted with 物「人は物に直面させられる」→「人は物に直面している」

【例】The gym is fully equipped with showers and a sauna.

そのジムは、シャワーとサウナを完備している。

※be fully equipped with ~「~を完全に備えている」→「~を完備している」

Chapter 2
モヤモヤを晴らす

Section 1
意外な「品詞」が大事な単語

land は「手に入れる」、store は「保管する」、station は「配置する」といった動詞の意味も重要です。こういった「見落としがちな品詞」がポイントになる単語を一気にチェックしていきましょう。Part 5 の品詞・語彙問題でスコアに直結するのはもちろん、他の全 Part で正確に読む・聞くためにもとても大切です。

Section 1　意外な「品詞」が大事な単語　動詞

161

☐
☐
☐

place

[pléis]

名 場所
動 置く・注文する

▶ place an advertisement in a newspaper

▶ place an order

162

☐
☐
☐

land

[lǽnd]

名 陸地・土地
動 着陸する・手に入れる

▶ The aircraft landed safely.

▶ land a temporary job

163

☐
☐
☐

sample

[sǽmpl]

名 サンプル・見本
動 試す・試食する

▶ taste some samples

▶ sample unique dishes from our menu

164

☐
☐
☐

stock

[sták]

名 株式・在庫
動 (商品を)補充する

▶ be out of stock

▶ stock the shelves at a supermarket

| | 700 |

▶ 新聞に広告を出す

▶ 注文する

◉動詞「置く」が大事で、Part 1でA man is placing cones in a line. 「男性はコーンを並べているところだ」と出ます。例1は「広告を置く」→「広告を出す」です（同義語問題でplace ≒ putが出題済み）。◉例2は「注文状態(order)に置く(place)」もしくは「orderボタンにマウスのカーソルを置く」と考えればOKです。

600

▶ 飛行機が無事着陸した。

▶ 臨時の仕事を得る
※ temporary「一時的な」(647番)

◉「陸地(land)にたどり着く」→「着陸する」は、機内アナウンスでlanding「着陸」と使われています。◉「物に着陸する」→「(物を)手に入れる」も大事です。「魚を釣って陸に上げる」イメージで、「(難しいもの・良いものを)手に入れる」と考えてもいいでしょう。land a contractは「契約を取る」です。

500

400

▶ サンプルを試食する
※ taste「試食する」(動詞)

▶ 当店のメニューにある独特な料理を試食する

◉「サンプルを作って試してみる」→「試す・試食する」という動詞が大切です。Part 1でも、She's sampling a product. 「彼女は製品を試食しているところだ」と使われます。◉ tasteにも「試食する・味見する」という動詞の用法があります。日本語でも「ワインのテイスティング(味見)」と使われていますね。

300

200

動 restock 補充する・再び仕入れる
名 stockroom （保管）倉庫
名 stockholder / shareholder 株主

▶ 在庫切れで
※反対は in stock「在庫があって」

▶ スーパーの棚を補充する

◉本来「木の幹」で、成長し枝分かれするイメージから「お金が増えるもの」→「株」→「財産をストックするもの(在庫)」となりました。例1の out of ~ は「(~の中から外にすべて出て)なくなって・切らして」の意味です。◉「在庫」→「(在庫を)補充する・仕入れる・店に置く」という動詞も大事です。

100

0

Section 1　意外な「品詞」が大事な単語　動詞

165 double

[dʌ́bl]

動 倍に増える・増やす
形 倍の　副 倍に
名 倍

▶ Monthly sales have doubled in just six months.

▶ The price of gasoline is double what it was ten years ago.

166 house

[háuz]

動 収容する

▶ The museum houses a large collection of 18th century paintings.

▶ The building houses a company library.

167 store

[stɔ́:r]

動 保管する・保存する

▶ store your belongings in a locker

▶ The photos that I take with my phone are automatically stored in the cloud.

168 monitor

[mánətər]

名 モニター
動 監視する・チェックする

▶ monitor social media usage

▶ monitor a patient's condition

700

◉自動詞「倍に増える」でも、他動詞として double the number of downloads in three months「3カ月でダウンロードの回数を倍に増やす」でも使えます。◉形容詞は、be double ~「〜の2倍だ」という用法が大切です（例2）。be double the size・be twice the size で「その大きさの2倍」となります。

▶ たった6カ月で月の売上が2倍になった。

▶ ガソリンの値段は現在、10年前の倍になっている。
　※what it was ten years ago は「10年前のガソリンの値段」のこと

600

名 housing 住宅

◉動詞 house は「家の中に入れる」→「収容する」です（発音は「ハウズ」）。「美術館が作品を収容する・所蔵する」の意味でよく使います。◉例2のように「建物が施設を収容する」の意味でも使われます。また、housing「住宅」も大事で、housing allowance「住宅手当」は会社の福利厚生を説明するときによく使われる表現です。

500

▶ その美術館は18世紀の絵画のコレクションを多数所蔵している。

▶ その建物には会社の資料室が備わっている。
　※library「資料室」(268番)

400

名 storage 保管・貯蔵

◉動詞「保管する」は、「お店は商品を保管する場所」と考えればいいでしょう。「物を保管する・収納する」や「データを保存する」場合にもよく使われます。◉storage は「保管する(store)こと」→「保管」で、スマホの「ストレージ(データを保管する容量)」で使われています。

300

▶ 持ち物をロッカーに保管する（しまう）
　※belongings「所有物」

▶ 私がスマホで撮った写真は自動的にクラウドに保存される。

200

◉動詞「モニターで監視する」→「監視する・チェックする」が大事です。「定期的に繰り返しチェックして変化がないか確認する」イメージで使われます。◉Part 5の品詞問題では、monitor の動詞用法を知らないと解けない問題が出たこともあります。monitor progress は「進捗状況をチェックする」です。

100

▶ SNS の使い方を監視する

▶ 患者の容体を経過観察する

0

Section 1　意外な「品詞」が大事な単語　動詞

169
☐
☐
☐

track
[trǽk]

名 跡・道
動 跡を追う・追跡する・記録する

▶ track a customer's order

▶ the tracking number of an order

170
☐
☐
☐

market
[má:rkit]

名 市場
動 市場に出す・売る

▶ The Vortex Pinnacle BB is among the fastest Wi-Fi routers on the market today.

▶ market a new product

171
☐
☐
☐

handle
[hǽndl]

動 手で持つ／扱う・対処する

▶ She's handling a vase.

▶ handle customers' personal information

172
☐
☐
☐

head
[héd]

名 頭・(部門などの)長
動 進む・率いる・〜の長である

▶ head a committee

▶ head the marketing department

800

700

600

⊙ 陸上競技場の「トラック」は「跡・道」で、「跡」→「跡を追う・追跡する」「（追跡して）記録する」という動詞が重要です。「時間をかけて追跡して何度も記録する」イメージです。💬 tracking number「追跡番号」は現代ではとても大事で、ネットショッピングで買ったものが届かないときによく使われます。

▶ 顧客の注文を追跡する

▶ 注文の追跡番号

⊙ on the market は、直訳「市場に出ている動作に接触して」→「市場に出て・販売されて」という表現です。💬「マーケットに出す」→「市場に出す・売る」という動詞も大切です。market oneself to ~「自分自身を~に売り込む」という表現が問われたこともあります。

▶ Vortex Pinnacle BB は、市場に出回っているものの中で最も高速の Wi-Fi ルーターの 1 つだ。
※ be among ~「~のうちの1つ」

▶ 新製品を市場に出す

500

400

⊙ 車の「ハンドル」のイメージは捨ててください。「手(hand)で扱う」→「持つ・扱う・対処する」という動詞が大切です。配送される荷物には handle with care「取扱注意」というステッカーが貼られることもあります。⊙ 同義語問題で、handle ≒ manage「うまく扱う」（360番）も出題済みです。

▶ 彼女は花瓶を手に取っているところだ。

▶ 顧客の個人情報を扱う

300

200

⊙「頭」→「先頭」→「（先頭に向かって）進む」、「（先頭に立って）率いる・~の長である」です。lead「率いる・指揮する・進行する」（141番）との言い換えがよく狙われます。head for [toward/to] ~「~へ向かって進む」の形もよく使われます。💬 head office は「本社」です（≒ main office ／ headquarters）。

▶ 委員会を率いる

▶ マーケティング部長である
※ the head of the marketing department は「マーケティング部長」（名詞の head）

100

0

103

Section 1　意外な「品詞」が大事な単語　動詞

173

☐
☐
☐

last

[lǽst]

形 最後の
動 続く・(製品などが)持つ

▶ The event lasted for approximately two hours.

▶ How long do these batteries last?

174

☐
☐
☐

process

[práses]

名 プロセス(過程)・作業・方法・手順
動 処理する

▶ be in the process of establishing a start-up

▶ process a refund

175

☐
☐
☐

chair

[tʃéər]

名 議長
動 議長を務める・司会をする

▶ the chair of the committee

▶ chair a meeting

176

☐
☐
☐

mark

[má:rk]

名 印・記号
動 印をつける/示す・目立たせる/祝う

▶ This Friday marks the beginning of our clearance sale.

▶ mark the 20th anniversary

形 long-lasting 長持ちする	⊙ 動詞「続く」が大事で、化粧品や日焼け止めのCMで「ラスティング効果(lasting)」＝「化粧が続く効果」と使われています。「最後まで続く」と覚えてもOKです。💬「(製品などが)持つ・長持ちする」の意味も重要です。広告ではlong-lasting「長持ちする」を使って自社商品をアピールすることもあります。

▶ そのイベントは約2時間続いた。
 ※ approximately「約」(505番)

▶ これらのバッテリーはどれくらい持つの?

動 proceed 進む・進める **名 procedure** 手順・手続き	⊙ in the process of ~ は、直訳「～のプロセスにある状態で・～を処理している状態で」→「～の最中で」です。💬 動詞も大事で、process an orderは「注文を処理する」、process paperworkなら「書類の手続きをする」です。processing fee「手数料」／ processing plant「処理工場」もチェックを。

▶ 新興企業を設立する最中で

▶ 返金を処理する

名 動 cochair 共同議長(を務める) **名 chairperson** 議長 **動 preside** 議長を務める・司会をする	⊙ サッカーなどで「チェアマン」と使われています(男女平等の意識からchairmanよりchairやchairpersonを使うことが増えています)。chairは動詞「議長を務める」をしっかりチェックしてください。💬 preside は「前に(pre)座る(side)」→「議長を務める」ですが、president「社長」の動詞形と覚えるとラクでしょう。

▶ 委員会の議長
 ※ ≒ the committee chair

▶ 会議の議長を務める
 ※ ≒ preside over a meeting「会議の司会をする」

形 marked 著しい・際立った **副 markedly** 著しく・際立って	⊙ 本来「マーク(印)をつける」(例:mark the word「その単語に印をつける」)で、そこから「示す・目立たせる」となります。💬「何でもない普通の日にマークをつける」→「記念する・祝う」も大事です。カレンダーにマークをつけることで、普通の日も当事者には「祝福すべき」日になるわけです。

▶ 今週の金曜日から在庫一掃セールが始まります。
 ※直訳「今週の金曜日は～の開始を示す」

▶ 20周年記念を祝う

Section 1　意外な「品詞」が大事な単語　動詞

177
star
[stá:r]

名 スター・主役
動 主役を演じる

▶ She starred in a film set in 20th century Kenya.

▶ play a starring role

178
outline
[áutlàin]

名 概要・輪郭
動 概要を説明する

▶ a brief outline of the plan

▶ outline how to handle customer complaints

179
forward
[fɔ́:rwərd]

副 前方に
動 送る・転送する

▶ forward an e-mail

▶ go forward with the project

180
profile
[próufail]

名 プロフィール・人物紹介・知名度
動 紹介する・略歴を書く

▶ information about your financial profile

▶ profile a successful business in a magazine

名 動 co-star 共演者／共演する

⊙ 名詞「星・スター」は簡単ですが、「映画のスターになる」→「主役を演じる」という動詞が重要です。「映画紹介」はPart 4に出る難しいジャンルなのでしっかりチェックを。🔍 starring role は「主役を演じる・スターの役割」→「主役・中心的な役割」です。

700

▶ 彼女は 20 世紀のケニアが舞台の映画で主役を務めた。
※set in ~「~にセットされた(setは過去分詞)」→「~が舞台の」

▶ 主役を演じる・中心的な役割を演じる

600

⊙ 熟語 line out「説明する」から生まれた単語です。outline は「外側の(out)線(line)」→「輪郭(を描く)」、さらに「物事の輪郭を描く」→「概要(を述べる)」と考えてください。🔍 overview「概要」(408番)や summary／abstract「概要・要約」も似た意味の重要単語です(よく言い換えられます)。

500

▶ 計画の簡単な概要

▶ 顧客からのクレームの対応方法を簡単に説明する
※complaint「クレーム」(315番)

400

⊙ サッカーの「フォワード(forward)」は「前にいる人」です。メールや手紙を「前へ進める」→「送る・転送する」という動詞が重要です。メールの転送で表示される "Fw" は forward の略です。🔍 go[move] forward with ~ は、直訳「~に関して(with)前へ進む」→「~を進める」です。

300

▶ メールを転送する

▶ そのプロジェクトを進める

200

⊙ 人の紹介に限らず、例1のように「略歴・概要」も表せます。動詞も大切で、Part 7の文書の目的を問う設問でTo profile ~「~を紹介するため」が正解になることもあります。🔍「人物紹介・評価」→「知名度・認知度」の意味もあります。a high-profile project は「注目度の高いプロジェクト」です。

100

▶ あなたの財務状況に関する情報
※financial profile「財政的なプロフィール」→「財政の概要・財務状況」

▶ 成功した事業の略歴を雑誌で紹介する

0

181

volunteer

[vὰləntíər]

動 ボランティアをする・進んで申し出る
名 ボランティア

▶ volunteer for the task

▶ volunteer to make a proposal for the new client

182

value

[vǽljuː]

名 価値
動 評価する・査定する・大切にする

▶ a used car valued at 15,000 dollars

▶ We value your opinion.

183

seal

[síːl]

名 印鑑・封印
動 封をする

▶ seal an envelope

▶ seal a deal

184

voice

[vɔ́is]

名 声・意見・発言権
動 言う・述べる

▶ leave a voice message

▶ voice concerns about falling behind schedule

800

形 voluntary 自発的な・任意の

⊙「慈善活動」のイメージが強いかもしれませんが、単に「自ら進んで〜する」という意味でもよく使います。volunteer for 〜「〜 に 志 願 する」／volunteer to 〜「進んで〜しようと申し出る」の形が大事です（未来志向のto）。💡応用として volunteer one's time「自分の時間を無償で提供する」もチェックを。

700

▶ その仕事に志願する

▶ 新しい顧客に進んで提案する

600

形 valued 評価された・大切な
形 名 valuable 貴重な・価値のある／
（valuables で）貴重品

⊙名詞は日本語でも「バリューがある」のように使われています。「価値を測る」→「評価する・査定する」、「高く評価する」→「大切にする」となりました。💡valued「大切にされた」→「大切な」も大事です。a valued customer「大切なお客様・得意客」はTOEIC頻出で、Part 5で問われたこともあります。

500

▶ 15,000 ドルと査定された中古車

▶ お客様のご意見を大切にします。
※客にアンケートを書いてもらいたいときなどに使う

400

⊙「シールを貼って封をする」→「封をする」と考えればOKです。💡seal a deal は「取引に封をする」→「契約を結ぶ・調印する」という重要表現です（「契約書に封をして確定する・契約が合意される」イメージ）。close the deal も「契約を締めくくる」→「契約を結ぶ」という意味になります。

300

▶ 封筒に封をする

▶ 契約を結ぶ・調印する

200

⊙Part 3でvoice mail・voice message「音声メッセージ・留守番電話」が頻出です。voice actor「声優」や voice recognition「音声認識」もたまに出ます。💡動詞「声を出す」→「言う・述べる」も大切で、voice one's opinion「自分の意見を述べる」です。

100

▶ 音声メッセージを残す
※leave は本来「ほったらかす」(339番)

▶ 予定より遅れることについて懸念を示す
（心配する）
※fall behind schedule「予定より遅れる」

0

Section 1　意外な「品詞」が大事な単語　動詞

185
☐
☐
☐

author

[ɔ́ːθər]

名 著者・作家
動 書く

▶ a well-established author

▶ author a popular blog about online marketing

186
☐
☐
☐

position

[pəzíʃən]

名 位置・立場・地位・職
動 置く

▶ an open position in the accounting department

▶ Cones have been positioned in a line.

187
☐
☐
☐

gauge

[géidʒ]

名 尺度・計器
動 測定する・判断する・評価する

▶ a rain gauge

▶ gauge whether the new project is feasible or not

188
☐
☐
☐

frequent

形 [fríːkwənt]　動 [frikwént | fríːkwənt]

形 頻繁な
動 よく訪れる

▶ a frequent customer

▶ frequent the café

🔊 2-007

800

700

600

500

400

300

200

100

0

名 動 coauthor 共著者／共同で執筆する

⊙ Part 7頻出の「書店イベント・書評」で必ず出てきます。名詞は有名ですが、動詞まで押さえてください。author a manualは「マニュアルを書く」です。💡 coauthorは「一緒の(co)著者(author)」→「共著者」で、これも動詞でcoauthor a book「本を共著する」と使えます（本書も共著です）。

▶ 十分に定評のある作家
※ well-established「十分に定評のある」
（687番）

▶ オンラインマーケティングに関する人気のブログを書く

⊙ TOEICでは「会社でのポジション・位置」→「立場・地位・職」が重要です。an open position「空いている職」（≒ a job opening）／fill a position「欠員を補充する」はPart 7の求人でよく出ます。💡「位置」→「（正確な位置に）置く」という動詞も大事で、Part 1で例2のような英文が出ます。

▶ 経理部での空いている職（欠員）

▶ コーンが1列に並んでいる。
※ 直訳「コーンが1列に置かれている」／in a line「1列に」

⊙ 台所の「ゲージ（計量器）」で使われています（正確な発音は「ゲイジ」）。本来「何かを計るもの」で、「測定する」→「判断する・評価する」という動詞が大切です。💡 gauge how effective the training was「その研修の有効性を評価する」もチェックを（≒ gauge the effectiveness of the training）。

▶ 雨量計

▶ そのプロジェクトが実行可能かどうかを判断する
※ feasible「実行可能な」

副 frequently 頻繁に
名 frequency 頻度・回数

⊙ 副詞はfrequently「頻繁に」で、ホームページなどで使われる"FAQ"はfrequently asked questions「頻繁に聞かれる質問」のことです。TOEICでは「frequent customerに特典を提供する・感謝を伝える」ことがよくあります。💡 動詞で frequent 場所「場所を頻繁に訪れる」と使うこともできます。

▶ 常連客
※「頻繁に商品を買う・サービスを利用する客」ということ

▶ そのカフェをよく訪れる
※ ≒ frequently go to the café

111

Section 1　意外な「品詞」が大事な単語　動詞

189

design
[dizáin]

動 設計する・意図する・狙う
名 デザイン

▶ The workshop is designed for supervisors.

▶ The advertisement is designed to appeal to younger customers.

190

poll
[póul]

名 世論調査・投票
動 世論調査をする・投票する

▶ according to the poll conducted last week

▶ the majority of those polled

191

file
[fáil]

動 整理して保管する・提出する
名 ファイル

▶ file some documents

▶ file a written request

192

staff
[stǽf]

名 スタッフ・職員
動 職員を配置する

▶ decide who will staff the reception desk

▷ A clinic is understaffed.

800

700

600

500

400

300

200

100

0

▶ その講習会は上司向けのものだ。
※≒ The workshop is intended for supervisors.

▶ その広告はより若い消費者に訴求する狙いがある。

◉「デザイン」と聞くと名詞を浮かべがちですが、「設計する」という動詞も大事です（例：design a Web site「ウェブサイトを設計する」）。💬「設計する」→「意図する・狙う」で、be designed for ~「~向けの・~を対象とした」／be designed to ~「~することを意図した」もよく使います。

▶ 先週行われた世論調査によると

▶ 世論調査の回答者の過半数
※ those polled「世論調査の対象者」

◉元々は「世の中の意見」で、「世論調査・アンケート」「（世の意見を表明する）投票」となりました。💬 those + 形容詞(p.p.)「~な人々」の形は他に、those present「出席者」／those surveyed「調査の対象者」／those involved・those concerned「関係者」／those interested「興味のある人」などがあります。

▶ 書類をファイルにとじる・整理する
※特に Part 1で頻出

▶ 要望書を提出する

◉「ファイルにとじる・（ファイルにとじて）整理する」→「提出する・申請する」という動詞が大事です。Part 7の同義語問題で file ≒ send in「提出する」が問われたこともあります。💬 file a complaint は「苦情を提出する・伝える」→「苦情を申し伝える」、file a patent は「特許を申請する」です。

名 staffing 人員配置
形 understaffed 人手不足の
形 short-staffed 人手不足の

▶ 誰が受付業務に当たるかを決める

▷ 診療所が人手不足だ。

◉名詞の他に、staff 場所「場所」に職員を配置する」という動詞が大切です。💬 understaffed や short-staffed は「足りない職員が配置されている」→「人手不足の」です。TOEICでは「繁忙期は人手が足りないから追加の人員が必要・追加でシフトを入れて」といった話がよく出ます。

Section 1　意外な「品詞」が大事な単語　動詞

193

□
□
□

station

[stéiʃən]

名 場所・駅・放送局
動 配置する

▶ a radio station

▶ be stationed at the front desk

194

□
□
□

field

[fí:ld]

名 野原・広場・分野
動 （質問などに）対応する

▶ work experience in the field of marketing

▶ field questions regarding the workshop

195

□
□
□

network

[nétwə:rk]

名 交通網・情報網
動 人脈をつくる・関係を
築く

▶ There is a complicated network of subways in Tokyo.

▶ network with professionals in another field

196

□
□
□

age

[éidʒ]

名 年齢
動 年をとる・古くなる

▶ Some buildings in the neighborhood are aging, and some have even been torn down.

▶ maintain the aging museum

800

700

▶ ラジオ局

▶ 受付に配置されている

⊙本来「(立つ)場所」で、「電車が立ち止まる場所」→「駅」は有名ですね。Part 3・4では「(ラジオ・テレビなどの)放送局」の意味でよく出ます。◎「人を特定の場所につかせる」→「配置する」という動詞も大事で、be stationed「配置されている」の形でよく使います（改まった言い方）。

600

▶ マーケティング分野での職務経験

▶ ワークショップに関する質問に対応する
※ regarding「〜に関する」(496番)

⊙本来は「平地・野原」ですが、TOEICでは「分野・業界」の意味でよく出ます。◎野球でfield the ballと言えば「打たれたボールをキャッチして必要な所に投げる」ことですが、field questionsも「自分の所にきた質問をうまく投げ返す・対応する・さばく」といった感じです。

500

400

图 networking 人脈づくり・ネットワークづくり

▶ 東京には複雑な地下鉄網が張り巡らされている。

▶ 他業種の専門家たちと人脈をつくる

⊙「ネット・網(net)のようにつくられたもの(work)」で、日本語でも「ネットワーク」と使われますね。動詞も大事で、network with ~「〜との関係を築く」の形でよく使います。◎TOEICではa networking event「人脈づくりのイベント」に参加して、情報交換や人脈づくりをする場面も出ます。

300

200

▶ 近隣の建物の中には老朽化しているものや、取り壊されたものさえある。
※ tear down「取り壊す」

▶ 老朽化した博物館を維持する

⊙動詞「年をとる」の-ing形は、化粧品のCMで「アンチエイジング」「エイジングケア」と使われています。TOEICでは「建物が年をとる」→「古くなる・老朽化する」が重要です(agingは形容詞「古くなってきた・老朽化した」と考えてもOK)。◎ニュースではan aging society「高齢化社会」も頻出です。

100

0

197

□
□
□

commission

[kəmíʃən]

名 委員会／委任・委託／
歩合・手数料
動 委任する・委託する

▶ pay a commission based on sales

▶ commission an architect to design a futuristic stadium

198

□
□
□

institute

[ínstətʃùːt]

名 研究所・協会・機関
動 設立する・設ける

▶ The Institute of International Cooperation

▶ institute a new policy

199

□
□
□

screen

[skríːn]

名 画面・選考
動 上映する／検査する・
選考する

▶ screen candidates with online interviews

▷ baggage screening

200

□
□
□

shoot

[ʃúːt]

名 撮影
動 撮影する

▶ a photo shoot

▶ shoot a fashion show

動 commit 委ねる・委託する

⊙ commit「委ねる」→ commission「委員会／委任・委託(する)」、「(委託して発生する)手数料・歩合」です。日本語でも「コミッショナー(スポーツの委員会・組織のトップ)」と使われています。💡動詞もあり、例2は commission 人 to ~「人に~するよう委任する」の形です。

▶ 売上に応じて歩合を支払う

▶ 建築家に未来型スタジアムの設計を委託する
※ architect「建築家」／ futuristic「未来型の」

形 institutional 制度上の
名 institution 機関

⊙「中に(in)立てる(stitute = stand)」→「設立する」、「設立された団体」→「研究所・協会・機関」です。例1のように団体の名称に使われることが多いです。💡動詞も語彙問題で問われたことがあります。「ルール・システムなどを)設立して導入する」イメージです。

▶ 国際協力機構

▶ 新しい規定を設ける

名 screening 上映／検査・選考
名 screenplay 脚本
名 screenwriter 脚本家

⊙「スクリーンを使って場所を仕切る」→「切り離す・分ける」→「検査する・選考する」が大事です。求人の「候補者の選考」の話でよく出ます。💡他に screening process「選考過程」／ candidate screening「候補者の選考」や、a screening of a film「映画の上映」などと使われます。

▶ オンラインの面接で候補者を選考する

▷ 手荷物検査
※ 空港で使われる

名 shooting 撮影

⊙ 本来は「勢いよく飛ばす」です(「球を勢いよく飛ばす」→「シュートする」が有名ですね)。TOEICでは、「光を勢いよく飛ばす・シャッター音をバシャバシャと勢いよく鳴らす」イメージから「撮影(する)」という意味でよく出ます。💡Part 7の写真撮影に関する話でこの単語がよく登場します。

▶ 写真撮影 (会)

▶ ファッションショーの撮影をする

Section 1　意外な「品詞」が大事な単語　名詞

201

hire

[háiər]

動 雇う
名 (新入)社員・従業員

▶ hire a marketing specialist

▶ convert a new hire into a loyal employee

202

purchase

[pə́:rtʃəs]

動 購入する
名 購入(品)

▶ He's purchasing some groceries.

▶ She's paying for a purchase.

203

permit

動 [pərmít]　名 [pə́:rmit]

動 許可する
名 許可証

▶ Taking photographs is not permitted in the museum.

▶ apply for a building permit

204

complex

形 [kəmpléks]　名 [kámpleks]

形 複雑な
名 複合施設・集合住宅

▶ operate complex machinery

▶ assume responsibility for maintaining the apartment complex

800

名 hiring 採用・雇用

▶ マーケティングの専門家を雇う

▶ 新入社員を忠誠心のある従業員にする
※ convert A into B「AをBに変える」／loyal「忠誠心を持った」(284番)

⊙本来は「有料で借りる」で、「人を有料で借りる」→「雇う」となりました。💬「雇われた人」→「社員・従業員」という名詞も大事で、a new hire「新入社員」が頻出です。求人募集・新入社員の紹介などでよく出ます。hiring policy「雇用方針」／hiring experience「採用経験」もチェックを。

700

600

▶ 彼は食料品を購入しているところだ。

▶ 彼女は購入品の支払いをしているところだ。

⊙ purchase の chase は「追跡する」で（「カーチェイス」の chase）、「欲しいものを追跡する」→「購入（する）」となりました。動詞だけでなく、名詞「購入（品）」も大事です。Part 7 で purchase order「注文書」も出ます。💬「購入品」は具体的な形がイメージできるので、可算名詞としてよく使われます。

500

名 permission 許可

▶ その博物館では写真撮影は禁止となっています（許可されていません）。
※ Part 3・4のツアーで「禁止事項」を伝える

▶ 建設許可証を申請する

⊙ weather permitting は、直訳「天気が許せば」→「天気が良ければ」という表現です（Part 7 で解答のキーによくなります）。💬名詞「許可証」は可算名詞でよく使われます。a building permit・a construction permit「建築許可証」、a parking permit「駐車許可証」、a photography permit「写真撮影許可証」です。

400

300

名 complexity 複雑さ

▶ 複雑な機械を操作する

▶ アパートの整備（修繕作業）の責任を負う
※ assume「（責任を）負う」(371番)

⊙「シネマコンプレックス（cinema complex）」とは「1つの建物にいくつも映画館がある（複合した）施設」のことです。形容詞「複合の」→「複雑な」→ 名詞「複合施設」(≒ facility)と考えてください。💬an office complex は「オフィス複合施設」、an apartment complex は「共同住宅・集合住宅」です。

200

100

0

Section 1　意外な「品詞」が大事な単語　名詞／形容詞・副詞

205 valuable

[vǽljuəbl]

形 貴重な・価値のある
名 (valuablesで)貴重品

▶ a valuable member of our advertising agency

▶ keep valuables in the hotel safe

206 relative

[rélətiv]

形 関連した・相対的な
名 親戚

▶ profitable relative to its competitors

▶ visit distant relatives

207 budget

[bʌ́dʒit]

名 予算
形 予算に合った・安い

▶ travelers on a tight budget

▶ a budget tour

208 sound

[sáund]

名 音
動 〜に聞こえる
形 健全な・堅実な

▶ A: How about rewriting the proposal together?
　 B: Sounds good.

▶ sound advice

名動 value 価値／評価する・査定する・大切にする
形 valued 評価された・大切な
形 invaluable 貴重な・価値のある

▶ 当社の広告代理店の貴重なメンバー

▶ ホテルの金庫に貴重品を保管する
※safe「安全に保管する場所」→「金庫」(名詞)

◉ MVPとは most valuable player「最高殊勲選手」のことです。名詞では、財布・時計など「貴重品はいくつかある」のが普通なので、複数形で使います。💬 invaluable は「価値がない」と勘違いしがちですが、正しくは「評価できる(valuable)ことはない(in)」→「(評価できないほど)貴重な」です。

700

600

副 relatively 比較的
動 relate 関連させる

▶ 競合他社と比べて収益性が高い
※relative to ~「～と比べて」≒ compared with[to] ~

▶ 遠い親戚を訪ねる

◉ 本来「関係づける(relate)性質(ive)」です。「関連した」「他と関連させて」→「相対的な」、さらに「血縁的に関係ある人」→「親戚・親族・身内」という名詞も大事です。💬 おじ・おば・祖父母・いとこなどを総称的に表す重要単語です。Part 7では relative ≒ family member がポイントになった難問も出ました。

500

400

▶ 予算が限られた旅行者

▶ 格安ツアー

◉ on a (tight) budget は「予算が限られて・限られた予算内で」という重要熟語です。within budget「予算内で」／ under budget「予算を下回って」／ over[out of] budget「予算を超えて」も頻出です。💬 形容詞も大事で、a budget tour「格安ツアー」や a budget hotel「安いホテル」は広告でよく出ます。

300

200

▶ A：一緒に企画書を書き直すのはどう？
　B：いいですね。

▶ 堅実なアドバイス

◉「音」→「～に聞こえる」で、sound 形容詞 「形容詞 のように聞こえる」が大切です。特に Part 2で、(It/That) sounds good.「それは良さそうに聞こえる」→「いいね」といった表現が多用されます。💬 形容詞「健全な・堅実な」の意味もあり、a sound investment「堅実な投資」も本番で登場済みです。

100

0

209

signature

[sígnətʃər]

名 署名
形 特徴的な

▶ obtain a supervisor's signature

▶ the guitarist's signature picking technique

210

pretty

[príti]

副 まあまあ・かなり

▶ I'm pretty busy next week.

▶ The rent is pretty similar for all five properties.

211

plus

[plʌs]

名 利点　形 プラスの
前 ～に加えて
副 そのうえ

▶ Fluency in two or more European languages is considered a plus.

▶ Let's go over the schedule for employee training in May. Plus, I'd like to discuss the budget, if there's time.

212

pending

[péndiŋ]

形 保留の・未定の・未解決の
前 ～の間・～まで

▶ a pending issue

▶ Sales of Slither snowboards have been halted, pending a safety investigation.

⊙「署名する(sign)こと」→「署名」です。商品の受け取りや公的な文書には「署名・サイン」が必要で、Part 2〜7で頻出です。⊙見落としがちな用法として、「高級ブランドの服にまるで署名のようにブランド名が書かれている」→「特徴的な」という形容詞もあります（Part 7で見かけます）。

▶ 上司に署名してもらう

▶ そのギタリストの特徴的なピッキング技術

⊙「かわいい」という形容詞が有名ですが、そのプラスの意味から発展した「まあまあ・けっこう・かなり」という意味の副詞が重要です。リスニング頻出ですし、日常会話でも頻繁に使われます。⊙TOEICでは、依頼に対して「けっこう忙しい(pretty busy)ので難しい」と言って断ることもあります。

▶ 来週はけっこう忙しいよ。

▶ 賃貸料は5つの物件すべてでほぼ同じだ。

名 形 前 minus 欠点／マイナスの／〜のない

⊙「プラスのもの」→「利点」で、求人などで「(必須ではないが)望ましいもの」の意味でよく出ます(例1)。Part 7の同義語問題でplus ≒ benefitが問われたこともあります。⊙例2のように接続副詞として「そのうえ」と追加するときにも使われます(Part 6で出題例あり)。前置詞「〜に加えて」も大事です。

▶ 2カ国語以上の欧州言語が堪能であれば好ましい（利点として考慮されます）。

▶ 5月の社員研修の予定を確認しましょう。さらに、時間があれば予算についても話し合いたいです。

形 impending 差し迫った

⊙ suspendは本来「ぶら下げる」で(599番)、pendingは「ぶら下げて決定しない」→「保留の」です。日本語でも「いったんペンディングにする(保留にする)」と使われています。⊙例2のように、前置詞「〜の間・〜まで」が問われる難問も出たことがあります。

▶ 保留事項

▶ 安全性の調査がなされるまで、Slither スノーボードは販売が中止されている。
※halt「中止にする・停止する」(751番)

重要語法⑤　thank型

thank型はthank 囚 for ~の形です（Thank youはforとセットでよく使われますね）。いきなり「ありがとう」と言ったら、「なんで？」と理由を聞かれますよね。そのため、後ろには「理由」を表すforがくるわけです。

【thank型の動詞

基本形：thank 囚 for ~「~のことで 囚 に感謝する」】

☐ **thank 囚 for ~**「~で 囚 に感謝する」

☐ **praise 囚 for ~ ／ commend 囚 for ~**「~で 囚 を褒める」

☐ **admire 囚 for ~**「~で 囚 を尊敬する・褒める」

☐ **be grateful to 囚 for ~**「~で 囚 に感謝している」

☐ **apologize to 囚 for ~**「~で 囚 に謝る」

☐ **blame 囚 for ~ ／ condemn 囚 for ~**「~で 囚 を責める」

☐ **punish 囚 for ~**「~で 囚 を罰する」

☐ **fine 囚 for ~**「~で 囚 に罰金を科す」

【例】Jay's team was commended for achieving their sales goal.

Jayのチームは売上目標を達成したことで称賛された。

※command 囚 for ~「~で 囚 を褒める」の受動態

【例】I'd be grateful if you could help me move these boxes.

これらの箱を移動するのを手伝っていただけるとありがたいのですが。

※直訳「もしあなたが~してくれると、私はそれに感謝するだろう」→「~していただけるとありがたいのですが」という丁寧な依頼表現

Chapter 2
モヤモヤを晴らす

Section 2
意外な「意味」が大事な単語

enjoyは「楽しむ」、carryは「運ぶ」、perform
は「演奏する」と覚えているだけでは、実際
の英文では対応しきれません。TOEICでは
他にも、wingは「翼」→「(建物の)棟」、
squareは「正方形」→「広場」という意味が
重要です。こういった「意外な意味」がポイ
ントになる単語を集中的に対策していきます。

Section 2　意外な「意味」が大事な単語　標準

213

interview

[íntərvjùː]

名 面接
動 面接する・面接を受ける

▶ interview a candidate

▶ use videoconferencing to conduct first-round interviews

214

complete

[kəmplíːt]

形 完全な・すべてそろった
動 完成させる・記入する

▶ It is not yet complete.

▶ complete a survey

215

install

[instɔ́ːl]

動 取り付ける・設置する／インストールする

▶ install new safety equipment

▶ pay an installation fee to install a new air conditioner

216

boast

[bóust]

動 自慢する・誇る・(誇りとして)持っている

▶ Acme Glass, Inc. boasts the lowest employee turnover rate in the industry.

▶ The tablet boasts four high quality speakers.

名 interviewer 面接官
名 interviewee 面接を受ける人

⊙「(有名人への)インタビュー」の意味もありますが、TOEICでは「面接(する)」が圧倒的に大事です。💬 inter-view for ~「~の面接を受ける」でも使えます。「なぜ建物を訪れた?」という設問に対して、To interview for a position「就職の面接を受けるため」が正解になることもあります。

▶ 候補者を面接する

▶ ビデオ会議で一次面接を行う
　※first-round interview「一次面接」

副 completely 完全に
名 completion 完了

⊙限定用法(名詞を修飾)で「完全な・すべてそろった」、叙述用法(補語になる)で「完成した」を表します。💬 動詞は「(書類・アンケートなどを)完成させる」→「(すべて)記入する」がTOEIC超頻出です。fill in・fill out「中を(in)埋める・完全に(out)埋める」→「記入する」とよく言い換えられます。

▶ それはまだ完成していない。

▶ アンケート調査に(すべて)記入する

名 installation 設置・導入/インストール

⊙どうしてもパソコンやスマホが思い浮かびがちですが、本来は「取り付ける」という意味です(「スマホにアプリを取り付ける」→「インストールする」となっただけ)。全Partで出る重要単語で、Part 1の「物を取り付ける」描写でも使われます。💬 名詞形 instal-lation もPart 5の語彙問題で出題済みです。

▶ 新しい安全機器を設置する

▶ 新しいエアコンを設置するための設置費用を支払う
　※installation fee「設置費用」

⊙「イヤミな自慢」だけでなく、プラスのイメージでもよく使います(英英辞典で very good を使って説明されていることがあります)。💬「人が自慢する」だけでなく、会社や物を主語にして「物事を誇りにしている・誇らしい物を持っている」という感じでよく使われます。have に「すごいでしょう!」というニュアンスが加わった感じです(例2)。

▶ Acme Glass 社は、業界一の離職率の低さを誇っています。
　※employee turnover rate「離職率」

▶ そのタブレットには4つの高性能スピーカーが搭載されています。

Section 2　意外な「意味」が大事な単語　標準

217

enjoy

動 楽しむ・享受する

[indʒɔ́i]

▶ enjoy low shipping rates

▶ Members enjoy the use of an exclusive airport lounge whenever they fly Mallard Airlines.

218

carry

動 運ぶ・持つ・(商品を)置いている

[kǽri]

▶ A woman is carrying a bag on her arm.

▶ The stationery shop carries a wide range of fountain pens.

219

introduce

動 紹介する／導入する／売り出す・発売する

[ìntrədjúːs]

▶ introduce flextime for all staff members

▶ introduce a new product to the market

220

reach

動 手を伸ばす／到着する・達する／連絡をとる
名 届く範囲

[ríːtʃ]

▶ The man is reaching for a railing.

▶ You've reached the office of Ren Sakaguchi.

800

形 enjoyable 楽しい

◉常に「楽しむ」とは限らず、ややテンション抑え目で「細く長く楽しむ」→「(利益・良いことを)受ける・享受する・手に入れている・恵まれている」という意味も大事です(英英辞典ではhaveやexperienceで説明されています)。💬TOEICでは「割引・特別サービス・売上の伸び」などによく使われます。

700

▶ 安い配送料金で利用できる

▶ 会員の皆様は、Mallard 航空をご利用の際、空港の専用ラウンジをご利用いただけます。
※ exclusive「専用の」

600

◉「キャリーケース」とは「荷物を運ぶケース」です。💬TOEICでは「運ぶ」→「手に持っている」→「店が持っている・置いている・取り扱っている」という意味が超重要です。Part 3・4・7で「豊富な商品を取り扱っている」と宣伝したり、「その商品は取り扱っていない」と客に伝えたりすることがよくあります。

500

▶ 女性がバッグを腕に持っている。

▶ その文具店は幅広い種類の万年筆を取り扱っている。
※ stationery「文房具」／ fountain pen「万年筆」

400

名 introduction 紹介・導入
形 introductory 入門の・発売特価の

◉ Let me introduce myself. 「自己紹介いたします」の他に、「導入する」や「新たに市場に導入する」→「売り出す・発売する」が大切です。💬同義語問題でroll out「発売する」との言い換えも出ました。これは「新型飛行機の車輪を転がして(roll)屋外に出して(out)公開する」イメージです。

300

▶ 全従業員にフレックスタイム制を導入する

▶ 新商品を市場に売り出す

200

◉「伸ばす・到達する」イメージで、Part 1では reach for[into] ~「~の方へ[の中へ]手を伸ばす」が頻出です。💬 reach an agreement「合意に達する」や「電話で相手に届く・連絡する」でも使えます。Part 4では You've reached ~「あなたは~に電話で届いた」→「こちらは~です」が大事です。

100

▶ 男性は手すりの方へ手を伸ばしている。
※ railing「手すり」

▶ こちらは Ren Sakaguchi オフィスです。
※電話の出だしにて

0

Section 2　意外な「意味」が大事な単語　標準

221

☐ ☐ ☐

weigh

[wéi]

動 量る・重量がある／比べる・比較検討する／重要である・重要視される

▶ weigh some peaches

▶ weigh each option carefully

222

☐ ☐ ☐

extend

[iksténd]

動 延長する／広がる・広げる／与える・伝える

▶ extend business hours

▶ extend an apology

223

☐ ☐ ☐

grasp

[grǽsp]

動 ぎゅっとつかむ／（機会を）つかむ・捉える／理解する　名 握ること・理解

▶ grasp an opportunity

▶ grasp complex concepts

224

☐ ☐ ☐

bear

[béər]

動 持つ・担う・負担する／耐える
名 熊

▶ bear the expense

▶ bear full responsibility for the mistake

名 weight 重さ・体重

700

⊙名詞weight「重さ」と、動詞weigh「量る」の品詞をきちんと区別してください。💬 weigh は「重さを量る」→「(重さを量って)比べる・比較検討する」、「比較検討した結果、重要である」→「重要である・重要視される」です。日本語でも、2つの選択肢を比べるときに「天秤にかける」と言いますね。

▶ (いくつかの) 桃の重さを量る

▶ それぞれの選択肢を注意深く検討する

600

名 extension 拡張・延長・内線
形 extensive 広範囲にわたる・大規模な

⊙「つけ毛」を「エクステ」と言いますが、extension「拡張」のことです。Part 1では自動詞「広がる」もよく出ます(578番の例1)。💬「気持ちを外へ伸ばす」→「与える・伝える」も大事で、extend an invitation は「招待する・招待状を出す」です。同義語問題でextend ≒ offer・present「与える」も出題されています。

500

▶ 営業時間を延長する

▶ 謝意を伝える (謝罪する)

400

⊙「(物を)つかむ」→「(状況・意味を)つかむ」→「理解する」となりました。「複雑なものをしっかり理解・把握する」といった感じでよく使われます。同義語問題でgrasp ≒ understandも出題済みです。💬 have a good grasp of ~ は、直訳「~のよい理解を持つ」→「~をよく理解している」です。

300

▶ 機会をつかむ・好機を捉える

▶ 複雑な概念を理解する

名 bearer (クーポンなどを)所持する人・持参人

⊙「(物を)持つ」に限らず、「(費用・責任などを)持つ・担う・負担する」の意味でもよく使われます。💬他には「重荷を抱える」→「耐える」、「熊」は語源が違いますが、「熊が何かを抱えて運ぶ」とイメージしてもいいでしょう。

200

▶ その費用を負担する

100

▶ そのミスに関して全責任を負う

0

Section 2　意外な「意味」が大事な単語　標準

225

administer

[ædmínistər]

動 管理する・運営する／実施する

▶ administer monthly payroll for employees

▶ administer a poll

226

afford

[əfɔ́ːrd]

動 余裕がある・与える

▶ We can't afford to spend any more time on the planning stage.

▶ The dining area affords stunning views of the ocean.

227

realize

[ríːəlàiz]

動 実現する／気づく・認識する

▶ realize a dream

▶ realize the importance of English

228

pursue

[pərsúː]

動 追う／追い求める・追求する／続ける・実行する

▶ pursue a position at a power company

▶ pursue a strategy

名 administration 管理・運営
名 administrator 管理者
形 administrative 管理の・運営の

▶ 従業員の毎月の給与支払いを管理する
 ※payroll「給与支払い」(662番)

▶ 世論調査を実施する

⊙「大臣(minister)のように国に仕える」→「管理する・運営する」です。
💡上記の訳語が有名ですが、単純に「実施する・行う」という意味でもよく使います。Part 7の同義語問題でconduct ≒ administerも出題済みです。

形 affordable (値段が)手頃な

▶ もう計画段階に時間をかける余裕はない。

▶ その食事エリアからは美しいオーシャンビューが見える。
 ※ 場所 afford a view of ~「場所 は~の景色を与える」/ stunningは716番

⊙fordは「前進する」で、本来は「積極的に進んで~する余裕がある」です。cannot afford to ~「~する余裕がない」の形が大事です(金銭・時間的な余裕によく使う)。💡「前に出す」→「与える」の意味もあり、Part 7の同義語問題でafford ≒ provideも出題済みです。

名 realization 実現／認識・理解

▶ 夢を実現する

▶ 英語の重要性に気づく

⊙本来「リアル(real)にする(ize)」で、「夢をリアルにする」→「実現する」、「頭の中でリアルにする」→「気づく」となりました。without realizing it「気づかないうちに」という表現もあります。💡同義語問題では、achieve「達成する・実現する」やcomprehend「理解する」への言い換えも出題されています。

名 pursuit 追求

▶ 電力会社での地位を追求する

▶ 戦略を実行する

⊙「追う」という訳語が有名ですが、抽象的なものを「追い求める」という意味も重要です。pursue a goalは「目標を追求する」、pursue an acting careerは「役者の道を志す」です。💡応用として、「(計画・活動などを)追い求める」→「続ける・実行する」もあります(長時間続ける・努力し続けるイメージ)。

Section 2　意外な「意味」が大事な単語　標準

229

industry

名 産業・業界

[índəstri]

▶ the financial industry

▶ keep employees informed of the latest industry trends

230

perform

動 行う・遂行する／機能する／演奏する

[pərfɔ́:rm]

▶ perform a task

▶ The company's prototype performed exactly as expected in tests.

231

performance

名 遂行・業績／演奏・公演

[pərfɔ́:rməns]

▶ confirm a performance schedule

▶ conduct employee performance reviews

232

demonstrate

動 実演する・証明する・示す

[démənstrèit]

▶ demonstrate how the machine works

▶ demonstrate the ability to explain technical terms clearly

🔊 2-018

形 industrial 産業の・工業の

◉「産業」という訳語が有名ですが、TOEICでは「業界」という意味でもよく使います。industry experts は「業界通」です。💡 Part 3・4の設問で、What industry does the speaker work in?「話し手はどんな業界で働いていますか?」のように「業界・業種」が問われることあります。

▶ 金融業界

▶ 従業員に業界の最新動向を常に把握しておいてもらう
※keep 人 informed of ~「人に~を常に把握しておいてもらう、~の最新情報を与える」

◉本来は「完全に行う」です(per は perfect の意味)。「演奏する」の意味もありますが、TOEICでは「(仕事を)行う・遂行する」や「(機械が)機能する」が重要です。💡 Part 7の同義語問題では、carry out「実行する」や complete「完了させる」、さらに function「機能する」との言い換えも出題されています。

▶ 仕事を遂行する

▶ 会社の試作品は、テストにおいて期待通りの性能を発揮した。

◉「パフォーマンス」と聞くと派手な芸を浮かべがちですが、「行う(perform)こと」→「遂行・実行」が基本です。💡「遂行する様子・成果」→「仕事ぶり・業績」も大事で、a performance review は「仕事ぶり・業績の評価」→「業績評価・勤務評定・人事考課」となります。sales performance は「売上成績」です。

▶ 公演日程を確認する

▶ 従業員の業績評価を行う

名 demonstration 実演・証明・説明

◉「デモンストレーション」と聞くと大げさなパフォーマンスを浮かべがちですが、本来は「実演」のことです。TOEICでは「(商品を)実演して見せる」の意味でよく使われます。💡「(実際の行動で能力などを)示す・発揮する」という意味もあり、demonstrate initiative は「自主性を発揮する」です。

▶ その機械がどのように動くか実演する
※work「機能する・作動する」(345番)

▶ 専門用語を明確に説明する能力を示す
※technical terms「専門用語」(termは362番)

800
700
600
500
400
300
200
100
0

Section 2　意外な「意味」が大事な単語　標準

233

duty

名 義務・職務・関税

[djúːti]

▶ perform a duty

▶ Her job duties include developing manufacturing processes.

234

conclude

動 結論を出す・終える・終わる

[kənklúːd]

▶ conclude his training

▶ The book concludes with a thought-provoking prediction about the future.

235

quality

名 質・資質
形 良質の

[kwáləti]

▶ Ms. Woo has many good qualities.

▶ deliver quality coffee products

236

structure

名 構造・建造物

[strʌ́ktʃər]

▶ corporate structure

▶ A structure for storing supplies has been built next to the main building.

2-019

800

700

600

500

400

300

200

100

0

▶ 任務を実行する・職務を果たす

▶ 彼女の職務には製造工程の開発が含まれます。

⊙本来は「義務」で、「仕事の義務」→「職務」、「義務として支払うもの」→「関税」となりました。TOEICでは「職務」の意味が大切で、仕事内容を説明するときによく使われます。♥take over one's duties[responsibilities]「〜の職務を引き継ぐ」も重要表現で、Part 5で狙われることもあります。

名 conclusion 結論・終わり
形 conclusive 確実な・決定的な

▶ 彼の研修を終える

▶ その本は未来に関する示唆に富んだ予測で締めくくられている。
※ thought-provoking「示唆に富む」

⊙「完全に(con)閉じる(clude = close)」で、「結論を出す」の意味は有名ですが、「終える・終わる」の意味もチェックしてください。Part 7の同義語問題で、conclude ≒ finishが出題されたこともあります。♥conclude with ~「〜をもって終わる」→「〜で終わる」の形も頻出です。

名 quantity 量

▶ Wooさんは良い資質（特徴）をたくさん備えている。

▶ 上質なコーヒーの商品を配送する

⊙日本語でも「クオリティが高い（質が高い）」と言いますね。「質・品質」だけでなく、「(人の)資質・特徴・特性」といった意味もあります（こちらの意味で語彙問題での出題実績あり）。♥例2のように「良質の・高品質の」という意味で、形容詞的にも使えます。

形 structural 構造の・組織の

▶ 企業構造

▶ 本館の隣に備品を保管するための建造物が建てられた。

⊙本来「積み上げる(struct)こと(ure)」で、construct「建設する」やinfrastructure「インフラ・基盤となる施設」と関連づけて覚えればOKです。♥TOEICでは「建物の構造」→「構造物・建造物」という意味も大事です。英英辞典ではsomething that has been builtと説明されることもあります。

237

establishment

名 設立・施設

[istǽbliʃmənt]

▶ the establishment of a research facility

▶ an eating establishment

238

wing

名 翼・棟

[wíŋ]

▶ the north wing of the hotel

▶ A new wing will be constructed on the south end of the existing facilities.

239

square

名 正方形・広場・平方

[skwéər]

▶ create public squares and parks

▶ approximately 120 square meters

240

measure

名 測定／対策・手段
動 測る

[méʒər]

▶ measure blood pressure

▶ take measures to protect clients' data

◀)) 2-020

800

700

600

500

400

300

200

100

0

動 establish 設立する・確立する
形 established 定評のある・著名な

⊙ establish「設立する」の名詞形です。「(会社の)設立」だけでなく、the establishment of trust「信頼の構築」のようにも使えます。♥ TOEIC では「設立されたもの」→「建物・施設」という意味が大事で、文脈によって「ホテル・レストラン」などを表します（特に接客を伴う店や会社のイメージ）。

▶ 研究施設の設立

▶ 飲食店
※≒ a dining establishment

⊙「(生物や飛行機の)翼」だけでなく、「(建物の)翼棟」も表します。中心にある建物から「左右に張り出した部分」が翼のようなので、これを wing と言います（日本の空港でも「北ウイング」と使われています）。♥ a new wing「新棟・新館」はよく使われる表現です。

▶ ホテルの北棟

▶ 既存の施設の南端に新棟が建設される予定だ。
※ existing「既存の」

⊙ 本来は「正方形」で、TOEIC では「(四方を建物に囲まれた四角形の)広場」が大事です。「タイムズ・スクエア(Times Square)」はニューヨークにある「(42丁目・7番街・ブロードウェイが交差する)広場」のことです。♥ Part 7 の商品や施設の説明で、○○ square meters「○○平方メートル」も使われます。

▶ 公共の広場や公園をつくる

▶ 約 120㎡（平方メートル）

名 measurement 測定・寸法

⊙「巻尺(メジャー)」→「測定する」は有名ですが、名詞形を使った take some measurements「測定する」もチェックを。♥ 名詞は「対策・手段」という意味が大事で、take measures to[against] ~「~する[~に対する]対策を取る」の形でよく使います。「測定して、それに対する手段を講じる」と押さえましょう。

▶ 血圧を測る

▶ 顧客のデータを保護するための対策を取る

139

Section 2　意外な「意味」が大事な単語　標準

241

progress

名 [prágres]　動 [prəgrés]

名 進行・進捗・進歩
動 進む

▶ a work in progress

▶ The project is progressing according to schedule.

242

slot

[slát]

名 位置・(時間)枠・空き
動 (時間枠に)入れる

▶ I have two slots available on Tuesday afternoon.

▶ Dr. Agarwal can slot you in at 2:30 this afternoon.

243

initiative

[iníʃətiv]

名 主導権・戦略

▶ seize the initiative and tackle the problem before anyone else

▶ announce a new cost-cutting initiative

244

room

[rú:m]

名 部屋／空間・スペース
／余地・可能性

▶ make room for the new items

▶ Your design has a lot of room for improvement.

800

▶ 製作中の作品（未完成品）

▶ プロジェクトはスケジュール通りに進んでいる。

700

⊙「前へ(pro)歩く(gress)」→「進歩・前進」です。the progress of technology「科学技術の進歩」のような大きな進歩に限らず、「(仕事の)進捗」にもよく使います。a progress reportは「進捗報告書」です。
💡in progress「進行中で」、make progress「進歩する」といった熟語も大切です。

600

▶ 火曜日の午後は予約できる空きが2つあります。

▶ Agarwal 医師は、今日の午後2時半に予約の時間を入れることができます。

500

⊙本来「細長い隙間」→「位置・枠」で、TOEICでは「時間枠・空き／(時間枠に)入れる」が大事です。Part 7の同義語問題でslot ≒ openingも出題済みです。💡例2は slot 人 in 日時「人(の予定)を日時に入れる」の形です。fit 人 in 日時もほぼ同じ意味で、スケジュール変更の話題でよく使われます。

400

形名 initial 最初の・当初の／イニシャル・頭文字
副 initially 最初は・当初は
動 initiate 始める

▶ 率先して誰よりも先にその問題に取り組む
※seize「つかみ取る」／tackle「問題にタックルする」→「取り組む」

▶ 新しい費用削減のための戦略を発表する

⊙本来「実際に始める」→「主導権」で、日本語でも「イニシアティブをとる」と言いますね。seize[take] the initiative「主導権をとる」はよく使います。💡TOEICでは「実際に始めるときの計画」→「計画・戦略・(新)構想」の意味も大事で、a marketing initiativeは「マーケティング戦略」です。

300

200

▶ 新商品のためにスペースを空ける

▶ あなたのデザインは大いに改善の余地がある。

⊙本来「空間・スペース」でPart 7の同義語問題で room ≒ space も出題済みです。💡「余地・可能性」の意味では、room for improvement「改善の余地」／room for doubt「疑いの余地」／room for argument「議論の余地」と使われます。「部屋」のときは可算名詞、それ以外の意味では不可算名詞です。

100

0

245 period

[píəriəd]

名 期間・時代／終止符
（ピリオド）

▶ for a long period of time

▷ a subscription to a periodical

246 content

名 [kántent]　形 [kəntént]

名 中身・内容
形 満足した

▶ a table of contents

▶ be content with a purchase

247 solution

[səlú:ʃən]

名 解決策・溶液

▶ come up with a viable solution to the problem

▶ prepare a cleaning solution

248 reception

[risépʃən]

名 宴会・懇親会／受付／
受信状況

▶ host a reception for summer interns

▶ have excellent reception

800

700

600

500

400

300

200

100

0

形 名 periodical 定期刊行の／定期刊行物・雑誌
副 periodically 定期的に・時々

▶ 長期間

▷ 雑誌の定期購読
　※subscription「定期購読」(106番)

◉本来は「一定期間」で、「一定期間の区切り」→「ピリオド」が有名です。
◍ periodical は「一定期間に出るもの」→「定期刊行の(雑誌)」です。副詞は inspect the machine periodically for wear「定期的に機械の摩耗を点検する」と使われます(wear「摩耗」は372番)。

▶ 目次（内容一覧）

▶ 購入した商品に満足している

◉「中身が詰まった」イメージです。「中身・内容」は日本語でも「コンテンツ(contents)」と使われています。例1は「内容(contents)の表(table)」→「内容一覧・目次」です。◍「心の中身が詰まった」→「満足した」で、be content with ~「～に満足している」の形が大事です(≒ be satisfied [pleased] with ~)。

動 solve 解決する

▶ その問題に対する実現可能な解決策を考え出す
　※viable「実現可能な」

▶ 洗浄液を用意する

◉本来「溶かすこと」で、「問題を溶かすもの」→「解決策」となります。solution to ~「～の解決策」はよく使われる形です。◍「溶かすもの」→「溶液・洗浄液」も大切で、chemical solution なら「化学溶液」です。Part 7頻出の「商品マニュアル」や「実験」系の英文ではこちらの意味で出ます。

動 receive 受け取る
名 receptionist 受付係

▶ 夏季インターンの懇親会を開く

▶ （電波の）受信状況がとても良い

◉「人を受け取る・受け入れる(receive)場」→「歓迎会・懇親会」の意味が最もよく出ます。reception area[desk]「客を受け入れる場所」→「受付」もチェックを。◍応用として「電波を受け取る」→「受信状況」という意味もあります(こちらは日常会話で役立ちます)。

Section 2　意外な「意味」が大事な単語　標準

249

blueprint

名 設計図・詳細な計画

[blú:prìnt]

▶ review the blueprints for the new wing

▶ a blueprint for future partnerships

250

copy

名 (本・雑誌などの)冊・部
動 コピーを取る

[kápi]

▶ The library has several copies of the book.

▶ copy a newspaper article

251

location

名 場所・立地／店舗

[loukéiʃən]

▶ a convenient location

▶ open a new location

252

business

名 事業／商売・取引／
店・会社／用件

[bíznis]

▶ go out of business

▶ A business will move to a new location.

◉設計図に青い紙が用いられたことが由来で、「青い (blue) 印刷物 (print)」→「青写真・設計図」となりました。リスニングでは「建物の設計図」に関するやりとりがよく出ます。
💡例2のように、比喩的に「設計図」→「詳細な計画」も表します。

700

▶ 新棟の設計図を見直す

▶ 将来の提携に関する詳細な計画

600

◉本来「たくさん書き写す」で、「(コピー機の)複写」だけでなく、「印刷所でたくさん書き写したもの」→「(本・雑誌などの)冊・部」の意味が超重要です。a copy of the book は「1冊の本」です。💡動詞「コピーを取る」にも注意してください。Part 1でもよく出ます。

500

▶ 図書館にはその本が数冊ある。

▶ 新聞記事のコピーを取る

400

動 locate 置く・(場所を)突き止める

◉「絶好のロケーション」とは「立地が良い」ということです。「場所・立地」は有名ですが、TOEICでは具体的に「店舗」そのものを表すことが非常に多いです。💡「所在地」の意味で、What is your current location?「現在どこにいますか?」と使うこともできます。

300

▶ 便利な場所

▶ 新しい店舗をオープンする

◉例1の直訳は「事業をしている状態の外に行く」です。他に on business「仕事で・出張で」／ business trip[travel]「出張」／ business hours「営業時間」などもよく出ます。
💡business は「仕事・事業」は簡単ですが、「店・会社」という意味も超重要です(例2)。この場合は可算名詞扱いになります。

200

100

▶ 廃業する・倒産する

▶ 会社は新しい場所に移転する予定だ。

Section 2　意外な「意味」が大事な単語　標準

253 edge

[édʒ]

名（刃物の）刃／端っこ／優位性・強み

▶ on the edge of bankruptcy

▶ have an edge over competitors

254 effective

[iféktiv]

形 効果的な・有効な

▶ an effective advertisement

▶ Effective July 1, your subscription fee will increase to $14 per month.

255 fine

[fáin]

形 立派な・申し分ない／晴れた・元気な／細かい
名 罰金　動 罰金を科する

▶ Either is fine with me.

▶ be fined for returning library books late

256 ambitious

[æmbíʃəs]

形 野心的な・大規模な

▶ an ambitious young pianist

▶ set an ambitious goal

⊙「尖ったもの」→「刃」、「刃の先」→「縁・へり・端っこ」です。on the edge of ~ は、直訳「~の端っこで」→「~寸前で・~の危機に瀕して」です。
💡「他と比べて尖ったもの」→「優位性・強み」という意味も重要で、同義語問題でedge ≒ advantageが問われたこともあります。

▶ 倒産寸前で
　※bankruptcy「倒産」

▶ 競合他社より優位に立っている

名 effect 効果・結果・影響
副 effectively 効果的に・実質的に
名 effectiveness 有効性

⊙TOEICでは日付や時期と共に使って、「法律や規則が有効になる」→「~から有効で・~付けで・~から実施されて」を表す用法が超重要です。"effective (on/from) **時期**"の形でよく使われます。💡as of ~「~時点で・~以降」／ beginning ~・starting ~「~から・~以降」をセットで押さえてください。

▶ 効果的な広告

▶ 7月1日付けで、定期購読料が月額14ドルに値上がりします。

⊙finishと同語源で「最後は立派」というイメージです。「立派」よりもっと軽く、「OK」という感じでもよく使います（例1）。💡「最後の仕上げの細かい作業」→「細かい」、「違反をした人が最後に払う」→「罰金（を科する）」にも注意が必要です。fine **人** for ~「~で**人**に罰金を科す」の形が大事です（forは「理由」）。

▶ どちらでも結構です。

▶ 図書館の本の返却が遅れたことで罰金を科せられる

名 ambition 野心

⊙クラーク博士の言葉、Boys, be ambitious!「少年よ、大志を抱け」で有名ですね。💡「(計画などが)野心的な・大掛かりな」という意味も大事です。「多くの努力や費用を要する・困難な」というニュアンスでよく使われます。set ambitious sales targetsは「野心的な売上目標を定める」です。

▶ 野心的な若きピアニスト

▶ 野心的な目標を定める

Section 2　意外な「意味」が大事な単語　標準／応用

257

☐
☐
☐

balance

[bǽləns]

名 はかり・残高・未払い額
動 バランスをとる

▶ a bank balance

▶ a balance due

258

☐
☐
☐

outstanding

[àutstǽndiŋ]

形 目立った・優れた／未
払いの

▶ recognize an employee's outstanding contribution

▶ pay an outstanding balance

259

☐
☐
☐

explore

[ikspló:r]

動 探検する／探る・検討
する

▶ explore the wilderness

▶ explore the possibility of developing a 5G network in the country

260

☐
☐
☐

treat

[trí:t]

動 扱う・治療する・おごる
名 ごちそう・楽しみ

▶ treat everyone with respect

▶ treat everyone to a special dinner

800

700

600

500

400

300

200

100

0

▶ 銀行の預金残高

▶ （差し引き）不足額
※たとえば「預かり金」を先に払っていて、残りの払うべきお金のこと

⊙「バランス（をとる）」以外にも、TOEICでは「残高・未払い額」の意味が超重要です。「払うべき残り（差額）」を示して、それが支払われると「バランスがとれる」という発想です。◎ Part 7 の同義語問題で、balance ≒ amount remaining「残っている量（金額）」が問われたこともあります。

▶ 従業員の素晴らしい貢献を称える
※ recognize「称える」(449番)

▶ 未払い残高を支払う

⊙ stand out「目立つ」からできた単語です。「頭1つ外に（out）立つ（standing）」→「目立つ・（良い意味で目立つほど）優れた」、「支払っていない部分が目立つ」→「未払いの」となりました。◎ 同義語問題では、「優れた」の意味で excellent や remarkable、「未払いの」の意味で unpaid との言い換えが出題済みです。

名 exploration 探検・調査

▶ 手つかずの大自然を探検する
※ wilderness「荒野・手つかずの大自然」

▶ その国で 5G ネットワークを発展させる可能性を検討する

⊙「インターネット・エクスプローラー（Internet Explorer）」とは「広大なネットの世界を探検するソフト」です。Part 7のツアーや映画紹介でよく使われます。◎「探検して調査する」→「調査する・探る・検討する」という意味も大事です。英英辞典で think about ~ carefully と説明されています。

名 treatment 取り扱い・治療

▶ 全員に敬意をもって接する

▶ 全員に特別な夕食をごちそうする

⊙本来「取り扱う」で、「患者を取り扱う」→「治療する」です。treat patients は「患者を治療する」です。◎「良い扱いをする」→「おごる／ごちそう・楽しみ」も大事で、ハロウィンの Trick or treat!「イタズラしてほしくなければお菓子をくれ！」からも連想できますね。会話で It's my treat.「私のおごりです」もよく使われます。

Section 2　意外な「意味」が大事な単語　応用

261
☐
☐
☐

exercise

[éksərsàiz]

名 運動
動 運動する／使う・発揮する

▶ exercise one's discretion

▶ exercise one's right to vote

262
☐
☐
☐

exhaust

[igzɔ́ːst]

動 疲れさせる・使い果たす

▶ You look exhausted.

▶ exhaust all possibilities

263
☐
☐
☐

ingredient

[ingríːdiənt]

名 成分・材料・要素

▶ the ingredients in this bread

▶ Excellent communication skills are a key ingredient of success for business leaders.

264
☐
☐
☐

recipe

[résəpi]

名 レシピ・秘訣

▶ the ingredients for a recipe

▶ a recipe for a successful product launch

800

▶ 自分で判断する
　※ discretion「判断・裁量」(559番)

▶ 投票権を行使する

700

⊙本来「使う」で、「エクササイズ」は「(体を)使う」→「運動」となっただけです。exercise equipment は「運動器具」です。💡exercise[use] one's discretion は「自分の判断(能力)を使う」→「自分で判断する」、exercise[use] caution は「用心を使う」→「用心する」となります。

600

形 exhausting　疲れさせる
形 exhausted　疲れ切った
形 exhaustive　徹底的な・網羅的な

▶ とても疲れているようだね。

▶ すべての可能性を調べ切る

500

⊙本来「外に(ex)出す」で、「エネルギー・体力を外に出す」→「どっと疲れさせる」です。be exhausted で「どっと疲れさせられた」→「とても疲れた」となります(≒ be extremely tired・be worn out)。💡「外に出してなくなる」→「徹底的に使う・使い果たす」の意味も大事です(≒ use up)。

400

⊙ in に注目して「中に入っているもの」→「成分・材料」と考えればOKです。Part 3・4で「レストラン」、Part 7で「料理コンテスト・料理教室」の話がよく出ます。💡「(料理の)材料・食材」の意味に限らず、比喩的に「(何かを達成するために必要な)要素・欠かせないもの」という意味でも使えます。

▶ このパンの材料

▶ 優れたコミュニケーションスキルは、ビジネスリーダーの成功にとって重要な要素だ。

300

200

⊙「レシピ」は日本語になっていますね。「レシピは料理の方法」→「方法・秘訣」という意味までチェックしておけば完璧です。💡a recipe for ~「~の秘訣・~に必要なもの・~を引き起こすもの」の形でよく使われます。料理の「レシピ」と同じく、for 以下を作り出すために必要なものを表すわけです。

▶ レシピに必要な食材

▶ 製品発売を成功させるための秘訣

100

0

Section 2　意外な「意味」が大事な単語　応用

265

art

名 芸術・技術・コツ

[á:rt]

▶ see contemporary art in a museum

▶ the art of negotiation

266

wealth

名 富・財産

[wélθ]

▶ inherit wealth from their parents

▶ a wealth of information

267

addition

名 追加・増築・新たな人材

[ədíʃən]

▶ in addition to the prices on the menu

▶ Leo Miller is the latest addition to our sales team.

268

library

名 図書館／書斎・書庫・資料室／蔵書

[láibrèri]

▶ a library addition

▶ My entire library of e-books fits in my tablet.

名 artist 芸術家
形 artistic 芸術的な

▶ 美術館で現代芸術（作品）を鑑賞する
※ contemporary「現代的な」
▶ 交渉のコツ

⊙「芸術・美術」の意味が有名ですが、本来は「技術」です。「技術の結晶」→「芸術・美術」となっただけです。💡本来の「技術・コツ・要領」をしっかりチェックしてください（英英辞典では skill や ability と説明されています）。the art of success・the recipe for success は「成功の秘訣」です。

形 wealthy 裕福な

▶ 親から財産を相続する

▶ たくさんの情報

⊙ well「立派な・幸せな」と同語源で、「幸せ・幸福」→「（幸福をもたらす）富・財産」となりました。💡「たくさんの財産」のイメージから、a wealth of ~「豊富な～」という表現も大事です。a wealth of experience は「たくさんの経験」です。Part 5 でこの表現がズバリ狙われたこともあります。

動 add 加える
形 additional 追加の
副 additionally 加えて

▶ メニューに書いてある値段に加えて

▶ Leo Miller は営業チームの最新メンバーです。
※ addition to ~「～に加わった人」

⊙ add「加える」の名詞形で、in addition to ~「～に加えて」や in addition「加えて」（≒ additionally）の形が重要です。💡「加わったもの・新たな人材」の意味もあり、Part 7 で「製品ラインに加わったもの／チームの新戦力」などと出ます。a valuable addition to the team は「チームの貴重な新戦力」です。

名 librarian 司書・図書館員

▶ 書庫の増築

▶ 私が持っている電子書籍は丸ごとタブレットの中に入っている。

⊙本来「本のある場所」という意味で、「図書館」以外に、「書斎・書庫・資料室」も大事です。a company library は「会社の資料室」です。💡 one's library「人の蔵書」も TOEIC 頻出で、例 2 の my entire library of e-books の直訳は「電子書籍の私の全蔵書」です。

269

ladder

名 はしご・(出世の)階段

[lǽdər]

▶ A ladder is leaning against the side of a building.

▶ climb the corporate ladder

270

train

名 列車・連続
動 研修する・訓練する

[tréin]

▶ train interns on how to use the new device

▶ a train of thought

271

battery

名 電池・バッテリー／1
組・一連

[bǽtəri]

▶ My phone's battery is almost dead.

▶ undergo a battery of tests

272

fare

名 運賃・食事

[fέər]

▶ How much is the fare from Baker Street to Piccadilly Circus?

▶ prefer lighter fare

名 stepladder 脚立

⊙スポーツで「ラダートレーニング(は
しご状のマス目をステップするトレー
ニング)」と使われています。Part 1で
「はしご」が写った写真は頻出です。
💡比喩的に「成り上がるためのはし
ご」→「出世の手段・道」という意味も
あり、the career ladder・the cor-
porate ladder「出世の道・出世の階
段」です。

▶ はしごが建物の壁に立てかけられている。
　※lean against ~は569番／Part 1頻出

▶ 出世の階段を上る
　※≒ climb the ladder of success「成功の
　はしごを上る」→「出世の階段を上る」

名 training 研修・訓練
名 trainer 講師
名 trainee 研修生

⊙「列を引っ張る」イメージで、「列」→
「列車」「連続」、列を引っ張ることで
「研修する・訓練する」です。a train of
~「一連の~」をしっかりチェックしてく
ださい。💡trainingは「(運動の)トレ
ーニング」よりも「研修」の意味で圧倒
的によく出ます。attend a training
session「研修会に参加する」です。

▶ 新しい機器の使い方を研修生に教える

▶ 一連の考え

⊙ 例1は My phone's battery is
about to die.「スマホの充電がなく
なりそうだ」でもOKです(be about
to ~「今にも~しそう」)。💡a battery
of ~「一連の~」も重要表現です(本
番で出題済み)。野球の「バッテリー」
=「投手と捕手の1組・セット」と関連
させて覚えてもいいでしょう。

▶ スマホの充電がほとんどなくなった。
　※dead「(充電が)なくなって」

▶ 一連の検査を受ける
　※undergo「受ける」(405番)

⊙far「遠く」と同語源で、「遠くへ行
く」→「(遠くへ行くときに使う乗り物
の)運賃」となりました。💡「遠くへ行
く・旅行する」→「旅行で提供されるも
の」→「食事」という意味もあります。
難しい意味ですが、Part 7の同義語
問題でポイントになったこともありま
す。

▶ ベーカーストリートからピカデリーサーカ
　スまでの運賃はいくらですか?
　※ How much is the fare from A to B?
　「AからBまでの運賃はいくらですか?」

▶ より軽い食事を好む

Section 2　意外な「意味」が大事な単語　応用

273

resolution

[rèzəljúːʃən]

名 解決・決心・解像度

▶ make a resolution to increase sales

▶ upload a high-resolution image

274

distraction

[distrǽkʃən]

名 気を散らすもの・気晴らし

▶ minimize distractions in the office

▶ The company retreat was a welcome distraction from the busy project.

275

buyer

[báiər]

名 買い手・客／仕入れ担当者

▶ devise a strategy to attract younger buyers

▶ work as a buyer for a clothing retailer

276

household

[háushòuld]

名 家族・世帯
形 家族の・家庭の／よく知られている

▶ total household income

▶ Amazon is a household name in many countries.

動 resolve 解決する・決心する

▶ 売上を伸ばすと決心する
※make a resolution「決心する」

▶ 高解像度の画像をアップロードする
※high-resolution「高解像度の」

⊙「フワフワしていたものがバシッと固まってハッキリした」イメージで、トラブルが固まって落ち着けば「解決」、心が固まれば「決心」です。◎「ハッキリした」→「解像度」の意味もあり、日本語でも「ハイレゾ（high-resolution）音源」と使われています。同義語問題でresolution ≒ level of detail「詳細度」も出題済みです。

動 distract （注意などを）そらす

▶ オフィスで気を散らすものを最小限にする
※minimize「最小限にする」

▶ 会社の遠足はこの忙しいプロジェクトからのありがたい気晴らしになった。
※company retreat「社員旅行」（288番）

⊙本来「中心から離れた（dis）方向に、気持ちを引っ張る（tract）もの」です。「気を散らすもの・注意散漫」というマイナスの意味でよく使われますが、「（良い意味で気をそらす）気晴らし」の意味もあります。◎ a welcome distraction「ありがたい気晴らし」の形でTOEICに登場したこともあります。

名 shopper 買い物客

▶ 若年層の客を引き込む戦略を立てる
※devise「考案する」（532番）

▶ 衣料品小売店で仕入れ担当者として働く

⊙「買う（buy）人（er）」から、まずは「客（消費者）」となります。buyerは「車や家などの高い物を買う人」のイメージで、「日用品・食料などを買う人」にはshopperを使います。◎「（店・企業などの）仕入れ担当者・バイヤー」の意味でも使えます。「仕事として商品を選んで買う人」を表せるわけです。

▶ 世帯収入
※1世帯に住んでいる全員の合計収入のこと

▶ Amazon は多くの国でよく知られた名前だ。

⊙「家（house）を持つ（hold）」→「家族・世帯」です。「家庭用の」という形容詞では、household items「生活用品」や household appliances「家庭用電化製品」が大事です。◎ a household name は「どこの家庭にも入ってくる名前」→「よく知られている名前・おなじみの名前」です。

277

employ

動 雇う・利用する

[implɔ́i]

▶ Nina MacLeod is employed at a publishing company.

▶ employ a scientifically proven method

278

ethics

名 倫理（学）・道徳

[éθiks]

▶ follow a professional code of ethics

▶ demonstrate a strong work ethic

279

oversight

名 監督・管理／見落とし・ミス

[óuvərsàit]

▶ have oversight of the production line

▶ We apologize for the oversight.

280

compromise

動 妥協する・損なう・漏洩する
名 妥協

[kámprəmàiz]

▶ compromise quality by focusing on speed

▶ Our reputation might be compromised.

800
700
600
500
400
300
200
100
0

名 employment 雇用・雇うこと
名 employer 雇用者
名 employee 従業員

⊙正社員、アルバイト問わず使える単語です。例1は be employed「雇われている」→「働いている・勤めている」です。⊙「(人以外を)雇う」→「(技術・手法などを)使う・利用する」の意味も大事で、employ state-of-the-art technology は「最新技術を利用する」です。

▶ Nina MacLeod は出版社に勤めている。

▶ 科学的に証明された手法を用いる

形 ethical 倫理の・道徳上の

⊙「倫理(eth)学(ics)」→「倫理(学)」で、business ethics「企業倫理」／professional ethics「職業倫理」／code of ethics「倫理規定」です。⊙TOEIC では work ethic「勤労意欲」という表現も重要です(この場合は単数形ethicですが、特に気にしなくてOK)。Part 7の求人で使われます。

▶ 職業倫理に従う

▶ 高い勤労意欲を示す

動 oversee 監督する・管理する

⊙「上から覆うように(over)見ること(sight)」→「監督・管理」、「思わず向こうを(over)見ること・見える範囲を超える(over)こと」→「見落とし・ミス」です。Part 7では「ミスの謝罪・再発防止」がよく出ます。⊙動詞 oversee は「監督する」の意味だけで、「見落とす」にはoverlook(624番)を使います。

▶ 生産ラインを監督する
 ※ have oversight of ~「~の監督を持つ」→「~を監督する・管理する」

▶ その見落としにつきましてお詫び申し上げます。

⊙「共に(com)約束する(promise)」→「歩み寄る・妥協する」です。名詞で reach a compromise「妥協する・妥協点に達する」のようにも使えます。⊙「妥協する」という訳語が有名ですが、「(品質・評判などを)損なう・落とす」や「(情報を)漏洩する」という意味でも出ます。

▶ スピードを重視して品質を損なう(妥協する)

▶ 我々の評判が損なわれるかもしれない。

重要語法⑥ prevent型

prevent型は"V 人 from -ing"の形をとります。fromは「起点(〜から)」
→「分離(〜から離れて)」を表すため、preventとの相性が良いわけです。V 人 from -ingで「人が-ingの動作から分離した」→「人は-ing
しない(できない)」となります。

【prevent型の動詞
基本形：prevent 人 from -ing「人が〜するのを妨げる」】

☐ **prevent 人 from -ing ／ keep 人 from -ing ／
  stop 人 from -ing**
  「人が〜するのを妨げる」

☐ **prohibit 人 from -ing ／ ban 人 from -ing**
  「人が〜するのを禁じる」

☐ **discourage 人 from -ing ／ dissuade 人 from -ing**
  「人が〜するのをやめさせる」

☐ **save 人 from -ing**「人が〜することから救い出す」

【例】
The company was banned from releasing its new tablet.
その企業は新作タブレットの発売を禁止された。
※ban 人 from -ing「人が〜するのを禁止する」の受動態(ここでは人に
the companyがきている)

Chapter 2
モヤモヤを晴らす

Section 3
本当の理解が試される単語

irrigation「灌漑（かんがい）」／logistics「手配・物流」／focus group「フォーカスグループ」といった、訳語だけでは理解しにくい表現を明快に解説していきます。また、celebrity は（×）「お金持ち」→（○）「有名人」、morale は（×）「モラル・道徳心（moral）」→（○）「やる気」など、勘違いしやすい単語もしっかり解説していきます。

Section 3　本当の理解が試される単語

281 potential

[pəténʃəl]

形 潜在的な・見込みのある・可能性のある
名 可能性

▶ a potential customer

▷ Prospective tenants are invited to take a tour of the new apartment building.

282 quarter

[kwɔ́ːrtər]

名 四半期

▶ a significant increase in second-quarter earnings

▶ It's a quarter to nine.

283 quarterly

[kwɔ́ːrtərli]

形 四半期の・年に4回の
副 年に4回
名 季刊誌

▶ amend the quarterly report

▶ a quarterly magazine

284 loyal

[lɔ́iəl]

形 忠実な・誠実な

▶ Thank you for being a loyal reader of *Trail Trekker Quarterly*.

▷ a loyalty program

800

圖 potentially 潜在的に・もしかすると
圎 prospective 見込みのある・可能性のある
圙 prospect 見込み・可能性

▶ 潜在顧客・見込み客

▷ 入居を検討中の方々は、新しいアパートの見学にぜひお越しください。
※直訳「~を見学する(take a tour of ~)よう招待されている」

◉「~の可能性がある・~になっちゃうかもしれない」というイメージです。a potential customer は「お客になる可能性のある人・買ってくれそうな人」です。💬 "prospective ≒ potential" と考えて OK です。a prospective tenant は「居住者になる可能性のある人・部屋を借りる見込みのある人」のことです。

700

◉ 本来「4分の1」で、TOEIC では「1年の4分の1」→「四半期(1年を4つの期間に分け、3カ月単位にした期間)」が大事です。💬 日常会話では「1時間の4分の1」→「15分」という意味でも使われます。例2は直訳「9時に向かって(to nine)あと15分(a quarter)」→「9時15分前(=8時45分)」です。

600

▶ 第2四半期の収益における著しい増加

▶ 9時15分前だ。

500

◉ 特にリスニングで a quarterly report「四半期報告書」や a quarterly budget「四半期予算」がよく出ます。💬 名詞で「季刊誌(年に4回刊行される雑誌)」の意味もあり、雑誌の名前で "○○ Quarterly" とよく使われます。この単語があれば「年に4回発行されている」という選択肢が正解になります。

400

▶ 四半期報告書を修正する
※ amend「修正する」(447番)

▶ 季刊誌
※ quarterly だけでも「季刊誌」を表せる

300

圝 loyalty 忠誠心・愛着

▶ *Trail Trekker* 季刊誌をご愛読いただき、ありがとうございます。

▷ お得意様プログラム
※ ≒ rewards program

◉ a loyal customer は「お店に忠実に行き続ける客・同じ店から商品を忠実に買い続ける客」→「常連客・得意客・リピーター」です。💬 loyalty は「(会社や商品に対する)忠実さ・愛着」の意味が大事です。例2は「(客に利用し続けてもらうための)ポイントカードやスタンプ」などの制度のことです。

200

100

0

Section 3　本当の理解が試される単語

285

patron

名 常連客・利用者

[péitrən]

▶ a restaurant patron

▷ We value your patronage and look forward to serving you again.

286

identity

名 正体・身元

[aidéntəti]

▷ prove one's identity

▶ Please bring photo identification so that we can verify your identity.

287

company picnic

名 会社の野外親睦会

[kámpəni píknik]

▶ hold a company picnic

▷ Employees are encouraged to bring their families to the company outing.

288

retreat

名 退却・保養所・研修旅行

動 引っ込む

[ritríːt]

▶ make arrangements for the company retreat

▶ book a hotel for a staff retreat

800

700

600

500

400

300

200

100

0

名 patronage （店への）ひいき・愛顧
動 patronize ひいきにする

▶ レストランの常連客

▷ お客様のご愛顧に感謝するとともに、また
のご利用をお待ちしております。
※後半の直訳は「再びあなたのために働くこと
を楽しみにしている」

◉昔のヨーロッパの芸術家を経済的
に支援した「後援者」を「パトロン」と
言います。そこから「店を後援する人」
→「常連客・ひいき客・利用者」となり
ました（正しい発音は「ペイトロン」）。
💬 patronage は「人」ではなく「pa-
tron の 行 為」を 示 し ま す。value
one's patronage「人のご愛顧に感
謝する」です。

名 identification 身元確認・身分証明
書
動 identify 識別する・特定する
形 identical 同一の

▷ 身元を証明する

▶ 本人確認のため、写真付き身分証明書を
ご持参ください。
※verify「確認する」／so that s can ~「sが
〜できるように」

◉大学受験では「自己同一性・主体
性」と習いますが、TOEICでは「正体・
身元」という意味でよく出ます。proof
of identity は「身元を証明するもの」
です。💬 identification は「身元・正体
(identity)を確認する・証明するもの」
です。「IDカード（身分証明書）」とは、
identification card のことです。

名 outing 遠出・遠足
名 excursion 小旅行・遠足

▶ 会社の野外親睦会を開く

▷ 従業員は社員旅行に家族を連れてくること
が奨励されている。
※company outing「社員旅行」≒ company
picnic

◉ company picnic とは「社員と家
族のために、会社の外で開かれる親
睦会」のことです。💬 outing は「外に
(out)出ること」→「遠出・遠足」、ex-
cursion は「外に(ex)出ること」→「小
旅行・遠足」です。「（日帰りでの）何人
かで行く遠足」のイメージです。

▶ 会社の研修旅行の手配をする

▶ スタッフの研修旅行のためにホテルを予
約する

◉「後ろに(re)引く(treat)」→「撤退・
退却・避難」、「会社から退却して離れ
た場所で過ごす」→「保養所・研修旅
行」となりました。company retreat
「会社の研修旅行」は「社員が職場か
ら離れてチーム育成・内省・研修をす
る」イメージです。💬 company re-
treat ≒ staff retreat です。

Section 3 本当の理解が試される単語

289

specification

名 詳細・仕様（書）

[spèsəfikéiʃən]

▶ product specifications for the new app

▶ meet the customer's specifications

290

credit

名 信用／名声・功績
動 信じる・功績を認める・
　　信用貸しをする

[krédit]

▶ Ms. Fujiwara is credited with doubling the company's online sales.

▶ give him credit for improving his team's productivity

291

on-site

形 現地の・敷地内の
副 現地で・その場で

[ánsàit]

▶ the on-site plant manager

▶ Free Wi-Fi is available in our on-site café.

292

packet

名 小包・（書類など）一式

[pǽkit]

▶ an orientation packet

▶ Visit our Web site to download our latest application packet.

800

形 名 **specific** 特定の・明確な・具体的な／(specifics で) 詳細
副 **specifically** 具体的に・特に
動 **specify** 特定する・明確に述べる

700

▶ 新しいアプリの製品仕様（書）

▶ 顧客の仕様に合わせる
※ meet の代わりに satisfy なども可

⊙「商品のスペック・性能(spec)が書かれたもの」→「詳細・仕様書」です。もしくは「special に詳しく書かれたもの」→「詳細」と考えてもいいでしょう。💡 product specifications「製品仕様（書）」とは「製品のサイズ・特徴・価格などが書かれた仕様書」のことです。この表現自体が Part 5 で問われることもあります。

600

500

▶ Fujiwara さんは会社のオンラインの売上を 2 倍にした功績がある。

▶ チームの生産性が上がったのは彼のおかげだと認める

⊙「クレジットカード」は「(後で払う) 信用のある人が持つカード」です。be credited with ～「～の功績がある」の形が大事で、"人 is credited with 業績" の関係になります（語彙問題でも出題済み）。💡 give 人 credit for ～ は、直訳「～を理由に人 に功績を与える」→「～は人 のおかげだと認める」です。

400

形 副 **in-house** 社内の／社内で
形 **in-store** 店内の

▶ 現場の工場長

▶ 敷地内のカフェでは、無料 Wi-Fi をご利用いただけます。

⊙「場所(site)にくっついて(on)」→「現場の・現地の・その場の・敷地内の」となりました。あまり強調されませんが、Part 3・4・7で非常によく出ます。💡 副詞として、bread that is freshly baked on-site[on site]「その場で焼きたてのパン」のようにも使えます。

300

200

100

▶ 新入社員説明会の資料一式

▶ 当社のウェブサイトで最新の申込書一式をダウンロードしてください。

⊙ pack「荷物・包み」のつづりから「小包・袋」と覚えれば OK です。a packet of ketchup「袋に入ったケチャップ」のようにも使えますが、TOEIC では「まとめたもの」というイメージでよく出ます。💡 information packet「資料一式・資料集」、a packet of information「袋・封筒入りの資料」です。

0

Section 3　本当の理解が試される単語

293

prototype

[próutətàip]

名 試作品・原型
動 試作品をつくる

▶ a prototype for a 3-D printer

▶ The prototype of the new headphones performed well in tests.

294

irrigation

[ìrəgéiʃən]

名 灌漑

▶ divert river water for crop irrigation

▶ devise a more effective method of irrigation that improves crop yields

295

logistics

[loudʒístiks]

名 手配・物流（管理）

▶ simplify supply logistics and reduce costs

▶ improve logistics efficiency to deliver items to customers more quickly

296

panel

[pǽnl]

名 委員会・討論会／パネル（板）

▶ a panel of experts

▶ participate in a panel discussion of industry experts

🔊 2-034

800
700
600
500
400
300
200
100
0

▶ 3-D プリンターの試作品

▶ 新しいヘッドフォンの試作品はテストで良い結果を示した。

⊙日本語でも「プロトタイプ」と使われますが、「(新製品のベースになる)試作品」のことです。いきなり新商品を開発すると時間やお金の無駄になりかねないので、prototypeを改善して良い商品にしていくわけです。
💡 Part 3・4・7頻出で、「試作品のフィードバックをもらう」場面がよく出ます。

動 irrigate 水を引く

▶ 作物の灌漑のため川の水の向きを変える
※divert「向きを変える・そらす」(713番)

▶ 作物の収穫量を増やす、より効果的な灌漑手法を考案する

⊙灌漑とは「作物がよく育つように、外部から農地に人工的に水を引くこと」です。💡世界ではきれいな水を得られず困っている地域もあり、実は大事な単語です。特に最近のTOEICでは「灌漑システムの改善」がやたらと出てきます。例にある関連語のcrop「作物」やyield「収穫(量)」(445番)もチェックを。

形 logistic 物流の
形 logistical 物流の

▶ 備品の物流管理をシンプルにして、コストを削減する

▶ 物流効率を上げて顧客へより迅速に品物を配送する
※logistical efficiencyでもOK(形容詞)

⊙元々は「兵站(戦場における物資の補給などの後方支援)」という意味の軍事用語でしたが、現代では「ビジネスでの後方支援」→「物流管理」の意味でよく使われます(Part 7で出ます)。💡「材料の調達→商品の製造→客への配達までの流れ」や「多くの人・設備・物などの流れの管理」というイメージです。

▶ 専門家委員会・専門家グループ

▶ 業界有識者による公開討論会に参加する
※a panel discussion「公開討論会」

⊙TVで「討論者」のことを「パネリスト(panelist)」と言うことがあります(「パネラー」は間違い)。panelは「panelistの集まり(特定のテーマに関して意見を述べる知識や技能を持った人の集まり)」です。a panel of judgesは「審査委員会」です。
💡 Part 5の語彙問題でも出題例のある重要単語です。

Section 3　本当の理解が試される単語

297

team-building

形 チーム力育成の・チーム構築の

[tíːmbíldiŋ]

▶ organize a team-building event

▷ encourage our employees to attend a workshop in team building

298

focus group

名 フォーカスグループ

[fóukəs grúːp]

▶ receive favorable feedback from the focus group

▶ A survey with a focus group is an effective way to solicit feedback from consumers.

299

exposition

名 博覧会・展示会

[èkspəzíʃən]

▶ have a booth at the technology exposition

▷ advertise our smartphones at the upcoming trade show

300

job fair / career fair

名 就職フェア・就職説明会

[dʒáb féər] / [kəríər féər]

▶ hold an annual job fair

▶ Anyone with a degree in engineering is eligible to participate in our career fair.

800

700

600

500

400

300

200

100

0

名 team building チーム育成・チーム構築

⊙ build は「コツコツ積み上げていく」イメージで、team-building で「社員のチーム力を育成する/従業員がうまく協力し、意思疎通をとれるようにする」ことを表します。 ♥ TOEIC では、a team-building workshop [seminar]「チーム力育成研修」や a team-building program「チーム力育成プログラム」がよく開かれます。

▶ チーム力育成のイベントを計画する

▷ 従業員に、チーム力育成の講習会に参加するよう促す

名 動 focus 焦点・重点/焦点を合わせる・重点的に取り組む

⊙ focus group とは「市場調査のために選ばれた消費者グループ」のことです。新商品や新サービスについて、正式な発売前に focus group に意見を聞いて、反応を確かめたり改善したりするわけです。 ♥ 全顧客ではなく「少人数のグループに focus する」イメージですね。

▶ フォーカスグループから好意的な感想を得る

▶ フォーカスグループによる調査は、消費者から意見をもらう効果的な方法だ。
※ solicit「求める」(782番)

名 trade show / trade fair 展示会・見本市

⊙「商品を外に (ex) 置くこと (position)」で、「商品を見せる・販売する大きなイベント」のことです。日本でも「○○エキスポ」と使われています。 ♥ trade show・trade fair も同じイメージです。Part 3・4・7 で「展示会の準備/博覧会へのブースの出展/博覧会での商品の実演」などがよく出ます。

▶ 技術博覧会でブースを出展する
※ exposition は expo と略されることも多い

▷ 今度の見本市で当社のスマートフォンを宣伝する

⊙「1つの会場で複数の企業がブースを設けて、自社の求人や採用について説明をする場」のことです。 ♥ 就職活動をする人が job fair・career fair に行って、興味のある会社の話を聞くわけです。Part 4・7 で「就職フェアの告知・招待・ブースの出展」などがよく出ます。

▶ 毎年恒例の就職フェアを開催する

▶ 工学の学位をお持ちの方はどなたでも、当社の就職説明会にご参加いただけます。
※ be eligible to ~「~する資格がある」(493番)

Section 3　本当の理解が試される単語（勘違いしやすい単語）

301

snack

名 軽食

[snǽk]

▶ grab a quick snack

▶ Light snacks are available in the company cafeteria.

302

ship

動 発送する・配送する

[ʃíp]

▶ ship a product

▶ All items you ordered will be shipped as one shipment in order to save on shipping costs.

303

challenge

名 困難・難題／やりがい
動 異論を唱える

[tʃǽlindʒ]

▶ face a challenge

▶ challenge traditional assumptions

304

challenging

形 困難な・やりがいのある

[tʃǽlindʒiŋ]

▶ find the work challenging but very rewarding

▶ take on a challenging new project

🔊 2-036

800

700

600

500

400

300

200

100

0

▶ 軽食をとる
　※grab「つかむ・(食事を)急いでとる」

▶ 社員食堂では軽食が提供されます。

⊙必ずしも「スナック菓子・おやつ」とは限らず、「軽食」という意味でもよく使います。snack barは「軽食を出す店・軽食堂」です。💬cafeteriaも「(セルフサービス式の)食堂」を表し、company cafeteriaは「社員食堂」です。日本語の「(おしゃれな)カフェ」はcaféです(フランス語由来でeの上に記号がつく)。

名 shipping 発送・配送
名 shipment 発送・配送(品)

▶ 商品を発送する

▶ ご注文いただいた商品はすべて、送料を節約するために1回の発送でお届けします。
　※save on ~「~を節約する」

⊙本来「船」→「船で運ぶ」ですが、現在では陸路・空路問わず「発送する」を表せます。あらゆるPartで出る超重要単語です。💬free shipping「無料配送・送料無料」や、shipping date「発送日」/ shipping fee「配送料」という複合名詞も大事です(Part 5の品詞問題でもよく狙われます)。

▶ 困難に直面する

▶ 従来の思い込みに反論する

⊙本来「悪口(を言う)」で、名詞は「困難・難題・やりがい」です。💬動詞「従来の考えに悪口を言う」→「反論する・異議を唱える」も大事です(「目上の人に挑戦する」→「異議を唱える」と考えてもOK)。野球やテニスで「審判の判定に異議を唱える」ことを「チャレンジ」と言います。

形 demanding 要求の厳しい・骨の折れる

▶ その仕事は大変だがやりがいがあると感じる
　※rewarding「やりがいのある」

▶ やりがいのある新プロジェクトに取り組む
　※take on ~「~に取り組む」

⊙「困難(challenge)を伴うが、チャレンジしたくなるような」→「やりがいのある」と考えてください。💬「骨の折れる・大変・困難」というマイナスイメージ(例1)、「(大変だけど)やりがいのある」というプラスイメージ(例2)の両方で使えますが、プラスの意味が特に重要です。

Section 3　本当の理解が試される単語（勘違いしやすい単語）

305

□
□
□

campus

名 敷地・構内・建物

[kǽmpəs]

▶ visit the medical campus

▶ improve the landscaping on a corporate campus

306

□
□
□

celebrity

名 有名人

[səlébrəti]

▶ A celebrity is giving a speech at the awards ceremony.

▶ be endorsed by a celebrity

307

□
□
□

studio

名 仕事場・スタジオ

[stjú:diòu]

▶ an art studio

▶ open a pottery studio

308

□
□
□

mentor

名 助言者・指導者・相談役
動 指導する

[méntɔːr]

▶ He is a trusted mentor to his coworkers.

▶ In the mentorship program, mentors help the mentees overcome their difficulties.

700

600

500

400

300

200

100

0

⊙「オープン・キャンパス」と使うように「大学」のイメージが強いと思います。もちろん a university campus「大学のキャンパス」はOKですが、英語のcampusは「(会社などの)敷地・構内・建物」も表せます。♀ corporate campusは「会社の敷地(複数の会社の建物が集まって立っている場所)」です。

▶ 医療施設を訪れる

▶ 会社の敷地内の景観を改善する
※landscaping「造園」(718番)

動 celebrate 祝う
形 celebrated 有名な
名 celebration お祝い・祝賀会

▶ 有名人がその表彰式でスピーチをする予定だ。

▶ 有名人によって推薦される
※endorse「推薦する」

⊙日本語の「セレブ」は「お金持ち」を表しますが、英語celebrityの正しい意味は「有名人」です。「みんなから祝福(celebrate)されるような人」ということです。♀ celebrated「みんなから祝福されるような」→「有名な」も大事で、Part 4の宣伝・スピーチやPart 7の人物紹介などでよく使われます。

⊙「テレビ[音楽]スタジオ」ばかりが浮かぶかもしれませんが、TOEICでは「(画家や写真家の)仕事場・アトリエ・工房」の意味でよく出ます(本来は「勉強(studi = study)する場所」)。♀ a studio apartment「ワンルームマンション」もチェックしておきましょう。

▶ アトリエ・工房

▶ 陶芸工房を開く
※Part 3・4・7で「陶芸づくり・陶芸クラス」の話はよく出る

名 mentoring 助言・指導
名 mentee 指導を受ける人
名 mentorship 助言・指導

▶ 彼は同僚から信頼される相談相手だ。

▶ 指導教育プログラムでは、指導者は指導を受ける人が困難を乗り越える手助けをする。

⊙日本語の「メンター」ほど大げさなものとは限らず、mentorは単に「経験が少ない人や若い人へ助言をする経験豊富な人」です(advisorとほぼ同じと考えてOK)。♀ mentoring [mentorship] programとは「mentorが新人や後輩にアドバイスして成長を促す制度」で、TOEICによく登場します。

Section 3　本当の理解が試される単語（勘違いしやすい単語）

309

illustrate

動 説明する・挿絵を描く

[íləstrèit]

▶ illustrate the point with some examples

▶ a graph that illustrates how the company plans to grow its sales

310

commercial

形 商業の
名 コマーシャル

[kəmə́:rʃəl]

▶ a commercial building

▶ We'll be right back after this brief commercial break.

311

diet

名 食事・ダイエット

[dáiət]

▶ a well-balanced diet

▶ switch to a strictly vegan diet

312

debut

名 デビュー・初公開
動 デビューする・初公開する

[deibjú: | déibju:]

▶ make a debut as a singer

▶ The new automobile is scheduled to debut at the upcoming trade show.

800

名 illustration 説明図・挿絵

◉「イラスト」は「本文を説明する絵」のことです。illustrate は「（例を挙げて）説明する」の意味が大事で、Part 7 の同義語問題では represent「表す・説明する」と言い換えられたこともあります。◎名詞形 illustration も「イラスト」に限らず「例・説明図・挿絵」の意味でもよく使います。

700

▶ いくつか例を挙げて要点を説明する

▶ 会社がどのように売上を伸ばす計画かを示すグラフ

600

動 commercialize 商業化する
名 commercialization 商業化
名 commerce 商業

◉「コマーシャル」と聞くとCMが思い浮かびますが、TOEIC では形容詞「商業の」をまずは基本としましょう（「CM」は本来、commercial message「商業上でのメッセージ」の略）。◎例2は Part 4 のラジオニュースで頻出で、最後に「次はCMです／次の情報は1時間後に」などと締めくくることが多いです。

500

▶ 商業用の建物

▶ この後、短い CM 休憩を挟みます。
※直訳「私たちはこの短いCM休憩の後すぐに戻ってきます」

400

形 dietary 食事の
名 dietician 栄養士

◉本来は「（きちんとした）食事」で、「きちんとした食事をとって体重を減らすこと」→「ダイエット」となりました。どうしても「（痩せるための）ダイエット」が浮かびますが、「食事」の意味でよく使います。◎a vegetarian diet は「菜食」です。最近の TOEIC ではベジタリアン向けの食事がよく出ます。

300

▶ バランスのとれた食事

▶ 厳格なヴィーガンの食事に切り替える
※switch to ~「〜に切り替える」

200

◉フランス語に由来する単語で、最後の t は発音しません。「デビュー」と聞くと「歌手デビュー・芸能デビュー」などが浮かびがちですが、「商品の初公開」にも使えます。◎make a debut「デビューする」も大事で、Part 5 の語彙問題でこの表現が問われたこともあります。

100

▶ 歌手デビューする
※直訳「歌手としてデビューする」

▶ 新しい自動車は今度の見本市で初公開される予定だ。
※debut ≒ be unveiled「公開される」

0

Section 3　本当の理解が試される単語（勘違いしやすい単語）

313

setting

名 環境・状況・設定

[sétiŋ]

▶ The resort is situated in an ideal setting, right on the beach.

▶ behave professionally in business settings

314

local

形 地元の・その地方の
名 (the locals で) 地元の人

[lóukəl]

▶ a local business

▶ The café is extremely popular with the locals.

315

complaint

名 不満・クレーム

[kəmpléint]

▶ receive complaints from customers

▶ advise interns on how to deal with complaints

316

claim

動 主張する／要求する・自分のものだと言う

[kléim]

▶ claim that the product helps people lose weight

▶ claim my smartphone at the lost and found office

700

▶ そのリゾートはビーチに面した理想的な環境にある。

▶ ビジネスシーンでプロらしくふるまう

⊙TOEICでは「自然がsetしたもの」→「環境・状況」が大事です。例2のbusiness settingsは「ビジネスの状況」→「ビジネスシーン・ビジネスの場」です。♡「人工的にsetしたもの」→「設定」の意味も重要で、adjust a printer setting「プリンターの設定を調節する」のように使います。

600

副 locally 地元で・その地方で

⊙「田舎の」という勘違いが多いのですが、正しくは「地元の・その地方の」という意味で、別に田舎だけを指すわけではありません（海外に向かう飛行機内でlocal time「現地時間」と表示されますが、大都市にもlocalが使われています）。♡名詞でthe locals「地元の人々」と使うこともできます。

500

▶ 地元の企業

▶ そのカフェは地元の人々に大人気だ。

400

動 complain 不満を言う・クレームをつける

⊙日本語の「クレーム」は、英語ではcomplaintになります。TOEICでは何かしらのcomplaintを伝える話がよく出てきますが、たいていは円満解決されます。♡make a complaint about ~「~について不満を言う」≒ complain about ~ です。

300

▶ 客からクレームを受ける

▶ 研修生にクレームへの対処法について助言する
※ advise 人 on ~「人に~について助言する」

200

形 unclaimed 持ち主不明の

⊙claimは「クレーム」ではありません。本来「『よこせよ』と叫ぶ」で、「自分の意思を叫ぶ」→「主張する」が基本です。♡「所有権を求めて叫ぶ」→「要求する・自分のものだと言う・（自分の所有物として）返還を求める」の意味も重要です。TOEICでは「落とし物を受け取る」といった話がよく出ます。

100

▶ その商品は人々の体重を減らす効果があると主張する

▶ 遺失物取扱所でスマホが自分のものだと言う（所有権を主張する・受け取る）
※ lost and found (office)「遺失物取扱所」

0

Section 3　本当の理解が試される単語（勘違いしやすい単語）

317

□
□
□

bargain

[bá:rgən]

名 買い得品・契約・取引
動 (売買の)交渉をする

▶ The furniture was a real bargain.

▶ bargain for a pay raise

318

□
□
□

crew

[krú:]

名 作業員・(作業員の)一団

▶ city cleaning crews

▶ A construction crew is paving a walkway.

319

□
□
□

economical

[ì:kənámikəl]

形 お得な

▶ an economical option for travelers

▶ Car sharing is an economical alternative to owning a car.

320

□
□
□

suite

[swí:t]

名 一続きの部屋・スイートルーム／一式・一組

▶ move to a spacious suite with a garden

▶ upgrade from a deluxe room to a suite

名 bargaining 交渉

⊙「バーゲンセール」の印象が強いかもしれませんが、本来は「値切る・交渉する」→「買い得品・掘り出し物／契約・取引」です。Part 4の宣伝で、Looking for a bargain?「特価品をお探しですか?」と使われることもあります。💡形容詞的に、a bargain price「格安価格・お買い得価格」のようにも使えます。

▶ その家具は掘り出し物だった。
　※「本当に安かった」ということ

▶ 賃上げを求めて交渉する

⊙「(船・飛行機などの)乗組員」が有名ですが、TOEICでは「(一緒に特定の作業をする)作業員・グループ」の意味でもよく出ます。日本のファストフード店でも「クルー募集」と書かれることがあります。💡 a construction crew「建設作業員・工事作業員」はPart 1にも出ます。

▶ 市の清掃員

▶ 建設作業員が歩道を舗装している。
　※ pave「舗装する」(583番)／walkway「歩道」(584番)

副 economically 経済的に・節約して
形 economic 経済の　**名 economics**
経済学　**名形 economy** 経済／エコノミークラスの

⊙「経済的な」と訳されがちですが、economic「経済の」と混乱してしまうので(例:economic growth「経済成長」)、economical は「お得な・安い」と覚えるといいでしょう。💡例2のcar sharing「カーシェアリング」やcarpool「相乗り」はTOEICによく出ます。

▶ 旅行者向けのお得な選択肢

▶ カーシェアリングは車を持たないお得な選択肢である。
　※ alternative to ~「~の代わりの選択肢」(alternativeは710番)

⊙ suit「スーツ(上下一続きの服)」とsuiteは語源が同じで、「一続きの部屋」という意味です。sweet「甘い」とはまったく関係ありません。💡「(ホテルの)スイートルーム」に限らず、a suite of offices「事務所の続き部屋」や a 4-piece bedroom suite「ベッドルームの4点セット」などにも使います。

▶ 庭付きの一続きの広い部屋に引っ越す
　※ spacious「広い」

▶ デラックスルームからスイートルームにアップグレードする

Section 3　本当の理解が試される単語（勘違いしやすい単語）

321

adopt

[ədápt]

動 採用する

▶ adopt a new approach

▷ the adoption of a new recycling system

322

corporate

[kɔ́:rpərət]

形 企業の・会社の

▶ make arrangements for corporate travel

▶ Thank you for coming to our corporate headquarters for today's seminar.

323

cooperation

[kouàpəréiʃən]

名 協力

▶ Thank you in advance for your cooperation in this matter.

▶ in cooperation with a business partner

324

personnel

[pə̀:rsənél]

名 職員・人事部
形 人事の

▶ hire new sales personnel

▶ work in the personnel department

名 adoption 採用

◉optは「選ぶ」で、「選択肢・オプション（option）」で使われています。adoptは「選んで採用する」で、「（考え・方法・方針などを）採用する」という意味でよく出ます。optに注目すればadapt「適応する」（467番）と区別できますね。◉名詞はthe adoption of ~「～の採用・～を採用すること」の形が大事です。

▶ 新たな手法を採用する

▷ 新しいリサイクルシステムを採用すること

名 corporation 企業・会社
名 enterprise 企業・会社

◉名詞corporation「企業・会社」は、日本でも「○○コーポレーション」と会社の名前で使われています。その形容詞形で、corporate travel「会社の旅行」→「出張」、corporate headquarters「企業の本社」です。◉関連語のenterprise「企業」も大事な単語で、語彙問題で正解になったことがあります。

▶ 出張の手配をする

▶ 本日のセミナーのために、私どもの（会社の）本社に来ていただきありがとうございます。

動 cooperate 協力する

◉「一緒に（co）作業する（operate）こと」→「協力」です。Part 6・7では例1のように「協力に感謝する」英文がよく出ます。◉corporation「企業」と間違えないように、"co + operation"の形をしっかり意識してください。ちなみに動詞はcooperate with ~「～と協力する」の形が大切です。

▶ この件に関しまして、ご協力にあらかじめ感謝申し上げます。
※in advance「前もって」（378番）

▶ ビジネスパートナーと協力して
※in cooperation with ~「～と協力して」

◉「個人（person）それぞれみんな」→「職員」、「職員を扱う部署」→「人事部」です。personnel (department) ≒ human resources (department)「人事部」です。◉personal「個人の」との混同に注意が必要で、personalよりpersonnelのつづりが長いので「文字が多い方が人が多い」→「職員」と考えてもいいでしょう。

▶ 新しい販売員を雇う
※personnelは集合的に「職員」（≒ staff）／1人を雇う場合はhire a new sales person

▶ 人事部で働く

700

600

500

400

300

200

100

Section 3　本当の理解が試される単語（勘違いしやすい単語）

325

morale
名 士気・やる気

[mərǽl]

▶ boost employee morale

▶ introduce flextime to bolster employee morale and lower turnover

326

means
名 手段

[mí:nz]

▶ a means of transportation

▶ A: May I see that camera?
B: By all means.

327

withstand
動 耐える

[wiðstǽnd]

▶ withstand severe weather

▶ sturdy enough to withstand wear and tear

328

withdraw
動 引っ込める・撤回する・（預金を）引き出す

[wiðdrɔ́:]

▶ withdraw a product from the market

▶ withdraw money from the bank

800

700

600

500

400

300

200

100

0

▶ 従業員のやる気を上げる
※≒ motivate employees

▶ 従業員の士気を高めて離職率を下げるためにフレックスタイム制を導入する
※lower「下げる」／turnover「離職率」

⦿「同じ職場で働いている人のやる気」という意味でよく出ます。moral「モラル・道徳心」との混同に注意が必要です。💬 boost[raise/improve/bolster] employee morale「従業員のやる気を上げる」は頻出です（bolsterは本来「長枕」で、「枕で支える」→「支持する・強化する・高める」となりました）。

▶ 交通手段

▶ A：そちらのカメラを見せてもらえますか？
　 B：もちろんです。
※お店で客が店員に声をかけている場面

⦿本来は「中間にあるもの」で、「スタートとゴールの間にあるもの」→「（ゴールに到達する）手段」となりました。mean「意味する」、meaning「意味」と区別してください。💬 by all meansは、直訳「すべての手段を用いてでも」→「ぜひとも」です。by means of ~「～によって」、by no means「決して～ない」もチェックを。

▶ 厳しい天候に耐える

▶ 摩耗に耐えるほど丈夫な
※sturdy「丈夫な」／wear and tear「摩耗」
（wearは372番）

⦿ with は本来「反対して」で（fight with an enemy「敵を相手に戦う」にその意味が残っています）、withstandは「反対して(with)立つ(stand)」→「耐える」です。「強い向かい風に逆らってがんばって立っている」イメージです。💬 TOEIC では「製品が高温や酷使に耐える」などと宣伝するときによく出ます。

名 withdrawal 引っ込めること・撤回・（預金の）引き出し

▶ 市場から商品を回収する

▶ 銀行から金をおろす

⦿本来「反対に(with)引く(draw)」→「引っ込める」です。「発言や商品を引っ込める」→「撤回する・回収する」、「お金を引き出す」→「預金を引き出す・おろす」となります。💬紛らわしいwithholdは「反対に(with)抱える(hold)」→「与えない・保留する」です。

Section 3　本当の理解が試される単語（勘違いしやすい単語）

329

compliment

[kámpləmənt]

名 褒め言葉・賛辞
動 褒める

▶ receive a lot of compliments

▶ give the staff a compliment for their excellent customer service

330

complement

[kámpləmənt]

動 補足する
名 補足（物）

▶ The two coworkers complemented each other well.

▶ The tie will complement your suit.

331

premier

[primjíər]

形 最高の・主要な

▶ a premier landscaping service

▶ the premier provider of green energy services in North America

332

premiere

[primíər]

名 封切り・初演
形 初日の・封切りの
動 初演する

▶ a film premiere

▶ The new television show, *Overtime*, will premiere on March 1.

800

形 complimentary （好意により）無料
の

700

▶ たくさん褒め言葉をもらう

▶ スタッフの優れたカスタマーサービスを褒
める

⊙ Part 3・4のスピーチでは「従業員
のがんばりを褒める」ことがよくありま
す（To give a compliment「賛辞を
伝えるため」という選択肢も頻出）。
💡 give 囚 a compliment for ~
は、直訳「~を理由に（for）囚に褒め
言葉を与える」→「~で囚を褒める」
です（動詞で compliment 囚 for
[on] ~ もOK）。

600

形 complementary 補足的な・補完的
な

▶ 2人の同僚はうまく互いに補い合った（助
け合った）。

▶ このネクタイはお持ちのスーツにぴったり
ですよ。

⊙ 上の compliment と発音は同じで
す。「完全（complete）にする」→「（完
全にするために）補足する」となりまし
た。complement は supplement
「補足」と意味もつづりもそっくりなの
で、セットで覚えてもいいでしょう。
💡「料理・服装が補う」→「良さを引き
立てる・ぴったり合う」という意味でも
使えます。

500

▶ 一流の造園サービス

▶ 北米で最大手の環境に優しいエネルギー
サービスの供給会社

⊙ premier は本来「第1位の」→「最
高の・首位の・主要な」です（prime
「最も重要な・主要な」と同語源）。サッ
カーの「プレミア・リーグ（Premier
League）」は一番上のリーグです。
💡 a premier ~ は「最も優位な中の1
つ」、the premier ~ は「共通認識で
きる最高のもの（トップ・一番）」を表し
ます。

400

300

200

▶ 新作映画の封切り

▶ 新番組の *Overtime* は3月1日に放送開
始です。

⊙ premier と似たつづりで、pre-
miere は「第1位・最初」→「（映画・劇
などの）初演」です。「プレミア試写会
（初公演となる試写会）」で使われてい
ます。💡 TOEIC では「映画・劇」の話
題がよく出るだけに大事な単語です
（実際、Part 7で解答根拠になったこ
とも）。余裕があれば、例2の動詞まで
チェックを。

100

0

Section 3　本当の理解が試される単語（勘違いしやすい単語）

333 reminder

[rimáindər]

名 思い出させるもの・リマインダー

▶ This is a reminder that your application must be submitted by Friday.

▶ As a reminder, staff are expected to arrive at the venue at 4 P.M.

334 remainder

[riméindər]

名 残り

▶ for the remainder of the year

▶ return the remainder of the defective toner cartridges

335 quote

[kwóut]

名 引用・見積もり
動 引用する・見積もる

▶ request quotes from three different movers

▶ the price quoted by the printing company

336 quota

[kwóutə]

名 割り当て・ノルマ

▶ a sales quota

▶ exert pressure on salespeople to meet their monthly sales quotas

🔊 2-044

800
700
600
500
400
300
200
100
0

動 remind 思い出させる

▶ これは申請書の提出期限が金曜日であることをあらためてお伝えするものです。

▶ あらためてお知らせしておきますが、スタッフは会場に午後 4 時到着予定です。

⊙「何かを思い出させる（remind）もの」です（日本語でも「リマインダー」と使われています）。💬 This is a reminder to ~「これは～にあらためて知らせるものです」や、as a reminder「思い出させるものとして」→「思い出させるために・あらためて知らせておきますが」はどちらも語彙問題で出題済みです。

形 remaining 残りの
動 名 remain ～のままだ／(remainsで)残り・遺跡

▶ 今年の残りの期間

▶ 不良品のトナーカートリッジの残りを返品する
※defective「欠陥のある」(766番)

⊙「残っている（remain）もの」→「残り」で、the remainder of ~「～の残り」の形が大切です。7÷3の「2あまり1」を英語で"2R1"と書きますが、この R は remainder のことです（TOEIC には出ませんが）。💬 Part 7 の同義語問題でremainder ≒ rest「残り」(387番)が問われたこともあります。

名 quotation 引用・見積もり

▶ 3 つの異なる引っ越し業者に見積もりを依頼する
※mover「引っ越し業者」(737番)

▶ 印刷会社による見積もり価格

⊙「クオーテーションマーク（"～"）」は「引用」を表す印で、quote は「(引用して)示す」→「値段を提示する・見積もる」です。💬 TOEIC で「見積もり」の話は定番で、provide a quote「見積もりを出す」／ receive a free quote「無料の見積もりを受ける」と使われます。estimate(89番)との言い換えもチェックを。

▶ 売上ノルマ

▶ 販売員に、毎月の売上ノルマを達成するようプレッシャーをかける
※exert pressure on 人 to ~「人 に～するようプレッシャーをかける」(534番)

⊙本来「分担」で、「分担されたもの」→「割り当て」、「責任をもって割り当てられた仕事」→「ノルマ」となりました。💬 TOEIC では「売上ノルマを達成できた」といった話がよく出るので、meet[achieve/make] the sales quota「売上ノルマを達成する」は大事な表現です。

前置詞・接続詞①

Part 5では「前置詞」と「接続詞」の区別を問う問題が超頻出です。
前置詞の後ろには「名詞」、接続詞の後ろには「文(sv)」がきます。まず
はこういった「形」から考え、それでも選択肢が複数残ったときに「意
味」を考えると、素早く正確に解くことができます。

【前置詞 vs. 接続詞で重要なもの】

意味\品詞	前置詞	接続詞
「～の間」	during	while
「～までには」	by	by the time
「～なので」	because of	because
「～しなければ」	without	unless
「～だけれども」	in spite of／despite	though／although even though／even if
「～であろうと なかろうと」	regardless of irrespective of	whether

※ because of ~ の同意表現として、due to ~／owing to ~／on account of
~ なども頻出です。

【例】

Despite his busy schedule, he makes time to volunteer at the
park every week.
忙しいスケジュールにもかかわらず、彼は毎週公園でボランティア活
動の時間をとっている。
≒ Although he is busy, he makes time to volunteer at the
park every week.
彼は忙しいにもかかわらず、毎週公園でボランティア活動の時間をと
っている。

【前置詞・接続詞「両方」があるもの】
before／after／till／until／since／as ※「時」関係の単語に多い

Chapter 3
スコアに変えていく

Section 1
スコア直結「超重要多義語」

ついつい対策をおろそかにしてしまう「多義語」ですが、Part 7の語彙問題は多義語がかなりの確率で狙われますし、普通に英文を読んでいれば、多義語の知識は絶対に必要になります。「こんな意味もあるから注意しよう」という丸暗記ではなく、核心となるイメージからきちんと「解説」することで、暗記量を激減させていきます。

Section 1　スコア直結「超重要多義語」

337

☐
☐
☐

available

[əvéiləbl]

核心 スタンバイOK

①利用できる　②手に入る　③都合がつく・
空いている

▶ be available for purchase in the museum's gift shop

▶ Are you available this afternoon?

338

☐
☐
☐

observe

[əbzə́:rv]

核心 じ〜っと見守る

①守る　②観察する　③気づく　④述べる
⑤祝う

▶ observe a rule

▶ observe the moon

339

☐
☐
☐

leave

[líːv]

核心 ほったらかす

①残す・置き忘れる　②出発する　③預ける・
任せる　④休暇　⑤許可

▶ May I leave a message?

▶ be on leave

340

☐
☐
☐

charge

[tʃáːrdʒ]

核心 プレッシャーをかける

①請求する／料金　②非難（する）
③委ねる／責任　④充電（する）

▶ charge a service fee

▶ be in charge of ordering office supplies

名 availability 都合
形 unavailable 利用できない・手に入らない・都合がつかない

▶ 博物館の土産店で購入できる

▶ 午後は空いていますか?

◉「Wi-FiがスタンバイOK」→「利用できる」、「店で商品がスタンバイOK」→「手に入る・購入できる」、「人がスタンバイOK」→「都合がつく」となります。💬 be available for purchase は、直訳「購入のためにスタンバイOK」→「購入できる」というよく使われる表現です。

600

名 observation 順守・観察・祝うこと
名 observance 順守
形 observant 観察力の鋭い・注意深い・順守する

▶ 規則を守る

▶ 月を観察する

◉「じ〜っと見守る」から考えるようにしましょう。「見守る」→「守る」、「見守る」→「観察する」→「気づく」「(気づいたことを)述べる」となりました。💬「祝いの言葉を述べる」→「祝う」もあり、observe a holiday は「休日を祝う」です。in observance of 〜「〜を祝って」もチェックを。

500

400

◉ leave a message は本来「伝言をほったらかす」です。「場所をほったらかす」→「出発する」、「仕事をほったらかして任せる」→「預ける・任せる」です。💬「仕事をほったらかして休暇をとる」→「休暇」(同義語問題で leave ≒ absence が出題済み)、「休暇のために上司の許可をとる」→「許可」と考えてください。

▶ 伝言をお願いできますか?

▶ 休暇中で

300

200

名 charger 充電器

▶ 手数料を請求する

▶ 事務用品の注文担当だ

◉「金を払えというプレッシャー」→「請求する」、「言葉のプレッシャー」→「非難する」、「仕事のプレッシャー」→「委ねる」です。💬 be in charge of 〜 は「〜を委ねられた中で」→「〜の責任の中で」→「〜を担当している」です。Part 2でWho's in charge of 〜?「〜の担当者は誰?」が超頻出です。

100

0

Section 1　スコア直結「超重要多義語」

341

☐
☐
☐

raise
[réiz]

核心 上げる
①上げる　②育てる　③（お金を）集める
④取り上げる・提起する

▶ raise public awareness

▶ raise money

342

☐
☐
☐

arrange
[əréindʒ]

核心 きちんと並べる
①きちんと並べる・整える　②取り決める・手配する

▶ Chairs are arranged in front of an outdoor stage.

▶ arrange a meeting

343

☐
☐
☐

arrangement
[əréindʒmənt]

核心 きちんと並べること
①配置　②取り決め・手配

▶ make travel arrangements for a business trip

▶ be satisfied with a flexible work arrangement

344

☐
☐
☐

accommodate
[əkámədèit]

核心 詰め込む
①収容できる・宿泊させる　②適応させる
③（要求を）受け入れる・対応する

▶ This hotel can accommodate 100 guests.

▶ accommodate one's request

700

▶ 広く認識してもらう
　※直訳「世間の認知度を上げる」

▶ お金を集める

⊙本来「上げる」で(raise one's hand 「手を上げる」が有名)、「親が子どもの年齢を上げる」→「育てる」、「集めたお金を積み上げる」→「(お金を)集める」となりました。💬「話題・議題に挙げる」→「取り上げる・提起する」の意味もあります(≒ bring up)。raise a subject「話題を提起する」です。

600

動 rearrange 配置を変える・あらためて取り決める

▶ 野外ステージの前に椅子が並んでいる。

▶ 会議を手配する

⊙「アレンジ(変化)を加える」の印象が強いですが、本来は「きちんと並べる」です(Part 1頻出)。ビジネス上でいろいろな事柄を「きちんと並べる・整える」→「取り決める・手配する」となりました。💬 arrange for you to meet him は「あなたが彼に会うよう手配する」です(arrange for 人 to ~「人が~するように手配する」)。

500

⊙ make arrangements「手配する」、travel arrangements「旅行(出張)の手配」は超重要です。この意味では「あれやこれやの手配」ということで、複数形 arrangements で使います。💬 work arrangement は「仕事に関する取り決め」→「業務形態」です。

400

▶ 出張の手配をする

▶ フレックス制の業務形態に満足している

300

名 accommodation 宿泊施設

▶ このホテルは 100 人宿泊できる。

▶ ~の要求を受け入れる

⊙「宿泊客や相手の要求を詰め込む」イメージです。「収容できる」の意味では hold、「(要求を)受け入れる」の意味では meet・satisfy・fulfill との言い換えが狙われます。💬名詞形も大切で、luxurious hotel accommodations は「豪華なホテルの宿泊施設」です(「様々な設備・施設」ということで複数形で使う)。

200

100

0

Section 1　スコア直結「超重要多義語」

345

work

[wə́:rk]

[核心] がんばる

①仕事・勉強／仕事する・取り組む　②作品
③機能する・作動する　④（計画・方法などが）
うまくいく・都合がつく　⑤（薬が）効く

▶ The elevator is not working.

▶ Would 10:00 work for you?

346

order

[ɔ́:rdər]

[核心] 上から下への順番

①順序　②秩序　③整頓　④命令　⑤注文

▶ put a room in order

▶ in chronological order

347

service

[sə́:rvis]

[核心] 形のない商品

①乗り物の便　②公共事業　③勤務
④貢献・奉仕　⑤点検・整備（する）

▶ retire after 20 years of service with the company

▶ have some production equipment serviced

348

serve

[sə́:rv]

[核心] service を提供する

①（食べ物・飲み物を）出す　②勤務する・仕
える　③役立つ

▶ Food has been served to some diners.

▶ on a first-come, first-served basis

800

▶ エレベーターは作動していない（故障中だ）。

▶ 10時だと都合がつきますか？

◉「人ががんばる」→「働く」は有名ですが、「がんばって作ったもの」→「作品」（可算名詞）、「機械ががんばる」→「機能する」、「計画ががんばる」→「うまくいく・都合がつく」も大事です。
💡work on ~ は、直訳「～について(on)がんばる(work)」→「～に取り組む」という超重要熟語です。

700

600

▶ 部屋を片付ける
※in order「整頓された状態で」

▶ 時系列で・年代順に
※chronological「年代順の」

◉「上から下への順番」→「順序・秩序・整頓」、「上から下にくだされるもの」→「命令・注文」となりました。「命令・注文」は、「レストランのオーダー」と使われていますね。💡out of orderは、直訳「秩序がとれている・機能している状態(order)の外へ(out of)」→「故障中で」という熟語です。

500

400

▶ その会社に20年勤務して退職する

▶ 生産設備の一部を整備してもらう
※have O p.p.「Oを～してもらう」

◉「無料・おまけ」ではありません。Is there any bus service here? は「ここにはバスが通っていますか？」です。💡out of service は、直訳「サービスを提供している状態の外へ」→「使用中止で・故障中で」という重要熟語です（≒ out of order／be not working「機能していない」）。

300

200

名 server 給仕係

▶ 食事が数人の食事客に出されている。
※diner「食事客」（787番）

▶ 先着順で

◉すべて「形のない仕事をする」ということです。serve as chairは「議長として勤務する」→「議長を務める」、serve as a chairなら「椅子として使える」となります。💡例2は、直訳「最初に来た人が、最初にserveされる（仕えられる・食べ物を出される）基準で」→「先着順で」という重要表現です。

100

0

Section 1　スコア直結「超重要多義語」

349

☐
☐
☐

account

[əkáunt]

[核心] 計算して説明する

①勘定書・請求書　②口座・アカウント
③説明する／説明・話　④占める

▶ open a bank account

▶ account for 30% of the company's sales

350

☐
☐
☐

deal

[dí:l]

[核心] 分け与える

①配る　②扱う・対処する　③取引・契約
④お買い得品

▶ deal with a problem

▶ close a deal

351

☐
☐
☐

attend

[əténd]

[核心] 心・体を向ける

①世話する・対応する・処する（attend to
~）　②出席する

▶ Are you being attended to?

▶ We have some urgent business to attend to.

352

☐
☐
☐

address

[ədrés | ǽdres]

[核心] ぽ～んと向ける

①向ける　②話しかける／演説　③取り組
む・対処する　④住所／宛先を書く　⑤メー
ルアドレス

▶ address an audience

▶ address the problem of air pollution

800

名 accounting 経理
名 accountant 会計士
形 accountable 責任がある

- - - - - - - -

▶ 銀行口座を開設する

▶ 会社の売上の 30% を占める

700

⊙ account には count「数える」という単語が入っていますね。本来「数える・計算する」で、「計算して説明するもの」→「勘定書」、「銀行でお金を計算して説明するもの」→「口座」です。💡動詞は「(計算した内容を)説明する」→「占める」と考えればOKです。特に account for ~「~を占める」は超頻出です。

600

名 dealer 販売員

- - - - - - - -

▶ 問題に対処する
　※deal with ~「~に対処する」

▶ 契約を結ぶ

500

⊙「カジノのディーラー」は「カードを配る・扱う人」、「自動車ディーラー」は「車の販売を扱う人」です。「分け与える」イメージで、「自分の意識を与える」→「対処する」となりました。💡「条件や商品を与える」→「取引・契約・お買い得品」で、advertise a special deal は「特別なお買い得品を宣伝する」です。

400

名 attendance 出席(者数)
名 attendee 出席者
名 attendant 接客係

- - - - - - - -

▶ ご用は承っておりますか?
　※直訳「あなたは(他のスタッフに)対応されていますか?」(≒ Are you being served?)

▶ 我々には対処すべき緊急の用件があります。
　※business「用件」(252番)

300

⊙「体を向ける」→「出席する」が有名ですが、「心と体を向ける」→「世話する・対応する・対処する」も大事です。「フライトアテンダント(flight attendant)」は「飛行機内で世話してくれる人」という意味です。💡 Part 7の同義語問題で、attend to ≒ take care of ~「~に対処する」も出題されています。

200

⊙「住所」は「手紙をぽ～んと向ける宛先」ということです。「話を聴衆にぽ～んと向ける」→「話しかける」、「課題に自分自身の意識をぽ～んと向ける」→「取り組む」が大事です。💡同義語問題で、attend to ~「~に対処する」や give attention to ~「~に注意を払う」との言い換えも出題済みです。

▶ 聴衆に演説をする

▶ 大気汚染の問題に取り組む

100

0

Section 1　スコア直結「超重要多義語」

353

☐
☐
☐

direct

[dirékt | dairékt]

核心 方向を示す

①方向を示す・向ける　②指揮する・監督する
③まっすぐな・直行の　④直接の

▶ direct a question to one of the panel members

▶ direct a project

354

☐
☐
☐

directly

[diréktli | dairéktli]

核心 方向を示して

①直行して　②直接　③すぐに　④ちょうど・
まさに

▶ She reports directly to Ms. Yoon, who is in charge of R&D.

▶ start work directly after receiving the order

355

☐
☐
☐

refer

[rifə́:r]

核心 意識がビッと向く

①言及する・言う・表す　②参照する・照会す
る　③差し向ける

▶ refer to an academic paper

▶ Customer complaints should be referred to a supervisor.

356

☐
☐
☐

reference

[réfərəns]

核心 意識がビッと向いたもの

①言及　②参照・参考資料　③照会先

▶ a letter of reference

▶ I am writing in reference to your inquiry.

3-005

800

700

600

500

400

300

200

100

0

名 director 監督
名 direction 方向・道順・指揮・監督

⊙ direct[address] a question to 人 は、「人 に対して(to)質問を向ける」→「人 に質問する」です(同義語問題で direct ≒ address「向ける」も出題済み)。◎「(まっすぐ正しい)方向を示す」→「指揮する・監督する」となりました。「直接の」の意味は、a direct flight「直行便」でおなじみですね。

▶ パネリストの 1 人に質問する

▶ プロジェクトを指揮する

⊙例1は report directly to ~「~に直属する」という重要表現です。reportは「報告する」なので、「報告の相手は上司」→「(上司に)直属する」と考えれば OK です。◎ directly after ~「~の直後に」や be located directly opposite ~「~の真向かいに位置している」も大事です(opposite は615番)。

▶ 彼女の直属の上司は、研究開発を担当している Yoon さんだ。
※直訳「彼女は Yoon さんに直属しており、Yoon さんは研究開発(R&D)を担当している」

▶ 受注後すぐに作業を開始する

名 referral 紹介・推薦

⊙ refer の fer は「運ぶ」で、「矢印が向く」イメージから「言葉や意識が向かう」→「言及する・参照する・差し向ける」となりました。refer to ~「~を参照する・表す」の形がよく出ます。◎例2は refer A to B「AをBに差し向ける」の受動態です(同義語問題でこの形の refer ≒ direct も出題済み)。

▶ 学術論文を参照する

▶ 顧客からの苦情は監督者に委ねられるべきだ。

⊙ a letter of reference は「身元に意識が向かう letter」→「紹介状・推薦状」です。「求人に応募してきた人のことを(前の職場に聞いて)照会するための手紙・(照会された)人を推薦する手紙」のことで、a letter of recommendation とも言えます。◎ in[with] reference to ~ は「~に関して」という熟語です。

▶ 紹介状・推薦状

▶ あなたの問い合わせに関して、この手紙を書いております。

Section 1　スコア直結「超重要多義語」

357

issue

[íʃuː]

[核心] ポンッと出てくる

①問題　②(雑誌の)〜号　③発行する・出す

▶ address an issue

▶ the latest issue of the magazine

358

due

[djúː]

[核心] あ〜、来ちゃう…

①締切が来た　②支払われるべき　③到着予定の　④〜することになっている(be due to 原形)　⑤〜が原因で・〜のために(due to 〜)

▶ The sales report is due tomorrow.

▶ She is due to arrive in an hour.

359

run

[rán]

[核心] 流れる／グルグルまわす

①走る　②作動する　③経営する　④出す・掲載する　⑤(映画などが)続演される・続く

▶ run a restaurant

▶ The exhibition runs through the end of July.

360

manage

[mǽnidʒ]

[核心] 操り人形をうまく操る

①操作する・うまく扱う　②運営する・経営する　③何とかやり遂げる・うまくやる(manage to 〜)

▶ manage a hotel

▶ manage to arrive at the office just in time

800

▶ 問題に取り組む

▶ 雑誌の最新号

⊙「ポンッと出てくる」→「(ポンッと生じた)問題・論争」、「発売日に店頭にポンッと出てくる」→「(雑誌の)号」です。♥「ポンッと出す」イメージから、issue a statement to the press「マスコミに声明を発表する」／ issue a credit card「クレジットカードを発行する」のようにも使えます。

700

600

▶ 売上報告書の提出は明日が締切だ。

▶ 彼女は 1 時間後に到着予定です。

⊙「締切が来ちゃう」、「支払日が来ちゃう」→「支払われるべき」、「対象が来ちゃう」→「到着予定の」となります。be due to 原形 は「動作が来ちゃう」→「〜することになっている」です。♥ due to ~「〜が原因で」という熟語も大事です。due to unforeseen circumstances「不測の事態により」のように使います。

500

400

▶ レストランを経営する

▶ その展示会は 7 月の終わりまで続きます。

⊙「モーターがグルグルまわる」→「作動する」、「お店をグルグルまわす」→「経営する・運営する」です(日本語でも「お店をまわす」と言いますね)。run an ad は「広告を流す」→「広告を出す」です。♥ 応用で「(映画などが)流れる・続く」の意味もあります(同義語問題で run ≒ be shown も出題済み)。

300

200

名 management 管理・経営
名 manager 管理人・経営者

▶ ホテルを経営する

▶ ぎりぎりの時間に何とかオフィスに到着する

⊙「対象をうまく操る」→「操作する・うまく扱う」で、manage stress「ストレスとうまく付き合う」です。「従業員などを操る」→「運営する・経営する」、「〜する動作を操る」→「何とか〜する」となります。♥ Part 2・3では、申し出に対して I can manage.「自分でできます」と断ることもあります。

100

0

Section 1　スコア直結「超重要多義語」

361 operate

[ápərèit]

核心 働く

①操作する　②運営する・経営する　③作動する

▶ operate a machine

▶ operate a manufacturing plant

362 term

[tə́:rm]

核心 限られた一定空間

①期間　②用語　③条件(terms)　④間柄(terms)

▶ a long-term strategy

▶ agree to the terms of the contract

363 present

名形 [préznt]　動 [prizént]

核心 目の前にある

①プレゼント　②出席している　③現在の　④授与する　⑤提示する・提出する・発表する

▶ be present at the meeting

▶ present him with an award

364 board

[bɔ́:rd]

核心 板(ボード)

①板・黒板　②役員・役員会　③乗る　④舞台・参加

▶ a bulletin board

▶ the board of directors

名 operation 操作・運営・業務・作動
形 operational 稼働して・使用できる

⊙Part 1では「(機械に)仕事をさせる」→「操作する」、他のPartでは「従業員を働かせる・操作する」→「運営する・経営する」(≒ manage)でよく出ます。💬in operation は、直訳「運営・作動している状態で」→「運営して・営業中で／作動して・稼働中で」という重要熟語です。

▶ 機械を操作する

▶ 製造工場を運営する

⊙「限られた空間」→「期間」、「限られた空間で使われる言葉」→「用語」です。さらに「限られた人と人の間で交わすもの」→「条件・間柄」となりました(この意味では2人以上が必要なので複数形)。💬Part 7の同義語問題でも頻出で、duration「期間」やcondition「条件」との言い換えが出題済みです。

▶ 長期的な戦略

▶ 契約条件に同意する

⊙形容詞は「目の前にいる」→「出席している」、「目の前にある時間」→「現在の」です。💬動詞は「目の前に贈呈物を掲げる」→「授与する」、「目の前に提出物を置く」→「提示する・提出する」となります。present 人 with 物 は「人 に 物 を授与する」です(provideと同じ形で「与える」という意味が基本)。

▶ 会議に出席する

▶ 彼に賞を授与する

⊙「黒板」→「黒板がある部屋・会議室」→「会議室に集まる人たち・役員会」と考えてください。💬「板の上に乗る」→「乗り物に乗る」、「板」→「舞台の上に乗る」→「参加」となりました。board an airplane は「飛行機に乗る」、on board は「(乗り物に)乗って・(仕事に)参加して」です。

▶ 掲示板

▶ 取締役会

Section 1　スコア直結「超重要多義語」

365

party

[pá:rti]

核心 人の集まり

①パーティー　②一行・仲間　③政党
④当事者・関係者

▶ How many are there in your party?

▶ all parties involved

366

interest

[íntərəst]

核心 真ん中に立って興味を引く

①興味(をもたせる)　②利害・利益をもたせる　③利子

▶ express interest in a job

▶ an interested party

367

figure

[fígjər]

核心 ハッキリした人影

①姿　②人物　③数字　④図　⑤理解する・考え出す(figure out)

▶ monthly sales figures

▶ I can't figure out what she wants.

368

otherwise

[ʌ́ðərwàiz]

核心 otherな way

①もしそうでなければ　②その他の点では
③他の方法で

▶ Leave at once; otherwise you will miss the train.

▶ It rained a little during the company picnic, but otherwise we all had a great time.

800

700

600

500

400

300

200

100

0

▶ （ご一行様は）何名様ですか?
　※レストランで店員が言うセリフ

▶ 関係者全員
　※直訳「巻き込まれた人たち・関係者」

⊙「人の集まり」→「一行・仲間」（ゲームで「パーティー」と使われます）、「同じポリシーを持って集まった人」→「政党」、「利害が関係する人の集まり」→「当事者・関係者」となりました。
💡 Part 7 の同義語問題では、all parties involved の形で parties ≒ group が問われたこともあります。

形 interesting 興味深い・面白い
形 interested 興味を持った

▶ 仕事に関心を示す

▶ 利害関係者
　※直訳「利害を持たせられた人々」

⊙「真ん中(inter)に立って、興味を引くことで"利益"が生じる」→「利害・利益・利子」となりました。interest rate は「金利・利率」です。💡例1の表現は Part 5 で出ました。(×)express interests ではなく、(○)express interest が正解という難問でした。

▶ 月間売上高

▶ 彼女が欲しいものがわからない。

⊙「ハッキリした人影」→「姿・人物」、「ハッキリしたもの」→「数字・図」です。💡 figure out は「(何の形か)ハッキリわかる」→「理解する」、「(問題の答えが)ハッキリわかる」→「考え出す」となります。figure out a solution は「解決策を考え出す」です。

▶ すぐに出かけなさい。さもないと電車に乗り遅れるよ。

▶ 会社の野外親睦会の間に少し雨が降ったが、その他の点ではみんな楽しい時間を過ごした。

⊙語末の -wise は way の意味です。「もしそうでなければ」という有名な意味以外は、「その他の点(way)では」「他の方法(way)で」と考えれば OK です。💡 unless otherwise stated [noted/specified/indicated] は、直訳「他の方法で言われない限り」→「特に断りがない限り」という重要表現です。

Section 1　スコア直結「超重要多義語」

369

subject

[sʌ́bdʒikt]

核心 対象を下に置く

①主題・主語　②科目　③被験者　④〜の影響下にさらされている・〜を受ける・〜の可能性がある

▶ change the subject

▶ be subject to change without notice

370

object

名 [ábdʒikt] **動** [əbdʒékt]

核心 物を投げつける

①物　②対象・目的　③目的語　④反対する

▶ the primary object of the research

▶ object to a new policy

371

assume

[əsú:m]

核心 取り入れる

①思う・思い込む　②引き受ける　③（態度・性質を）とる

▶ I assume that she is qualified.

▶ assume the position

372

wear

[wέər]

核心 すり減らす

①着る・身に着けている　②すり減らす／摩耗　③疲れさせる

▶ Some worn parts need to be replaced.

▶ He is worn out from working overtime every day this month.

800

形 subjective 主観的な

⊙「(何かを語るときに)心の下(sub)に置くもの」→「主題・科目」、実験で「対象を下に置く」→「被験者(実験される人)」です。♡ be subject to ~は本来「~に対して下に置かれている」→「~の支配下にある」です。be subject to change「変更の可能性アリ」は変更を示唆する超重要な含み表現です。

700

▶ 話題を変える

▶ 予告なしで変更になる可能性がある

600

名 形 objective 目的／客観的な
名 objection 反対

⊙核心は「~に反対して(ob)投げる(ject)」→「物を投げつける」で、「投げつける相手」→「対象・目的」となりました(文法用語の「目的語」はSVOなどと使われています)。♡「物を投げつける」→「反対する」で、object to -ing「~することに反対する」の形が重要です(このtoは前置詞)。

500

▶ 調査の主な目的

▶ 新しい方針に反対する

400

名 assumption 想定・引き受けること・(態度・性質を)とること

⊙考えを取り入れれば「思う」、責任・仕事なら「引き受ける」です。
♡TOEICでは「引き受ける」が超重要で、同義語問題でtake on／take over／be responsible for／undertake(453番)などに言い換えられました。take overは「向こうからやってきた(over)仕事をとる(take)」→「引き継ぐ」です。

300

▶ (確信はないけど)彼女は適任だと思う。

▶ その役職を引き受ける

200

⊙ Part 1ではbe wearing「身に着けている(状態)」が大切です。服だけでなく「眼鏡・靴・帽子・マスク」など幅広く使えます。♡「服を1回着る」=「1回分すり減らす」というイメージです。「心をすり減らす」→「疲れさせる」で、be worn outは「疲れさせられる」→「疲れ切っている」です(outは強調)。

100

▶ いくつかの消耗した部品を交換する必要がある。

▶ 彼は今月は連日の残業で疲れ切っている。

0

209

Section 1　スコア直結「超重要多義語」

373

cover

[kʌ́vər]

核心 **カバーする**

①覆う ②扱う・取材する ③償う・保険をかける・負担する ④進む ⑤(代わりに)引き受ける・担当する

▶ The event will be covered by local newspapers.

▶ The repairs are covered under warranty.

374

drive

[dráiv]

核心 **背中をぐっと押す**

①運転する・車で送る ②駆り立てる・追いやる/衝動・推進力 ③運動・活動

▶ The prolonged drought drove some farmers out of business.

▶ have a drive to gather money for charity

375

degree

[digríː]

核心 **段階**

①程度・度合 ②(温度などの)度 ③学位

▶ to a certain degree

▶ have an advanced degree in a related field

376

settle

[sétl]

核心 **落ち着かせる**

①定住する・定住させる ②決める・解決する ③慣れる・慣れさせる

▶ settle a matter

▶ Have you settled into your new office yet?

名 coverage 取り扱う範囲・報道／適用範囲・補償範囲

⊙すべて「カバーする」で対応できます。「起きた出来事をカバーする」→「扱う・取材する」、「守るためにカバーする」→「保険をかける・(費用を)負担する」となります(同義語問題でcover ≒ pay for も出題済み)。💬 cover one's shiftは「人のシフトをカバーする」→「シフトを代わりに引き受ける」です。

▶ そのイベントは地元の新聞で取り上げられる予定だ。

▶ その修理は補償の対象である。

⊙車に限らず「ぐっと押す」イメージです。例1はdrive 人 out of business「人 をビジネスの外に追いやる」→「人 を廃業させる」です。💬「人々の背中をぐっと押すための活動」→「運動・活動・キャンペーン」という意味もあります。

▶ 干ばつが長引いたことで、廃業に追い込まれた農家もあった。
※ prolonged「長引いた」／drought「干ばつ」

▶ 慈善募金活動をする

⊙「一度ずつ段階(gree = grade)的に上がり下がりする」イメージから「程度・(温度などの)度」となりました。💬 Part 7の求人の話題では「段階を経て得たもの」→「学位」が大事です。advanced degree「上級学位」とは「(学士号より上の)修士号・博士号」などです。

▶ ある程度

▶ 関連分野で上級学位を持っている

名 settlement 定住・解決

⊙seat「座らせる」と同語源で、「座らせて落ち着かせる」→「定住させる」、「ハッキリしない問題を落ち着かせる」→「決める・解決する」となりました。settle on ~「~に決める」も大事です。💬 settle into 場所 は、「場所 の中に入って(into)落ち着く・長くいる(settle)」→「~に慣れる・快適に感じる」です。

▶ 問題を解決する

▶ もう新しいオフィスには慣れた?

Section 1　スコア直結「超重要多義語」

377

☐
☐
☐

practice

[prǽktis]

核心 (何度も)実行する

① 実行(する)　② 習慣的に行う／習慣
③(医師・弁護士が)開業する／業務・診療所
④ 練習(する)

▶ put her theory into practice

▶ practice medicine

378

☐
☐
☐

advance

[ædvǽns]

核心 前へ進める

① 進む・進める／前進・進歩　② 昇進(する・
させる)　③ 前払い(する)　④ 前もっての

▶ advance to an executive position

▶ make a reservation well in advance

379

☐
☐
☐

appreciate

[əprí:ʃièit]

核心 よ〜くわかる

① 正しく理解する・評価する　② 良さがわか
る・鑑賞する　③ 感謝する

▶ I appreciate your concern about the budget.

▶ I would appreciate it if you could give me some advice.

380

☐
☐
☐

command

[kəmǽnd]

核心 上から見下ろす

① 命令する／命令　② 自由に使う／自由に
使える力　③ 見渡せる／見晴らし

▶ have a good command of English

▶ The hill commands a spectacular view of Rome.

800

形 practical 実践的な
副 practically 実際に・事実上・ほとんど
名 practitioner 専門家・開業医

◉「何度も実行する」→「練習する」「習慣(的に行う)」で、commercial practices は「商業上の慣例」です。同義語問題で practices ≒ regular actions も出題されています。◉「治療・サービスを実行する」→「開業する」も大事です。名詞で medical practice「医療業務・診療所」のようにも使えます。

▶ 彼女の理論を実行に移す
　※ put ~ into practice「～を実行の中に入れる」→「～を実行に移す」
▶ 医者をしている

700

600

形 advanced 先進的な・高度な・上級の
名 advancement 進歩・昇進

◉「地位・役職を進める」→「昇進」、「払うタイミングを前へ進める」→「前払い」となります。◉「時間が前へ」→「前もっての」という意味もあり、in advance「前もって」が重要です(≒ beforehand)。強調の well が直前について、well in advance「十分に余裕をもって」とよく使われます。

▶ 重役の職位に昇進する
　※≒ be promoted to an executive position
▶ 十分に余裕を持って予約する

500

400

名 appreciation 正しい理解・評価／
鑑賞／感謝

◉本来「値段(price)をつける」で、「(値段をつけられるくらい)価値がよ～くわかる」→「正しく理解する・評価する・鑑賞する」となります。◉「相手の親切がよ～くわかる」→「感謝する」で、I would appreciate it if ~ の直訳は「もし～したら、私はそれに感謝するだろう」です(丁寧な依頼表現)。

▶ 予算に関するご懸念はよくわかります。
▶ 何かアドバイスを頂けますと幸いです。

300

200

◉高い台に乗って見下ろすイメージで、「(上から見下ろして)命令する」、「(命令できるので)自由に使える」となりました。◉「上から見下ろす」→「見渡せる」の意味もあり、場所 command 景色「場所 から 景色 を見渡せる」と使います(Part 1でも出てきます)。

▶ 英語を自由に使える力がある(英語が堪能だ)
▶ この丘からはローマの素晴らしい景色が一望できる。
　※ spectacular「素晴らしい」(714番)

100

0

213

Section 1　スコア直結「超重要多義語」

381
☐
☐
☐

line
[láin]

[核心] 線

①列／並ぶ・並ばせる　②電話線　③手紙
④職業　⑤品揃え・ラインナップ

▶ Shoes have been arranged in a line.

▶ unveil a new line of luxury watches

382
☐
☐
☐

regard
[rigá:rd]

[核心] 意識して見る

①じっと見る　②みなす　③評価する・尊敬
する／尊敬　④点

▶ regard him as an equal

▶ in this regard

383
☐
☐
☐

sign
[sáin]

[核心] 何かの目印・サイン

①目印・合図　②兆候・表れ　③記号
④看板・標識　⑤署名する

▶ A sign is attached to a fence.

▶ sign up for a workshop

384
☐
☐
☐

post
[póust]

[核心] 柱に貼る

①柱　②掲示する　③投稿(する)　④最新
情報を伝える

▶ post a job opening

▶ post a product review on social media

◉「線」→「列」「電話線」、「紙に線が引かれたもの」→「手紙」、さらに「仕事の方向性（ライン）・人生の進むべき線」→「職業」となりました。💡「店頭で商品がズラッと一列（line）に並んでいる」イメージから、「品揃え・ラインナップ・商品の種類」といった意味でもよく出ます。

▶ 靴が 1 列に並んでいる。

▶ 高級時計の新製品を発表する

🔟 regarding 〜に関して・〜について

◉ 本来「振り返って（re）見守る（gard）」で、regard A as B は「A を B として意識して見る」→「A を B とみなす」です。💡「その人を良く意識する」→「評価する・尊敬する」、「1 つひとつの点を意識して見る」→「点」となりました。regarding は「意識して見た件に関して」→「〜に関して・〜について」です（496番）。

▶ 彼を自分と対等の立場の人とみなす

▶ この点で

◉特にリスニングでは「お店を示すもの」→「看板・標識」がよく出ます。💡動詞も大事で、sign a contract は「契約書に署名する・契約を結ぶ」です。sign up for 〜 は「〜を求めて（for）署名する（sign up）」→「〜に申し込む」という超頻出熟語です（≒ register for 〜・apply for 〜）。

▶ 看板がフェンスに取り付けられている。

▶ ワークショップに申し込む

◉本来「柱」で（サッカーの「ゴールポスト」でおなじみ）、「柱に貼る」→「掲示する」、「ネットに掲示する」→「投稿（する）」となりました。💡 keep 人 posted は「人 を最新情報を伝えられた状態に保つ」→「人 に逐次報告する・状況を逐一知らせる」です（同義語問題で post ≒ report「報告する」も出題済み）。

▶ 求人広告を掲示する

▶ SNS に商品レビューを投稿する

Section 1　スコア直結「超重要多義語」

385

stage

[stéidʒ]

[核心] **立っている場所**
①舞台　②段階・時期　③主催する・計画する

▶ in the early stages of the project

▶ Several events will be staged at the bookstore in July.

386

minute

名 [mínit]　形 [mainjúːt]

[核心] **小さい**
①分・ちょっとの間　②(the minute ~ で)
~するとすぐに　③(minutes で)議事録
④細かい・詳細な

▶ The minute I got home, it started to rain.

▶ take minutes at a meeting

387

rest

[rést]

[核心] **グタッともたれかかる**
①休息／休む　②置く　③(rest on ~ で)
~次第だ　④残り

▶ A man is resting on a bench.

▶ She's resting her arm on a bag.

388

deliberate

形 [dilíbərət]　動 [dilíbərèit]

[核心] **よ～く考えた**
①よく考えた／よく考える　②慎重な　③意
図的な・故意の

▶ deliberate about a difficult decision

▶ A spokesperson must be deliberate in choosing words.

▶ プロジェクトの初期段階で

▶ 7月に書店でいくつかのイベントが計画されている。

◉「現時点で立っている場所」→「段階・時期」の意味が大事です。final stage「最終段階」は、日本語でも「ファイナルステージ」と言いますね。同義語問題では stage ≒ phase（412番）も出題済みです。◆応用として、「ステージに上げる」→「上演する・主催する・計画する」という動詞もたまに出ます。

▶ 私が帰宅したとたんに雨が降り始めた。

▶ 会議で議事録を取る

◉本来は「小さい」(mini)です（hour「1時間」を小さい時間に分けると minute「分」になる）。TOEIC では、会議の内容を「小さく簡単に書いたもの」→「議事録」が重要です（必ず複数形）。◆「小さい」→「細かい・詳細な」という形容詞もあり、a minute change「わずかな変化」です（発音は「マイニュート」）。

▶ 男性がベンチで休んでいる。

▶ 彼女は腕をカバン（の上）に置いている。

◉「グタッともたれかかる」→「休憩・置く・〜次第だ」です。take a rest は「休憩をとる」→「休憩する」、rest A on B は「A を B（の上）に置く・載せておく」となります。◆「残り」だけは語源が違って、本来「後ろに(re)留まる(st = stand)」です。the rest of 〜「〜の残り」の形でよく使われます。

副 deliberately 意図的に・わざと
名 deliberation 熟考・慎重さ

▶ 難しい決断についてよく考える

▶ 広報担当者は言葉を慎重に選ばなければならない。
※spokesperson「広報担当者」

◉「よ〜く考えた」→「慎重な」、「悪い人がよ〜く考えた」→「計画的な・故意の」となりました。make a deliberate mistake は「わざと間違える」です。◆名詞形 deliberation も大事で、Part 7 の同義語問題で deliberation ≒ consideration「熟考」が問われたこともあります。

389

capacity

[kəpǽsəti]

[核心]能力

①能力　②容量・収容力　③役割・立場

▶ production capacity

▶ Roger supports the project in his capacity as a consultant.

390

course

[kɔ́ːrs]

[核心]進む道のり

①方向・進路　②経過・期間　③行動・策　④講座・コース

▶ The training program extends over the course of two weeks.

▶ pursue a course of action

391

positive

[pázətiv]

[核心]確信して

①確信して　②前向きな・楽観的な　③肯定的な・好意的な

▶ I'm positive that I have the right password.

▶ receive positive customer feedback

392

enter

[éntər]

[核心]入る

①入る　②入力する　③参加する・参入する・エントリーする　④（交渉・事業に）入る・締結する

▶ enter data

▶ enter the market in China

▶ 生産能力

▶ Roger はコンサルタントとしての立場でプロジェクトを支援している。

⊙本来「能力」で、「場所の収容能力」→「容量・収容力・収容人数」です。日本でも「会場のキャパ」と言いますね。♥「能力がある」→「資格・役割・立場」で、in one's capacity as ~・in the capacity of ~「~としての役割で」も大事です（同義語問題で capacity ≒ role も出題済み）。

700

▶ その研修プログラムは2週間にわたって行われます。

▶ 一連の行動を実行する
※pursue「実行する」(228番)

⊙「進む道のり・流れ」→「経過・期間」で、over the course of ~「~にわたって・~の間」の形でよく使われます（同義語問題で period「期間」との言い換えも出題されました）。♥「方向・進路」→「(適切な方向に進む一連の) 行動・策」の意味もあり、course of action「一連の行動・行動指針」が重要です。

600

500

▶ パスワードは間違いないはずだよ。
※直訳「私は正しいパスワードを持っていると確信している」

▶ 顧客から好意的なフィードバックをもらう

⊙「うまくいくと確信して」→「前向きな」は有名ですね（日本語でも「ポジティブな人」と使われます）。have a positive attitude「前向きな態度をとる」です。♥本来の「確信して」や、「良いものだと確信して」→「(意見やレビューが) 肯定的な・好意的な」の意味もとても大切です。

400

300

名 entrance 入口・玄関

▶ データを入力する

▶ 中国市場に参入する

⊙「部屋に入る」以外に、「数字・データを入れる」→「入力する」や「コンテストや市場に入る」→「参加する・参入する」も重要です。♥ be entered into a drawing「抽選会に参加させられる」→「参加する」や、enter into a merger「合併を締結する」もチェックを（enter into ~「~を締結する」）。

200

100

0

前置詞・接続詞②

【「時」を表す従属接続詞】
- □ when「～するとき」
- □ while「～する間」
- □ before「～する前に」
- □ after「～する後に」
- □ till／until「～するまでずっと」
- □ since「～してから今まで」
- □ as soon as「～するとすぐに」
- □ by the time「～するまでには」
- □ every time／each time／any time[anytime]
  「～するときはいつでも」
- □ the moment／the minute／the instant「～するとすぐに」
- □ the first time「初めて～するとき」
- □ (the) last time「この前～したとき」
- □ (the) next time「次に～するとき」

【例】Shoppers hunting for bargains rushed into the department store as soon as it opened for business.
デパートの開店と同時に、セール品を求める買い物客が殺到した。
※ hunt for ~「～を求める」／bargain「買い得品」(317番)／rush into ~「急いで～の中に入る」

【例】You are required to enter your password each time you log in to your account.
アカウントにログインするたびに、パスワードを入力する必要があります。

Chapter 3
スコアに変えていく

Section 2
Part 5で超頻出の「コロケーション」(1)

「コロケーション」は「単語と単語の相性」のことで、日本語でも「風邪をひく」とは言いますが、「熱をひく」とは言いませんよね。このように「相性が決まっている語句」はPart 5でよく問われるだけに、「知っている」=「即スコアアップ」になります。まずは標準レベルの単語を一気に確認しましょう。

393

☐
☐
☐

host
[hóust]

動 主催する・司会する
名 司会者

▶ host an event

▶ host a radio program

394

☐
☐
☐

express
[iksprés]

動 表現する・示す
形 急行の・速達の
名 急行列車

▶ express concern about the economy

▶ Express shipping will cost extra.

395

☐
☐
☐

consult
[kənsʌ́lt]

動 意見を聞く・相談する・調べる

▶ consult (with) an expert

▶ consult the owner's manual

396

☐
☐
☐

fulfill
[fulfíl]

動 満たす・果たす・実現する

▶ fulfill the requirements

▶ fulfill a dream

700

▶ イベントを主催する

▶ ラジオ番組の司会をする

⊙本来は「主催者・(もてなす)人」という意味で、接客業の「ホスト」は本来「もてなす人」のことです。♥Part 4頻出のラジオニュースでは「司会する・(番組の)司会者」という意味が大事です。日本のテレビでも「司会者」のことを「ホスト役」と言うことが増えてきました。

600

名 expression 表現・表情

▶ 経済に関して懸念を示す

▶ 速達便は追加料金がかかります。
　※ express shipping[delivery/mail]「速達便」

⊙「外に(ex)考えを押し出す(press)」→「表現する・示す」です。Part 3・4の意図問題で、To express doubt「疑念を示すため」という選択肢がよく出ます。♥「外に押し出されるくらい一気に走る」→「急行の・速達の」という形容詞も大事です(日本に「○○エクスプレス」という特急列車がありますね)。

500

名 consultation 相談
名 consultant コンサルタント・相談役

▶ 専門家に相談する
　※ consult 人 と consult with 人「人に相談する」の両方OK

▶ 取扱説明書を確認する
　※ consult 物「物を調べる・確認する」のみOK

⊙本来「助言を求める」で、「人に助言を求める」→「意見を聞く・相談する」、「本に助言を求める」→「調べる・確認する」となりました。consult a doctor は「医者に診てもらう」、consult a dictionary なら「辞書を引く」です。♥派生語 consultant も、Part 3・4でよく出ます。

400

300

名 fulfillment 実行・実現・達成感

▶ 必要条件を満たす
　※ ≒ meet the requirements

▶ 夢を実現する

⊙「(義務・約束を)十分に(ful = full)満たす(fill)」→「果たす・実行する」です。fulfill a request「要望に応える・要求を満たす」/ fulfill a need「ニーズを満たす」/ fulfill a promise[commitment]「約束を果たす」は頻出です。♥「(夢・目標を)十分に満たす」→「実現する」となりました。

200

100

0

Section 2　Part 5で超頻出の「コロケーション」(1)

397

satisfy

[sǽtisfài]

動 満足させる・(期待・要求などを)満たす

▶ be satisfied with the restaurant's delivery service

▶ satisfy the needs of our customers

398

deliver

[dilívər]

動 配達する・伝える・(発表などを)行う

▶ deliver an order

▶ deliver a presentation

399

attain

[ətéin]

動 達成する

▶ Laura attained her dream of becoming an actress.

▶ He attained the position of vice president before he retired.

400

deserve

[dizə́:rv]

動 値する

▶ deserve recognition for her many contributions to the company

▶ deserve to win first prize for his painting

形 **satisfying** 満足のいく 形 **satisfied** 満足した 名 **satisfaction** 満足(度) 形 **satisfactory** 満足のいく・まずまずの	⊙本来は「十分にする・満たす」です。「心のゲージを徐々に満たしていく」感じで、be satisfied with ~「~に満足している」がよく使われます。 💡 satisfy the needs[requirements]「ニーズ[要求]を満たす」も頻出で、Part 7の同義語問題では satisfy ≒ meetなどの言い換えが何度も問われています。
▶ レストランの配達サービスに満足している	
▶ 顧客のニーズを満たす ※satisfy[meet/fulfill/fit/suit] the needs「ニーズを満たす」	
名 **delivery** 配達	⊙「配達する」の意味は有名で、名詞形 deliveryは「フードデリバリー」で使われていますね。⊙本来は「届ける」で、「言葉を届ける」→「伝える・演説をする」の意味がよく狙われます。deliver a presentationは「プレゼン内容を相手に届ける」という感覚です。deliver a lectureなら「講演する」となります。
▶ 注文の品を配達する	
▶ プレゼンテーションをする ※deliverの代わりにgiveやmakeも可	
形 **attainable** 達成できる	⊙「~に(at)触れる(tain)」→「~に到達する・達成する」です。achieve a goal ≒ attain a goal ≒ accomplish a goal「目標を達成する」をセットで押さえておきましょう。⊙「(名声や地位を)獲得する・到達する」の意味でも使えます。attain popularity「人気を博する」、attain fame「有名になる」です。
▶ Lauraは女優になる夢を実現した。	
▶ 彼は定年退職する前に、副社長の地位に到達した。	
	⊙「完全に(de)役立つ(serve)」→「価値がある・値する・ふさわしい」です。⊙会話で使われるYou deserve it. は、「あなたはそれに値する」→「よくがんばったね・自業自得だよ」と逆の2つの意味を持ちます。良い行動に対して使えば褒め言葉に、悪い行動に使えば「相応の罰だよ・天罰だよ」となるわけです。
▶ 会社への多くの貢献により称賛に値する ※recognition「称賛」(450番)	
▶ 絵画コンテストで優勝するのにふさわしい ※deserve to ~「~するのに値する」	

225

Section 2　Part 5で超頻出の「コロケーション」(1)

401

resolve

[rizálv]

動 解決する・決心する

▶ resolve an issue

▶ He resolved to make a greater effort to keep his workspace tidy.

402

finalize

[fáinəlàiz]

動 仕上げる・最終決定する

▶ finalize an agreement

▶ Could you provide me with the finalized meeting minutes?

403

embrace

[imbréis]

動 受け入れる

▶ embrace an offer

▶ She is always quick to embrace the latest technology.

404

proceed

[prəsí:d]

動 進む・進める

▶ proceed with a project

▶ Please proceed to Gate 5.

800

名 resolution 解決・決心・解像度

⊙「何度も(re)解く(solve)」→「解決する」、「心の中で悩みを解決する」→「決心する」です。 ♥ TOEICではとにかくトラブルが頻発するので、「解決」を表す単語は非常に大事です。Part 7の同義語でresolve ≒ settle「解決する」(376番)が問われたこともあります。

700

▶ 問題を解決する

▶ 彼は仕事場の整理整頓をより心がけようと決心した。
※ resolve to ~「~すると決心する」／ tidy「きちんとした・整った」(606番)

600

副 finally 最終的に・ついに

⊙「最後の(final)状態にする(ize)」です。動詞をつくる -ize は、realize「実現する」や legalize「合法化する」でも使われています。♥ finalized meeting minutes は「仕上げられた議事録」→「確定した議事録・最終版の議事録」ということです。

500

▶ 契約を取りまとめる

▶ 確定した議事録をいただけますか?

400

⊙本来「腕(brace:bracelet から連想できる)の中に(em)入れる」→「抱きしめる・抱擁する」ですが、TOEICでこの意味は出ません。♥「(両手で考えを)抱きしめる」→「受け入れる」の意味が大事です。「新しいものやプラスのものを積極的に受け入れる・快諾する」といったイメージで使われます。

300

▶ 申し出を快諾する

▶ 彼女は、常に最新テクノロジーをいちはやく取り入れている。

200

名 proceeds 収益

⊙「前に(pro)進む(ceed = go)」で、同語源の process は「(前に進む)過程・手順」ということです。proceed with ~「~に関して進む」→「~を進める」や proceed to ~「~に進む」の形が大切です。♥ Part 4 では「空港のアナウンス」が頻出で、その際に搭乗ゲートが頻繁に変更されます。

100

▶ プロジェクトを進める

▶ 5番ゲートにお進みください。
※空港のアナウンスで使われる

0

405

undergo

[ʌ̀ndərgóu]

動 経験する・受ける

▶ undergo a number of significant changes

▶ undergo additional training

406

establish

[istǽbliʃ]

動 設立する・確立する・制定する

▶ establish a new business

▶ establish a new rule

407

notice

[nóutis]

動 気づく・注目する
名 注意・通知

▶ on short notice

▶ until further notice

408

overview

[óuvərvjù:]

名 概要・要旨

▶ provide a brief overview of the new policy

▶ I'll give you a quick overview of the application process.

800

700

▶ 数々の大幅な変更をする
　※undergo changes「変化を受ける」→「変更する」

▶ 追加の研修を受ける

◉訳しにくい単語ですが、「人・出来事の影響下で(under)物事を進める(go)」→「経験する・受ける」ということです。◉目的語には「変化・研修・検査・修理」などがよくきます。「変化を伴うもの・受けなければいけないものを経験する」という感じです(experienceに近い意味)。

600

形 established 定評のある・著名な
名 establishment 設立・施設

▶ 新しい会社を設立する

▶ 新しいルールを制定する

◉「カチッとする」イメージで、会社なら「設立する」、ルールなら「制定する」です。有名なブランドの商品にestablished in 1856と書かれていたりします(ブランドの設立年のこと)。◉Part 7の同義語問題でestablish ≒ found「設立する」が問われたこともあります。

500

形 noticeable 目立って・顕著な

▶ 直前の通知で

▶ 追って知らせがあるまで
　※Part 5で何度も問われている超重要表現

◉TOEICでは「注意・通知」という名詞が重要で、on[at] short noticeは「告知期間が短い通知で」→「直前の通知で」となります。advance notice「事前の知らせ」やwithout notice「予告なしに」もPart 5頻出です。◉noticeableは「気づかれる・注目されることができる」→「目立って・顕著な」です。

400

300

200

◉「覆うように全体を(over)見る(view)」→「概要・要旨」です。provide[give] an overview of ~「~の概要を伝える」の形でよく使われます。◉例2のgive 人 a quick overview of ~は、直訳「人に~の簡単な概要を与える」→「人に~について簡単に概要を伝える」です。

▶ 新しい方針について簡単に概要を伝える

▶ 申込手続きについて簡単に概要をお伝えします。

100

0

229

Section 2　Part 5で超頻出の「コロケーション」(1)

409

☐
☐
☐

insight

名 洞察力・見識

[ínsàit]

▶ gain insights into consumer trends

▶ The results provided new insights into customer behavior.

410

☐
☐
☐

prospect

名 見込み・可能性

[práspekt]

▶ the prospect of a new facility attracting more customers

▶ be excited at the prospect of joining a famous advertising agency

411

☐
☐
☐

consent

名 同意
動 同意する

[kənsént]

▶ a consent form

▶ without written consent

412

☐
☐
☐

phase

名 段階

[féiz]

▶ enter a new phase of a project

▶ complete the final phase of the project

形 insightful 洞察力のある

⊙「心の中(in)を見る(sight)」→「洞察力」です。日本語にしにくい単語ですが、「(複雑な物事を)深く考える・明快に理解する力」というイメージです。

▶ 消費者トレンドに関する見識を得る

▶ その結果は、顧客の行動に対する新たな洞察をもたらした。
※ provide 形容詞 insight into ~「~に対する 形容詞 な洞察を与える」

💡 insight into ~「~に対する洞察力」の形でよく使います。into は「~の中へ」で、「~の中・本質まで見る」イメージです。

形 prospective 見込みのある・可能性のある

⊙「前を(pro)見る(spect)」→「見込み」です。spect「見る」は、inspect「中を見る」→「調べる」や respect「振り返って見る」→「尊敬する」で使われています。💡例2は at the prospect of ~「~を見込んで」の形です。「これからのことに想像を膨らませてワクワクしている」様子を表します。

▶ 新しい施設がより多くの顧客を呼び込むという見込み
※ a new facility は動名詞の意味上の主語

▶ 有名な広告代理店に入社することを見込んでワクワクしている

名 consensus 意見の一致

⊙「共 に (con) 感 じ る (sent = sense)」→「同意」です。病院での「インフォームド・コンセント」とは、「病状・治療方針を患者が知らされ(informed)、それに同意(consent)すること」です。💡 without express consent「明白な同意なしで」という表現も大事です(この express は形容詞で「明白な」)。

▶ 同意書

▶ 書面での同意なしで

⊙ビジネスやゲームで「次のフェイズ」と使われています。本来は「周期ごとに月の形が段階に応じて変わっていく様子」というカッコイイ意味なんです。initial「最初の」(124番)・next「次の」・final「最後の」などと相性が良い単語です。💡応用として、in phases「段階的に」という熟語もチェックを。

▶ プロジェクトの新たな段階に入る

▶ プロジェクトの最終段階を完了する

413

☐
☐
☐

asset

名 財産・貴重なもの

[ǽset]

▶ personal assets

▶ You're a valuable asset to our team.

414

☐
☐
☐

failure

名 失敗・故障

[féiljər]

▶ lead to the failure of the device

▶ Failure to perform regular vehicle maintenance may result in higher repair costs in the long run.

415

☐
☐
☐

engage

動 従事する・従事させる／（関心を）引き付ける

[ingéidʒ]

▶ be engaged in merger talks with a competitor

▶ engage the audience

416

☐
☐
☐

engagement

名 関わり／約束・予定

[ingéidʒmənt]

▶ active engagement with the local community

▶ due to a prior engagement

800

⊙本来「(お金などの)財産」ですが、「彼はこのチームの財産だ」のように「とても貴重な人」にも使えます。
💡Part 5でbe a[an] (great/valuable) asset to ~「～にとって貴重な人材だ」の形がよく問われますし、Part 7でも新入社員の紹介や求職者の推薦で「会社にとって貴重な人材」とよく使われます。

700

▶ 個人の財産

▶ 君はうちのチームにとって貴重な存在だ。

600

動 fail 失敗する

⊙fail「失敗する」の名詞形で、「機械の失敗」→「故障」の意味も大事です。
💡fail to ~「～しない・～できない」と同じく、名詞もfailure to ~「～しないこと・～の不履行」の形でよく使われます。Failure to ~ result in ...「～しないことで…になる」は何度も問われている重要パターンです。

500

▶ 機器の故障につながる

▶ 定期的な車のメンテナンスを怠ると、長期的には修理代が高くつくかもしれない。
※ "原因 result in 結果" の関係 / in the long run「長期的には」

形 engaging 魅力のある
形 engaged 忙しい・熱心な

⊙「気持ちを中に(en＝in)引き込んで関わらせる・巻き込む」イメージです。「仕事に巻き込む」→「従事させる」で、be engaged in ~・engage in ~「～に従事する」の両方が大事です。
💡「相手の気持ちをこちらに引き込む」→「(関心・注意などを)引き付ける」という意味もあります。

400

300

▶ 競合他社との合併協議に関わる

▶ 聴衆の関心をつかむ

200

⊙engageの名詞形で「関わり・関与・参加」です。SNSで「エンゲージメントが高い(ユーザーの関わりや参加度が高い)」と使われています。💡「用事に巻き込む」→「約束・予定」も重要です。TOEICではダブルブッキングが頻発するので、例2はよく出てきます(語彙問題でも狙われる)。

100

▶ 地域社会への積極的な関わり
※ engagement with[in] ~「～との関わり」

▶ 先約があるため

0

233

417

☐
☐
☐

commitment

[kəmítmənt]

名 関わり合い・献身・専念／約束・用事・義務

▶ our commitment to using only sustainable packaging

▶ due to a prior commitment

418

☐
☐
☐

accessible

[æksésəbl]

形 到達できる・利用できる・アクセスできる

▶ The Internet is accessible to all employees.

▶ be easily accessible by public transportation

419

☐
☐
☐

profound

[prəfáund]

形 深い・重大な

▶ profound changes in the industry

▶ have a profound impact on the success of the business

420

☐
☐
☐

dependent

[dipéndənt]

形 頼って・依存して

▶ be dependent on natural resources

▶ Pay raises are dependent on performance.

800

動 commit 捧げる・委ねる・専念する

⊙日本語でも「コミットする」「コミットメント」と言いますね。commitment to -ing「～するという取り組み・献身」の形が重要です(このtoは前置詞)。

700

▶ 持続可能な(再生利用可能な)包装だけを使うという取り組み

▶ 先約があるため
※≒ due to a prior engagement

💡「コミットするもの」→「用事」の意味もあり、prior commitmentは「以前の用事」→「先約」です。例2はそのまま語彙問題で狙われます。

600

名 動 access 到達・利用・アクセス／接近する・利用する・アクセスする

⊙「アクセス(access)されることができる(ible)」で、例1はbe accessible to ~「～が利用できる」の形です。

500

▶ インターネットは全従業員が利用できる。
※≒ All employees have Internet access.
(名詞)

▶ 公共交通機関で簡単に行くことができる

💡 accessも大事で、have access to a computerは「コンピューターへのアクセスを持っている」→「コンピューターにアクセスできる」です。

400

副 profoundly 深く・心から

⊙「グーッと深く浸透し、ジワジワと影響を与える」ようなイメージです。「変化・影響などが深い」→「大きな・重大な」の意味が大切です(後ろに「影響」系の単語がよくきます)。💡発展として、「知識などが深い」→「造詣が深い」という意味もあります。a profound thinkerは「造詣の深い思想家」です。

300

▶ その業界における重大な変化

▶ 事業の成功に大きな影響を与える
※have a 形容詞 impact on ~「~に 形容詞 な影響を与える」

200

動 depend 頼る・～次第だ
形 dependable 頼りになる・信頼できる
名 dependence 依存
形 independent 独立した・自立した

⊙ be dependent on A (for B)「Aに(Bを)頼っている」の形でよく使われます。onは「依存(～に頼って)」、forは「目的(～を求めて)」です。💡 dependと同じく「～次第で」といった意味もあり、S is dependent on O「SはO次第だ・SはOによって決まる」のようにも使えます。

100

▶ 天然資源に依存している

▶ 昇給は業績に応じて決まります。

0

421

generous
[dʒénərəs]

形 寛大な・気前の良い

▶ a generous donation

▶ Thank you for your generous offer.

422

representative
[rèprizéntətiv]

名 代表者・担当者
形 代表して

▶ a sales representative

▶ be representative of an industry trend

423

highly
[háili]

副 非常に・大いに

▶ a highly successful advertising campaign

▶ The film is highly recommended.

424

closely
[klóusli]

副 密接に・綿密に・注意
深く

▶ work closely with our team

▶ closely inspect each stage of the manufacturing process

800
700
600
500
400
300
200
100
0

名 generosity 寛大さ

▶ 寛大な寄付

▶ 寛大な申し出に感謝します。

◉ generation「世代」と関連があり、「生まれた世代が良い」→「寛大な・気前の良い」となりました。◉特に「お金での寛大さ・気前の良さ」に使われることが多く、Part 7で「寄付金」や「寛大支援・申し出」に感謝する際にもよく出ます。without her generous support は「彼女の惜しみない支援がなければ」です。

動 represent 表す・代表する

▶ 営業担当者・販売員
※≒ a sales rep ≒ a salesperson

▶ 業界のトレンドを代表している
※ be representative of ~「~を代表する・表している」

◉ represent「代表する」の名詞形で、TOEICでは「代表者」だけでなく「担当者」も大事です(repと略されることも多い)。◉ Part 5の品詞問題では、a representative from 会社「会社の代表者」の形でよく問われます。-iveで終わる単語は形容詞が多いですが、representative は「名詞」の用法も大切です。

▶ 大成功を収めた広告キャンペーン

▶ その映画はとてもお勧めされている。

◉ high「高い」にlyがついて、「(比喩的に)高い」→「非常に・大いに」となりました。実際の「高さ」ではなく「程度が高い」(≒ very)ことを表します。◉形容詞や-edを修飾することが多く、Part 5の語彙問題でも品詞問題でも非常によく狙われる超重要単語です(特にrecommendと相性が良い)。

▶ 私たちのチームと密接に仕事をする

▶ 製造工程の各段階を綿密に点検する

◉形容詞close は「近い」で、closely は「精神的に近づいて」→「密接に・綿密に・注意深く」を表します。◉ work closely with ~ は「密接に連携して仕事をする・頻繁に連絡を取りながら仕事をする」イメージです(Part 5で超頻出)。決して「物理的に近い場所で仕事をする」というわけではありません。

前置詞・接続詞③

【「条件」を表す従属接続詞】
- [ ] **if**「もし〜なら」
- [ ] **unless**「〜しない限り」
- [ ] **once**「いったん〜すれば・〜するとすぐに」
- [ ] **in case**「もしも〜の場合には・〜するといけないから」
- [ ] **as long as／so long as**「〜する限りは」
- [ ] **as far as／so far as**「〜する範囲内では」
- [ ] **in the event that ~**「万一〜する場合」
- [ ] **suppose／supposing／provided／providing**「もし〜なら」
- [ ] **assuming**「〜と仮定すれば」
- [ ] **granting／granted**「仮に〜としても」
- [ ] **given (the fact)**「〜を考慮すると・〜を仮定すると」
- [ ] **on (the) condition**「〜という条件で」

【例】Once the walls have been painted, furniture will be brought back to the room.
壁の塗装が終われば、家具は部屋に戻される。

【例】The photographs can be used, provided that the following terms are adhered to.
次の規約が順守されるという条件で、その写真は使用可能です。
※adhere to ~「〜を守る」(461番)

【例】Given that he's just joined the company, training should be his top priority.
彼は入社して間もないことを考慮すると、研修を最優先すべきだ。
※he'sはhe hasのこと(has joinedという現在完了形)

Chapter 3
スコアに変えていく

Section 3
Part 5で超頻出の「コロケーション」(2)

ここではコロケーションが大事、かつ「セットで押さえる」単語を扱います。実際にPart 5~7の語彙問題で問われたものを徹底的に分析し、得点につながる単語を厳選しました。似た意味の単語を効率よく一気にチェックできるだけでなく、Part 7の同義語問題対策としても効果的です。

Section 3　Part 5で超頻出の「コロケーション」⑵

425

☐
☐
☐

win

[wín]

動 勝つ・勝ち取る

▶ win approval

▶ win global recognition

426

☐
☐
☐

earn

[ə́ːrn]

動 得る・稼ぐ・もたらす

▶ earn a reputation for reliability

▶ Mr. Cullen's impressive sales results earned him a promotion to assistant manager.

427

☐
☐
☐

gain

[géin]

動 得る
名 利益・増加

▶ gain valuable experience

▶ gain access to customer data

428

☐
☐
☐

obtain

[əbtéin]

動 得る

▶ obtain a new password

▶ obtain permission from a manager

3-023

800

700

600

500

400

300

200

100

0

名 winner 受賞者
形 award-winning 受賞した・受賞歴
のある

⊙単に「勝つ」ではなく、「勝ち取る(≒get)」というイメージを持ってください。Part 3のスピーチやPart 7のコンテストで超頻出のwin an awardも「賞を勝ち取る」と理解できますね。
♀過去形wonは「ワン」と発音されるので、リスニングではoneと勘違いしないように注意が必要です。

▶ 承認を得る

▶ 世界的な評価を得る

名 earnings 収益

⊙earn money「お金を稼ぐ」は簡単ですが、TOEICでは目的語に「お金」以外をとることも多いです。winと同じく"earn ≒ get"と押さえておきましょう。♀例2はS earned him a promotion to ~ で、直訳「Sが彼に~への昇進をもたらした」→「Sが原因で彼は~に昇進した」となります。

▶ 信頼性で評判を得る

▶ Cullenさんは見事な営業成績を収めたので、係長に昇進した。
※earn 人 物「人に物をもたらす」("V 人 物" は原則「人に物を与える」という意味)

⊙栄養ドリンクの「リゲイン」は、「再び(re)エネルギーをゲットする(gain)」→「回復する」ということです。
♀「知識・経験」や「評判・人気」などプラスなものを得るときによく使います。gain knowledge「知識を得る」、gain a reputation「評判を得る」、gain popularity「人気を得る」です。

▶ 貴重な経験を積む

▶ 顧客データにアクセスする
※gain access to ~「~へのアクセスを得る」→「~にアクセスする・入る」

⊙getと同じ意味と考えればOKです。単語自体は難しくありませんが、Part 5の語彙問題でやたらと問われるので、しっかりチェックしておきましょう。♀obtain informationは「情報を得る」、obtain an identification badgeは「IDバッジを受け取る」です。

▶ 新しいパスワードを取得する

▶ 部長から許可を得る
※obtain A from B「BからAを得る」

429

secure

[sikjúər]

形 安全な
動 固定する・確保する

▶ A bicycle has been secured to a pole.

▶ secure a sufficient budget

430

implement

[ímpləmènt]

動 実行する

▶ implement a change

▶ implement a new regulation

431

execute

[éksikjùːt]

動 実行する

▶ execute a plan

▶ execute a social media campaign

432

enforce

[infɔ́ːrs]

動 施行する・実施する

▶ enforce a law

▷ The new regulation will come into force next month.

副 securely 安全に・しっかりと
名 security 安全

◉形容詞「安全な」は有名ですが、「安全な」→「(安全に)固定する」、「(手元に)固定する」→「確保する・得る」という動詞が重要です。secure funds は「資金を確保する」、secure a large order なら「大口注文を獲得する」です。◉Part 7の同義語問題で secure ≒ obtain が問われたこともあります。

▶ 自転車が柱に固定されている。
　※secure A to B「AをBに固定する」の受動態／Part 1頻出

▶ 十分な予算を確保する

名 implementation 実行

◉「正式な決定事項を実際に行動に移す」ことで、「計画・戦略・ルール・制度」などに対してよく使われます。◉語彙・品詞問題で非常によく狙われる単語です。"-ment" で終わる単語は名詞が多いですが、implement は動詞です。名詞の implementation「実行」ときちんと区別しましょう。

▶ 変更を行う・改革を実行する

▶ 新しい規則を実施する

名 executive 重役・エグゼクティブ
動 carry out 実行する

◉「考えを会議室の外に(ex)出す」→「実行する」と考えればOKです。名詞 executive「重役・エグゼクティブ」は有名ですが、元々は「会社の計画を実行する(execute)人」という意味なんです。◉同じ意味の carry out も「考えを会議室の外に(out)運ぶ(carry)」→「実行する」と考えればOKです。

▶ 計画を実行する

▶ SNS キャンペーンを実施する

名 enforcement (法律の)施行
動 come into force 施行される
動 take effect / go[come] into effect 効力を発する・実施される

◉「力(force)を持った状態にする(en)」→「施行する」です。「規則・法律・ルール」などと相性が良い単語で、Part 7で「新しい方針が実施される」ときによく出ます。◉come into force は「力(force)を持った状態の中に(into)くる(come)」→「効力を発する・施行される」という熟語です。

▶ 法律を施行する

▷ 来月から新しいルールが施行される予定だ。

Section 3　Part 5で超頻出の「コロケーション」(2)

433

recover

動 取り戻す・回復する

[rikʌ́vər]

▶ recover from a cold

▶ recover lost market share

434

restore

動 回復する・復元する・修復する

[ristɔ́:r]

▶ restore customer satisfaction

▶ restore a computer's hard drive from a backup

435

retrieve

動 回収する・取り戻す

[ritrí:v]

▶ retrieve my phone from the lost and found

▶ retrieve the lost data

436

emphasize

動 強調する

[émfəsàiz]

▶ emphasize the importance of cooperation

▷ place emphasis on teamwork

800

名 recovery 回復

700

⊙本来「再び(re)覆う(cover)」で、「傷口が覆われて元に戻る」イメージです。「(体調が)回復する」の意味は有名ですが、TOEICでは「(損失などを)取り戻す・回復する」の意味でもよく使われます。🔮他にrecover the costs「費用を回収する」／recover losses「損失を取り戻す」もビジネスで頻出です。

▶ 風邪から回復する

▶ 失った市場シェアを取り戻す
※lost「失われた」→「失った」

600

名 restoration 修復・復興

⊙本来「取り戻す・元の状態に戻す」です。「満足度・信頼を取り戻す」→「回復する」、「データを取り戻す」→「復元する」となりました。🔮「建物などの元の状態を取り戻す」→「修復する」の意味も大切で、restore an old buildingは「古い建物を修復する」です(TOEICで「建物の改修・修復」の話は頻出)。

▶ 顧客満足度を回復する

▶ バックアップから、パソコンのハードドライブを復元する

500

400

⊙「ゴールデンレトリバー(golden retriever)」は「ハンターが撃ち落とした獲物を持って帰ってくる犬」です。🔮「(物を)回収する・受け取る」という意味に加えて、「(データ・情報などを)取り戻す・復元する」という意味も大事です。TOEICでは「紛失物」や「パソコンの故障」の話がよく出ます。

▶ 遺失物取扱所からスマホを取ってくる

▶ 失われたデータを復旧する
※≒ recover[restore] the lost data

300

200

名 emphasis 強調・重点

⊙emphasize the importance of ~「~の重要性を強調する」は超重要フレーズで、品詞・語彙問題でよく問われます。🔮place[put] (an) emphasis on ~は「~に重点を置く」→「~を重視する・強調する」、with emphasis on ~は「~に重点を置いて・~を強調して」です。

▶ 協力の大切さを強調する

▷ チームワークを重んじる

100

0

437

stress
[strés]

動 強調する
名 ストレス・強調

▶ stress the importance of keeping within budget

▷ feel stressed out

438

highlight
[háilàit]

動 強調する
名 最も重要な部分・見どころ

▶ highlight the need for a new marketing strategy

▶ The highlight of our trip to Paris was climbing the Eiffel Tower.

439

exceed
[iksí:d]

動 上回る・超える

▶ exceed one's goal

▶ meet or exceed customers' expectations

440

excel
[iksél]

動 優れている・勝る

▶ excel at coming up with unique product ideas

▶ excel in sports

形 stressful ストレスが多い
形 stressed ストレスがたまって

⊙本来「圧力」で、そこから有名な「ストレス(精神的圧力)」という意味が生まれました。「圧力をかける・強く押す」→「強調する」という動詞が大事です。💬be stressedで「ストレスがかけられた」→「ストレスがかかって」となります。stressfulは「ストレス(stress)が多い(ful)」です。

▶ 予算内に収めることの重要性を強調する
　※ within budget「予算内に」(207番)

▷ ストレスで疲れ切っている
　※ feel stressed「ストレスを感じている」だけでもOK(outは強調)

⊙本来「強く(high)ライト(light)を当てる」で、「光を当てて目立たせる・強調する」イメージです。スポーツニュースなどで「試合のハイライト」と使われています。ちなみに「蛍光ペン」は英語でhighlighterです(マーカーを塗って強調するイメージ)。💬「強調する」を表す underline と underscore もセットで押さえておきましょう。

▶ 新しいマーケティング戦略の必要性を強調する

▶ 私たちのパリ旅行のハイライトは、エッフェル塔に登ることでした。

名 形 excess 超過／余分な
形 excessive 過度の
動 surpass 上回る・超える

⊙「普通よりも外へ(ex)進む(ceed)」→「上回る・超える」です。「目標・売上予測・期待などを上回る」とよく使われます。💬surpass「上を(sur)過ぎる・パスする(pass)」→「超える」も大事です。exceed expectations ≒ surpass expectations「期待を超える」は語彙問題で定番のフレーズです。

▶ 目標を超える

▶ 顧客の期待に応える、または期待を超える
　※ meet[exceed] one's expectations「期待に応える[を超える]」

名 excellence 優秀さ
形 excellent 優秀な

⊙excellent「素晴らしい・優れた」の動詞形で、「優れた」→「優れている・他に勝っている」ということです。💬excel at ~「~の一点において(at)優れている」→「~が優れている」の形でよく使います(Part 5の語彙問題でも出題実績あり)。例2のように「範囲・分野(~において)」を表すinも使えます。

▶ ユニークな製品のアイディアを考え出すのに優れている

▶ スポーツに秀でている

Section 3　Part 5で超頻出の「コロケーション」(2)

441 attract

動 引き付ける

[ətrǽkt]

▶ attract many tourists to the city

▶ be attracted to the idea of working from home

442 draw

動 引く・描く

[drɔ́ː]

▶ draw people's attention

▶ draw a conclusion from the data

443 appeal

動 (心に)訴える・興味を引く
名 訴え・魅力

[əpíːl]

▶ appeal to younger consumers

▷ make the packaging appealing

444 generate

動 生み出す

[dʒénərèit]

▶ generate electricity from the wind

▶ generate interest

800

形 attractive 魅力的な
名 attraction 魅力・呼び物・(観光の)名所

◉「～に向けて(at)引っ張る(tract)」→「引き付ける」です。atは「ピッと力強く向ける」イメージ、tractはtractor「トラクター(農作業で引っ張る機械)」で使われています。 ◉例2は「人の心をピッと引く」イメージで、be attracted to ~「～に興味を引き付けられる」→「～に魅力を感じる」です。

▶ 多くの観光客をその都市に呼び寄せる
 ※attract A to B「AをBに引き付ける」

▶ 在宅勤務という考えに魅力を感じる

700

600

名 drawer 引き出し
名 drawing スケッチ・図面/抽選

◉本来は「引く」で、「線を引く」→「描く」の意味が有名ですね。 ◉Part 7の同義語問題でdraw ≒ attractが出題済みです。例1はattract people's attention や call people's attentionで言い換え可能です(このcallは「注意を呼ぶ」という感じ)。

▶ 人々の注目を集める

▶ そのデータから結論を引き出す
 ※「引く」→「(結論を)引き出す」

500

400

形 appealing 魅力的な

◉「自己アピール」とは「自分の長所を相手の心に訴える」ことです。同義語問題でappeal to ≒ attractが出題されたこともあります。 ◉例2のappealingは「心に訴えるような」→「魅力的な」です(こちらも語彙問題で出題実績あり)。ビジネスで「自社の商品を魅力的にする」ことは欠かせませんね。

▶ より若い消費者の興味を引く
 ※appeal to ~「～の心に訴えかける・～の興味を引く」

▷ パッケージをより魅力的にする

300

200

名 generation 世代

◉generは「生み出す」という意味です(generation「世代」は本来「同時代に生まれた人」です)。また、発電機(電力を生み出す機械)を「ジェネレーター」と言います。 ◉「電気を生み出す・発電する」の意味もありますが、TOEICでは「利益・売上を生み出す」や「気持ちを生む」という意味も重要です。

▶ 風力発電を行う

▶ 関心を生む

100

0

Section 3　Part 5で超頻出の「コロケーション」(2)

445

☐
☐
☐

yield

[jíːld]

動 産出する・生み出す
名 産出物・出来高

▶ yield positive results

▶ increase crop yields

446

☐
☐
☐

revise

[riváiz]

動 修正する・改定する

▶ revise a report

▷ make some revisions to the instruction manual

447

☐
☐
☐

amend

[əménd]

動 修正する・改正する

▶ amend the company dress code

▷ make an amendment to the meeting minutes

448

☐
☐
☐

alteration

[ɔ̀ːltəréiʃən]

名 変更・(衣服の)寸法
直し

▶ make alterations to the original plan

▶ have a suit measured for alterations

◀)) 3-028

800

700

600

500

400

300

200

100

0

⊙本来「与える」で、「土地が資源を与える」→「産出する」、「結果・利益などを与える」→「生み出す・もたらす」となりました。Part 7の同義語問題でyield ≒ produceが出題されています。◎応用として「ビジネスでの産出」→「出来高・利益・利回り」の意味もあります（例：bond yield「債券の利回り」）。

▶ 良い結果をもたらす
※≒ generate positive results

▶ 農作物の収穫量を増やす

名 revision 修正・改定

⊙「再び(re)見る(vise = vision)」→「(見直して)修正する」です。名詞形も大事で、make a revision to ~ は直訳「〜に対して修正を作る」→「〜を修正する」です。◎TOEICでは文書・予定表・予算などあらゆるものが頻繁に「修正・変更」されるので、とにかくよく出る単語です。

▶ 報告書を修正する

▷ 取扱説明書にいくつか修正を加える
※≒ revise the instruction manual

名 amendment 修正・改正
動 modify 修正する・変更する
名 modification 修正・変更

⊙mend「直す」と関連のある単語で、「(公的な)文書や契約・規則を変える」場合によく使われます。reviseの例と同じく、名詞形を使って make an amendment to ~「〜を修正する」と表すこともできます。◎modify「特定の状態・モード(mod = mode)に合わせる(-ify)」→「修正・変更する」も大事です。

▶ 会社の服装規定を修正する

▷ 議事録を修正する
※≒ amend the meeting minutes

動 alter 変える

⊙alter「変える」は alternative「代わりの」、alternate「交互の」で使われています。その名詞形がalterationで、make an alteration to ~「〜を変更する」の形でよく使います。◎「衣服のサイズを人に合わせて変更する」→「(衣服の)寸法直し」という意味もあり、主にPart 7で出てきます。

▶ 当初の計画を変更する

▶ 寸法直しのためにスーツを測定してもらう
※have O p.p.「Oを〜してもらう」

449

recognize

[rékəgnàiz]

動 認識できる・認める／
評価する・表彰する

▶ recognize him right away

▶ recognize an employee for her accomplishments

450

recognition

[rèkəgníʃən]

名 認識・認知・評価

▶ increase a company's brand recognition

▶ in recognition of your dedication and hard work

451

honor

[ánər]

動 表彰する・(約束などを)
守る
名 名誉

▶ honor him for his lifetime of service to our company

▶ honor a commitment

452

acknowledge

[æknálidʒ]

動 認める・(受領を)知ら
せる・感謝する

▶ acknowledge the receipt of your e-mail

▶ acknowledge a coworker

⊙「再び(re)わかる(cognize)」→「認識する・認める」です。💡TOEICでは「(功績・良い評価を)認める」→「評価する・表彰する」が重要で、recognize 人 for ~「~のことで人を評価する」の形でよく使います(for は「理由」)。「会社の10周年記念」や「社員の表彰」の話題が頻出です。

▶ すぐに彼だとわかる

▶ 従業員の業績を称える

⊙「認識されること」→「認知(度)」や、「(功績・良い評価を)認めること」→「評価・表彰」の意味が大切です。in recognition of ~「~を評価して・称えて」の形でよく使われます。
💡似た意味の in honor of ~ / in observance of ~ / in celebration of ~ もセットで押さえておきましょう。

▶ 企業のブランド認知度を上げる

▶ あなたの献身と努力を称えて

形 honorable 名誉ある・立派な

⊙動詞「名誉を授ける」→「表彰する・称える」が大事です。honor 人 for ~「~で人を称える」や be honored to ~「~して光栄に思わされた」→「~して光栄に思う」の形でよく使います。
💡「(約束などを)守る」の意味もあり、honor a contract・honor an agreement は「契約を守る」です。

▶ 彼がわが社に生涯勤務してくれたことを称える
※service「勤務」(347番)

▶ 約束を守る
※≒ fulfill a commitment(396番)

名 acknowledgement 受け取り通知書・謝辞

⊙ knowledge「知識」に注目して、「(知っていたことを)認める」と考えればOKです。acknowledge a mistake「間違いを認める」です。💡見落としがちですが、TOEICでは「(受け取ったことを)認める」→「(受領を)知らせる」、「(相手がしてくれた行為を)認める」→「感謝する」の意味が超重要です。

▶ あなたからメールを受け取ったことを知らせる

▶ 同僚に感謝の意を表す

453

undertake

動 引き受ける・着手する

[ʌ̀ndərtéik]

▶ undertake a big project

▶ undertake the task of restoring the historic lighthouse

454

embark

動 乗り出す・開始する

[imbɑ́ːrk]

▶ embark on an ambitious undertaking

▶ embark on a new career as a choreographer

455

ease

名 容易さ・気楽さ
動 軽減する・和らげる

[íːz]

▶ find the museum with relative ease

▶ ease traffic congestion

456

relieve

動 取り除く・和らげる・安心させる

[rilíːv]

▶ add additional lanes to relieve traffic congestion

▶ I feel relieved that I don't have to give a speech after all.

800

700

600

500

400

300

200

100

0

名 undertaking 仕事・事業

⊙「仕事を自分の下へ(under)取ってくる(take)」イメージを持つといいでしょう。「(長期間かかる仕事・プロジェクトなどに)着手する」ときによく使います。◎名詞形 undertaking は「引き受けたこと」→「仕事・事業」で、たまにリーディングで出てきます。a major undertaking は「大事業」です。

▶ 大きなプロジェクトを引き受ける

▶ 歴史的に重要な灯台の改修工事を引き受ける
　※lighthouse「灯台」(726番)

動 disembark （乗り物から）降ろす・降りる

⊙本来は「小型船(bark)の中に乗り込む(em = in)」→「乗船する」で、embark on a ship は「船に乗り込む」です。「新しい仕事に乗り込む」→「乗り出す・開始する」となりました。embark on ~「(事業を)開始する」の形が大切です。◎例2にある choreographer「振付師」は TOEIC に登場する職業です。

▶ 大掛かりな事業を開始する

▶ 振付師としての新しいキャリアを始める

形 easy 簡単な
副 easily 簡単に

⊙easy「簡単な」から考えれば簡単ですね。with ease「簡単さを持って」→「簡単に」(≒ easily)、feel at ease「気楽な状態を感じる」→「くつろぐ」は重要です。◎動詞「軽減する」も大事で、「痛み・負担・渋滞」を軽減する際によく使われます。応用として alleviate・mitigate「軽減する」もチェックを。

▶ 比較的容易に博物館を見つける

▶ 交通渋滞を緩和する

名 relief 除去・安心
形 relieved ほっとした

⊙「負荷を取り除く」イメージで、relieve stress「ストレスを緩和する」／relieve traffic congestion「渋滞を緩和する」のように使えます(ease に似たイメージ)。◎「不安を取り除く」→「安心させる」の意味も大事で、be relieved「安心させられた」→「安心した」です(例2では be の代わりに feel が使われている)。

▶ 交通渋滞を緩和するために追加の車線を設ける

▶ 結局スピーチしなくてもよくなって、ホッとしてるよ。

457

adjacent

形 隣接した・近い

[ədʒéisnt]

▶ be located adjacent to the library

▶ work at adjacent desks

458

proximity

名 近いこと

[prɑksíməti]

▶ be situated in close proximity to the station

▶ choose a restaurant for the luncheon because of its proximity to the office

459

conform

動 (規則などに)従う・一致する

[kənfɔ́ːrm]

▶ conform to the regulations

▷ be carried out in conformity with local laws

460

comply

動 (規則などに)従う・応じる

[kəmplái]

▶ comply with safety guidelines

▷ be in compliance with all standards

800

⊙「近くに(ad)横たわる(jacent)」→「隣接した・近い」です。難しい単語ですが、TOEICではよく登場しますし、adjacent to ~「〜の隣に・〜に近い」が語彙問題で狙われることもあります。♀ Part 7では「立地条件」が設問で狙われやすく、その際の解答のキーになることもあります。

700

▶ 図書館の隣に位置している

▶ 隣(同士)の机で仕事をする

600

名 vicinity 近いこと

⊙ proxim は「近い」(approximately「〜に近い」→「約」)で、proximity は「近いこと・近辺」です。in (close) proximity to ~「〜に(とても)近い」の形が Part 5 でよく狙われます。♀ in the vicinity of ~ も「〜の近所(vicinity of ~)の範囲内に(in)」→「〜の近くに」という重要表現です。

500

▶ 駅のとても近くに位置している

▶ オフィスに近いという理由で、昼食会のレストランを選ぶ
　※ luncheon「昼食会」(674番)

名 conformity 順守・一致

⊙「一緒に(com)形作る(form)」→「みんなで1つのものを作り上げる」→「(ルールに)従う」となりました。♀ conform to[with] ~「〜に従う」の形が重要です。to は「方向・到達」→「一致」で、「ルールに一致する」イメージです。with は「関連(〜について)」を表しています。

400

▶ 規則に従う

▷ 地元の法律に従って実行される
　※ in conformity with ~「〜について順守した状態で」→「〜に従って・一致して」

300

名 compliance 順守・コンプライアンス
形 compliant 従順な・順守する

⊙「コンプライアンス」とは compliance「従うこと」です。その動詞形が comply で、comply with ~「〜に従う」の形が大事です。♀ 名詞は be in compliance with ~「〜について順守した状態で」→「〜を順守して・〜に従って」、形容詞は be compliant with ~「〜を順守して」の形でよく使います。

200

▶ 安全基準に従う

▷ すべての基準に従って

100

0

461

adhere

[ædhíər]

動 くっつける・(規則など に)従う

▶ adhere decorations to the wall

▶ adhere to the terms of the contract

462

project

動 [prədʒékt]　名 [prádʒekt]

動 見積もる・予測する
名 プロジェクト

▶ the projected budget

▶ be projected to rise by five percent

463

slate

[sléit]

動 予定に入れる
名 候補者名簿・予定表

▶ The video conference is slated to start at 4:00 P.M.

▶ The meeting is slated for June.

464

familiarize

[fəmíljəràiz]

動 慣れさせる・習熟させる

▶ This session is to familiarize employees with the new software.

▶ Please familiarize yourself with all of our services before meeting with clients.

800

名 adherence 付着・順守	⊙本来「~へ向けて(ad)くっつく(here)」で、例1はadhere A to B「AをBにくっつける・付着させる」です。🔎adhere to ~「~(ルール)にくっつく」→「従う・守る」の形も重要です。名詞形adherenceも同じく後ろにtoをとり、adherence to ~「~の固守・~を守ること」の形でよく使います。
▶ 装飾物を壁にくっつける	
▶ 契約条件を守る	

700

名 projection 予測 **名 projector** プロジェクター・投影機	⊙「前に(pro)投げる(ject)」→「見積もる・予測する」という動詞が大事です。同義語問題でproject that ~ ≒ estimate that ~「~だと見積もる」が出題済みです。🔎be projected to ~「~すると見込まれている」/be set to ~「~しそうだ」/be scheduled to ~・be due to ~「~する予定だ」を押さえておきましょう。
▶ 予算の見積もり(見積もられた予算)	
▶ 5%上昇すると見込まれている	

600

500

	⊙元々「石板」で、「(石板に)予定を書き込む」と考えればOKです。かなり難しい表現ですが、Part 5でbe slated to ~「~する予定だ」が狙われることもあります。🔎例2はbe slated for ~「~に予定されている」の形で、forは「方向性(~に向けて)」を表します。
▶ テレビ会議は午後4時に始まる予定だ。	
▶ その会議は6月に予定されている。	

400

300

形 familiar 精通している・なじみがある **名 familiarity** 精通していること	⊙「なじみがある状態(familiar)にさせる・詳しくさせる」です。familiarize 人 with ~ で、直訳「~に関して、人をなじみがある状態にさせる」→「人に~をよく理解させる・精通させる」となります。🔎familiarize oneself with ~「自分自身に~をよく理解させる」→「~をよく理解しておく」も重要です。
▶ このセッションは、従業員に新しいソフトに慣れてもらうためのものです。	
▶ クライアントと会う前に、当社のすべてのサービスに詳しくなっておいてください。	

200

100

0

Section 3　Part 5で超頻出の「コロケーション」⑵

465

accustom

[əkʌ́stəm]

動 慣れさせる

▶ be accustomed to working late

▶ help an employee get accustomed to the new procedures

466

acclimate

[ǽkləmèit]

動 慣れる・慣れさせる

▶ acclimate to life in the suburbs

▶ acclimate myself to working at the new office

467

adapt

[ədǽpt]

動 適応する・適応させる／改作する

▶ adapt quickly to changes in the market

▶ adapt the novel into a movie

468

tailor

[téilər]

名 仕立屋
動 仕立てる・(目的や条件に)合わせる

▶ The sewing workshop is intended for tailors.

▶ tailor personal training sessions to clients' fitness goals

800

700

600

▶ 遅くまで働くことに慣れている

▶ 従業員が新しい手順に慣れるよう手伝う

⊙ custom「習慣」から、accustom は「慣れさせる」となります。be accustomed to -ing「～することに慣れさせられている」→「～に慣れている」です。to は不定詞ではなく前置詞なので、後ろには「名詞・動名詞」がきます。
♀ get accustomed to ~ は「～に慣れる」です(be の代わりに get を使って変化を表す)。

500

▶ 郊外での生活に慣れる

▶ 新オフィスで働くのに慣れる
　※ acclimate oneself to ~「自分自身を～に慣れさせる」→「～に慣れる」(≒ get[become] acclimated to ~)

⊙ clin・clim は「傾く」で、「リクライニングシート(reclining seat)」は「後ろに傾く座席」ですね。acclimate は「新しい方向に(ad)傾く」→「慣れる」です。♀ 自動詞で acclimate to ~「～に慣れる」、他動詞で acclimate A to B「A を B に慣れさせる」の形が重要です。

400

名 adaptation　適応・順応・改作物
名 adaptability　適応力・順応性

▶ 市場の変化にすぐに適応する
　※ adapt to ~「～に適応する」の間に副詞 quickly が入った形

▶ その小説を映画化する

⊙「電源アダプター(adapter)」とは「交流電流を、PC などの直流電流に適応させるもの」です。adapt to ~「～に適応する・順応する」や adapt A to B「A を B に適応させる」の形でよく使います。♀ Part 4・7 の「著書を映画化する」といった話で、adapt A into B「A を B に改作する」も使われます。

300

200

▶ その裁縫の講習会は仕立屋(洋裁師)を対象にしたものだ。
　※ sewing「裁縫」

▶ パーソナルトレーニング講習を、お客様の健康目標に合わせる

⊙ tail には「切る」の意味があり(detail は「細かく切る」→「詳細」)、tailor は「布を切って服を作る人」→「仕立屋」です。♀「服を合わせる」→「(対象・目的・条件などに)合わせる」で、tailor A to B「A を B に合わせる」も大事です。Part 7 の同義語問題で、tailor ≒ adapt も出題されています。

100

0

Section 3　Part 5で超頻出の「コロケーション」(2)

469 devote

動 捧げる・専念する

[divóut]

▶ devote all one's time to doing research

▶ be devoted to offering excellent customer service

470 dedicate

動 捧げる・専念する

[dédikèit]

▶ dedicate oneself to teaching English

▶ host a temporary exhibition dedicated to Picasso's work

471 commit

動 委ねる・捧げる・専念する

[kəmít]

▶ commit funds to a specific project

▶ be committed to hiring talented engineers

472 factor

名 要因

[fǽktər]

▶ a key factor for stimulating the economy

▶ Open communication is a crucial factor in employee job satisfaction.

700

600

500

400

名 devotion 献身・専念
形 devoted 献身的な・特化した

⊙本来「捧げると誓う(vote)」→「捧げる」です。devote A to B「AをBに捧げる・充てる」の形が基本です(toは前置詞)。💬devote oneself to ~「自分を~に捧げる」→「~に専念する」、それを受動態にしたbe devoted to ~「自分が~に捧げられる」→「~に専念する・~に特化する」が重要です。

▶ 研究に専念する
　※直訳「すべての時間を研究するのに捧げる」

▶ 素晴らしい顧客サービスの提供に専念する

名 dedication 献身・専念
形 dedicated 献身的な・特化した

⊙devoteと意味も形も同じで、dedicate A to B「AをBに捧げる・充てる」／ dedicate oneself to ~・be dedicated to ~「~に専念する」です。💬dedicated「捧げられた」→「特化した・専用の」という意味も大切で、「1つのテーマを扱った・ある目的に特化した」イメージです。

▶ 英語教育に専念する

▶ ピカソの作品に特化した特別展示を開く

名 commitment 関わり合い・献身・専念／約束・用事・義務

⊙本来「委ねる」で、committee「委員会」は「委ねられた人」のことです。commit A to B「AをBに捧げる・充てる」の形が基本です(toは前置詞)。commit oneself to ~「~に自分自身を委ねる」→「~に自分を捧げる・専念する」、それを受動態にしたbe committed to ~「~に専念する」が大事です。

▶ 資金を特定のプロジェクトに充てる
　※必ず特定のプロジェクトに資金を使う(他の用途に絶対使わない)と約束するイメージ

▶ 才能あるエンジニアを雇うことに専念する
　※talented「才能ある」

300

200

100

0

⊙日本語でも「重要なファクター(要因・要素)」と使います。a key factor「重要な要因」は大事な表現で、この形がPart 5の語彙問題で何度も問われています。💬keyの代わりに、important・crucial「重要な」やdecisive・deciding・determining「決定的な」などもよく使われます。

▶ 経済を活性化する主な要因
　※stimulate「刺激する・活性化する」

▶ オープンなコミュニケーションは、従業員の働きがいに欠かせない要因だ。
　※job satisfaction「仕事の満足度」

473

component

[kəmpóunənt]

名 構成要素・部品

▶ a key component of the strategy

▶ assemble electronic components

474

timely

[táimli]

形 タイミングの良い・早急な

▶ timely advice

▶ timely arrival

475

manner

[mǽnər]

名 方法・態度・行儀・風習

▶ in a timely manner

▶ conduct oneself in a professional manner at all times

476

convenience

[kənví:njəns]

名 便利・都合

▶ We are open until 7 P.M. on Fridays for your convenience.

▶ Could you please get back to me at your earliest convenience?

🔊 3-035

800

700

600

500

400

300

200

100

0

⊙オーディオ機器の「コンポ (component)」は音楽を聴くための「スピーカー・アンプ・プレーヤーなど、それぞれの構成要素・部品が集まったもの」です。a key component of ~「〜の大事な要素」の形が重要です。💡TOEICで「工場／製品の修理・交換」の話は頻出なので、「部品」の意味もチェックしてください。

▶ 戦略の大事な要素

▶ 電子部品を組み立てる
※assemble「組み立てる」(745番)

⊙多くの単語は「形容詞+ly＝副詞」ですが、timely は「名詞+ly＝形容詞」で形容詞の用法がメインです(副詞もありますが気にしなくて大丈夫です)。💡辞書では「時を得た」と載っていることもありますが、「タイミングの良い・(ちょうど時間に)間に合うような」と考えればOKです。

▶ タイミングの良いアドバイス

▶ タイミングの良い到着

名 fashion 方法・流行

⊙本来「ふるまう方法」で、「行動の方法」→「態度」、「食事などの方法」→「行儀・風習」となりました(「行儀・風習」には多くのことが含まれるので複数形で使う)。💡fashion は服装をイメージしがちですが、こちらも「方法」が大事です。例1は in a timely fashion でも同じ意味になります。

▶ タイミング良く・早急に
※直訳「タイミングの良い方法で」

▶ 常にプロらしく(プロフェッショナルにふさわしい方法で)ふるまう
※conduct oneself「ふるまう」

形 convenient 便利な
副 conveniently 便利に

⊙「コンビニエンスストア」とは「便利な店」のことです。for one's convenience は訳しにくいですが、「人にとってプラスになるように・人がもっと便利に使えるように」というイメージです。💡at one's earliest convenience「最も早い都合がつくときに」→「都合がつき次第・なるべく早く」も重要表現です。

▶ お客様の(利便性の)ために、当店は金曜日は午後7時まで営業しております。

▶ ご都合がつき次第、折り返しご連絡いただけますか?

Section 3　Part 5で超頻出の「コロケーション」(2)

477

inconvenience

[ìnkənví:niəns]

名 不便
動 不便な思いをさせる

▶ We apologize in advance for any inconvenience this may cause.

▶ I hope this won't inconvenience you.

478

solid

[sálid]

形 強固な・しっかりした

▶ build a house on solid ground

▶ have a solid reputation for reliability

479

robust

[roubÁst]

形 強固な・力強い・安定した

▶ build a robust relationship with clients

▶ Online sales have been robust this quarter.

480

extensive

[iksténsiv]

形 広範囲にわたる・大規模な

▶ carry out extensive research

▶ have extensive knowledge of semiconductor manufacturing processes

800

形 inconvenient 不便な

700

▶ ご迷惑をおかけしますが、何卒よろしくお願いいたします。

▶ これがあなたに迷惑をかけないことを願っています。

600

⊙「便利さ（convenience）の反対（in）」→「不便」です。例1の直訳は「これが引き起こすかもしれないどんな迷惑に対しても、前もって謝ります」で、工事や休業のお知らせで使われる定型文です（この英文自体がPart 6で正解の選択肢になったりします）。💡応用として、動詞「不便な思いをさせる・迷惑をかける」もチェックを。

動 solidify 固める・強固にする

▶ 頑丈な地面（硬い地盤）に家を建てる

▶ 信頼性に定評がある
※直訳「信頼性に対してしっかりした評判を持つ」

⊙ヘアワックスの「ソリッドタイプ」は「髪をガチガチに固める、固体のタイプ」です。💡TOEICでは「固体の・頑丈な」→「強固な・しっかりした」という意味が大事です。build a solid foundationは「強固な土台を構築する」です。Part 7の同義語問題でsolid ≒ thorough（482番）の出題例もあります。

500

400

⊙本来は「オークの木のように強い」という意味で、「頑丈な」→「強固な・力強い・安定した」となりました。「順調に進んでいる・失敗しそうにない」といったイメージです。💡 robust growth「大幅な成長」／ a robust recovery「力強い回復」／ robust demand「力強い需要」も頻出です。

▶ 顧客と堅固な関係を築く

▶ 当四半期のオンラインでの売上は堅調だ。

300

200

動 extend 延長する／広がる・広げる／与える・伝える
名 extension 拡張・延長・内線

▶ 広範囲にわたる調査を行う

▶ 半導体の製造工程について広範囲の知識を持っている
※semiconductor「半導体」

⊙「様々な分野に延長する（extend）ような」→「広範囲にわたる」です。地味な単語ですが、Part 5の品詞・語彙問題でも超頻出です。💡 Part 7の求人では、extensive knowledge「幅広い知識」やextensive experience in ~「〜における幅広い経験」が求められることも多いです。

100

0

Section 3　Part 5で超頻出の「コロケーション」(2)

481

comprehensive

[kàmprihénsiv]

形 広範囲にわたる・包括的な

▶ conduct a comprehensive survey

▶ develop a comprehensive strategy for decreasing the company's expenses

482

thorough

[θə́:rou | θʌ́rə]

形 徹底的な・完全な

▶ a thorough cleaning

▶ require a thorough understanding of the business

483

exhaustive

[igzɔ́:stiv]

形 徹底的な・網羅的な

▶ an exhaustive investigation

▶ an exhaustive list of her publications

484

range

[réindʒ]

名 範囲・幅
動 及ぶ

▶ have knowledge on a wide range of topics

▶ The hotel offers activities ranging from snorkeling to helicopter tours.

800

名 comprehension 理解
動 comprehend 理解する

⊙ comprehension「理解」の形容詞で、「理解力がある」→「多くのものを頭に含むことができる」→「広範囲にわたる・包括的な」となります。
💬「必要なものをすべて含んだ」というイメージで、extensive knowledge ≒ comprehensive knowledge「広範囲の（包括的な）知識」です。

700

▶ 包括的な調査を行う

▶ 会社の経費を減らすための包括的な戦略を練り上げる

600

副 thoroughly 徹底的に・完全に

⊙発音は「サーロウ」「サラ」と2種類ありますが、「サラブレッド (thoroughbred)」=「完全な育ちの純血馬」と関連づけると覚えやすいでしょう。後ろには「調査・清掃・点検・評価」などがよくきます。💬つづりの似た through「～を通して」／though「～だけれども」／thought「考え」の混同に注意を。

500

▶ 徹底的な清掃

▶ その事業を完璧に理解しておく必要がある
　※直訳「～の完璧な理解が必要だ」

動 exhaust 疲れさせる・使い果たす
形 exhausting 疲れさせる
形 exhausted 疲れ切った

⊙ exhaust は本来「徹底的に使う」で、exhaustive は「研究テーマを徹底的に論じ尽くす」→「徹底的な／網羅的な・すべての」となりました。💬 comprehensive「包括的な」や thorough「徹底的な」との言い換えが狙われることもあります。

400

300

▶ 徹底的な調査
　※≒ a thorough investigation

▶ 彼女の出版物の全リスト
　※ publication「出版物」

200

名 動 span 期間／及ぶ

⊙サッカーの「シュートレンジ」とは「シュートが打てる範囲」です（正確な発音は「レインジ」）。a wide range of ～「幅広い～」は頻出表現です（≒ a wide variety of ～）。💬動詞としては、range from A to B「AからBに及ぶ」の形が大事です。range の範囲を from A to B で示します。

100

▶ 幅広い分野の知識を持っている

▶ そのホテルは、シュノーケリングからヘリコプター・ツアーまで幅広くアクティビティを提供しています。

0

Section 3　Part 5で超頻出の「コロケーション」(2)

485

☐
☐
☐

selection

名 選択・品揃え・選考

[silékʃən]

▶ The store boasts a wide selection of carpets.

▶ hire a new sales director after a long selection process

486

☐
☐
☐

assorted

形 各種組み合わせの

[əsɔ́:rtid]

▶ a box of assorted chocolates

▷ a buffet with a wide assortment of dishes

487

☐
☐
☐

array

名 配列・多数

[əréi]

▶ an array of employee benefits

▶ come in a vast array of sizes

488

☐
☐
☐

willing

形 ～するのをいとわない・意欲のある

[wíliŋ]

▶ be willing to work overtime

▷ A willingness to work in a hectic office environment is a must.

動 select 選ぶ

⊙ select の名詞形で、「選択」→「選ばれた物」→「(お店)の品揃え」となりました。日本語でも「〇〇セレクション」のように使われたりします。a wide selection of ~「~の多様な品揃え」の形が Part 5 でよく狙われます。
💡求人やコンテストの応募要項では「選考」の意味でも使われます。

▶ その店はカーペットの豊富な品揃えを誇っています。
※boast「(良い物を)持っている」(216番)

▶ 長い選考過程を経て、新しい営業部長を採用する

動 assort 分類する・各種取り揃える
名 assortment 各種組み合わせ

⊙ assort は「種類(sort = kind)に分ける」→「分類する」で、assorted は「種類別に分類された」→「各種組み合わせの」です。高級チョコやお菓子の「詰め合わせ」に assorted と書かれていることがあります。💡a wide assortment of ~「各種詰め合わせの~・幅広い種類の~」も大事な表現です。

▶ チョコレートの詰め合わせボックス

▷ 多彩な料理が揃ったビュッフェ

⊙「arrange(並べる)すると array」と覚えれば OK です。an array of ~「配列された~」→「ずらりと並んだ・たくさんの~」の形でよく出ます。
💡 例 2 の come in 色・サイズ は、「 色・サイズ の形式・状態で(in)市場に出てくる(come)」→「 色・サイズ で手に入る・取り揃えている」という重要表現です。

▶ 数多くの従業員の福利厚生

▶ 幅広いサイズが手に入る

名 willingness いとわないこと・意欲

⊙ be willing to ~「~する意思がある・~するのをいとわない」が大事です。よく「進んで~する」と訳されますが、実際には「(頼まれたら)~してもいいよ」といった感じで使われます。
💡名詞形は willingness to ~「いとわず~するという気持ち・~するという意欲」の形が大事です。

▶ 残業するのをいとわない

▷ 慌ただしいオフィス環境で働く意欲が必須です。
※hectic「慌ただしい」／must「必須のもの」／Part 7 の求人で使われる

489
☐
☐
☐

hesitant
形 ためらいがちな

[hézətənt]

▶ be hesitant to accept a job offer

▷ Should you have any questions, don't hesitate to contact us.

490
☐
☐
☐

reluctant
形 したがらない

[rilʌ́ktənt]

▶ He is reluctant to accept the proposal.

▶ a chef reluctant to reveal her secret recipe

491
☐
☐
☐

comparable
形 匹敵する・似たような

[kámpərəbl]

▶ be comparable in terms of quality

▶ The performance of the company's new laptop is comparable to many desktops.

492
☐
☐
☐

equivalent
形 等しい
名 等しいもの

[ikwívələnt]

▶ Having three years of practical experience is equivalent to having an advanced degree.

▶ Rolling Stone tires are of equivalent quality to those of more expensive brands.

動 hesitate ためらう
名 hesitation ためらい

▶ 仕事のオファーを受けるのをためらう

▷ 何か質問がございましたら、遠慮なくご連絡いただいて結構です。
　※Don't hesitate to ~「~するのをためらわないで」→「遠慮せず~して」

⊙ hesitate「ためらう」の形容詞です。-antは形容詞をつくる働きがあります（例：please「喜ばせる」→pleasant「心地良い」）。💬「これから~することをためらう」から、動詞も形容詞も、後ろには未来志向のニュアンスを持つto がよくきます。be hesitant to ~「~するのをためらっている」の形が重要です。

名 reluctance 気が進まないこと

▶ 彼はその提案を承認するのをためらっている。

▶ 秘密のレシピを明かしたがらないシェフ
　※a chefをreluctant to ~ が後置修飾している

⊙ re は「反対」の意味があるので（rejectは「反対に(re)投げる(ject)」→「断る」）、reluctantも「行動に反対する」→「したがらない」と考えればOKです。💬 be hesitant to ~・be reluctant to ~・be unwilling to ~「~したがらない」をセットで押さえておきましょう。

動 compare 比べる
名 comparison 比較

▶ 質の点では似ている
　※in terms of ~「~の点で」

▶ その会社の新しいノートパソコンの性能は、多くのデスクトップパソコンに匹敵する。

⊙ compare は「一緒に(com)置く(pare)」→「(一緒に置いて)比べる」で、comparableは「比べられることができる」→「匹敵する・似たような」です。💬 be comparable to[with] ~「~に匹敵する・~と似ている」の形でよく使います。be similar to ~「~に似ている」のような感覚で捉えるといいでしょう。

形 equal 等しい

▶ 3年の実務経験は、上級学位の所有に相当します。
　※practical「実際の」

▶ Rolling Stoneのタイヤは、より高価なブランドのタイヤと同等の品質だ。

⊙本来「等しい(equi = equal)価値(valent = value)」で、be equivalent to ~「~に等しい・~に相当する」の形が大事です（≒ be equal to ~）。💬例2は be of equivalent quality to ~「~と同等の品質だ」です。be of 形容詞 quality「形容詞 の品質だ」の形はよく使います。ちなみに、例2のthoseはtiresのことです。

493

eligible

形 資格のある

[élidʒəbl]

▶ be eligible for a bonus

▶ be eligible to participate in the competition

494

qualify

動 資格を与える・資格を得る

[kwáləfài]

▶ be qualified for the position

▶ Because your purchase was over \$1,000, you qualify for a free extended warranty.

495

entitle

動 権利を与える

[intáitl]

▶ Your membership entitles you to unlimited use of our facilities.

▶ be entitled to use the VIP lounge

496

regarding

前 ～に関して・～について

[rigá:rdiŋ]

▶ I am writing regarding the new policy.

▷ Thank you for your inquiry with regard to our corporate accounting services.

700

600

500

400

300

200

100

0

▶ ボーナスをもらう資格がある(条件を満たしている)

▶ その競技会に参加する資格がある

◉元々は「選ばれることができる」で、「選ばれるのにふさわしい」→「資格のある・条件を満たしている」となりました。be eligible for ~「~の資格がある」やbe eligible to 原形「~する資格がある」の形が重要です。💬「プラスのもの(割引・休暇・返金・サービスなど)がもらえる・受けられる・利用できる」といったイメージです。

形 qualified 資格がある・適任の
名 qualification 資格・適性

▶ その職に適任だ

▶ お買い上げが1,000ドルを超えましたので、無料の延長保証をお付けします。
※後半の直訳は「あなたは無料の延長保証の資格を得る」

◉「何かしらの質(quality)があると認める」→「資格を与える」です。be qualified for ~「~の資格が与えられている」→「~の資格がある・~に適任だ」やbe qualified to 原形「~するのに適任だ」の形が大事です。💬例2のように、自動詞qualify for ~「~の資格を得る・条件を満たす」でも使えます。

名 entitlement 権利を与える(与えられること)

▶ 会員になると、当社の施設を無制限に利用することができます。

▶ VIPラウンジを使う権利がある

◉「肩書(title)を中に込める(en)」→「権利・資格を与える」です。entitle 人 to ~「人に~する権利を与える」の形が大事です(toの後ろは動詞の原形、名詞どちらもOK)。例2はその受動態です。💬文字通り「タイトル・題名(title)をつける」という意味もあり、a book entitled ○○「○○という題名の本」のように使います。

前 with[in] regard to ~ ~に関して
前 regardless of ~ ~に関係なく
前 concerning ~に関して・~について

▶ 新たな方針に関して書いています。

▷ 弊社の企業会計サービスについてお問い合わせいただき、ありがとうございます。

◉本来regardの分詞構文で、「意識して見た件に関して」→「~に関して」です(≒ about / concerning)。メールの件名に"Re"とよく使われますが、これは「返信」ではなくRegardingの略です。💬with[in] regard to ~ は、直訳「~に関連したことについて(with)・その中で(in)」→「~に関して」です。

497

relevant

形 関係がある

[réləvənt]

▶ information relevant to the discussion

▶ Applicants should have at least two years of relevant work experience.

498

associate

動 [əsóuʃièit]　名形 [əsóuʃiət]

動 連想する・関係させる
名 同僚・従業員
形 準〜・副〜

▶ the costs associated with selling a house

▶ a sales associate

499

pertain

動 関係がある

[pərtéin]

▶ What does your inquiry pertain to?

▶ questions pertaining to employee satisfaction

500

shortly

副 すぐに・まもなく

[ʃɔ́:rtli]

▶ Mr. Cohen will contact you shortly.

▶ shortly after moving to Springfield

800

700

600

500

400

300

200

100

0

名 relevance 関連性

▶ その議論に関する情報
※ informationを、relevant to ~「~に関する」が後置修飾している

▶ 応募者は2年以上の関連職種での経験を持っている必要があります。

⊙つづりの似たrelated「関係がある」とセットで覚えてください。be relevant to ~「~と関係がある」の形が重要です(≒ be related to ~)。
💡 Part 7 の求人では、relevant [related] work experience「関連職種での経験」がよく求められます。設問にも関わりやすい重要表現です。

名 association 協会・連合・連想
形 associated 関連した・連合の

▶ 家の売却に関連する(伴う)費用
※ the costs を associated with ~ が後置修飾している

▶ 販売員

⊙本来「結び付く」で、be associated with ~ は「~と結び付けられる」→「~と関連する・~を伴う」です。
💡「結び付いた人」→「仲間・同僚・従業員」という名詞もあり、TOEICではa sales associate「販売員」が頻出です。形容詞として、an associate professor「准教授」のようにも使えます。

形 pertinent 関連する・適切な

▶ 何についてのお問い合わせですか?

▶ 従業員満足度に関する質問

⊙「完全に(per = perfect)関係を保っている(tain = maintain)」→「関係がある」です。pertain to ~「~に関係する」や pertaining to ~「~に関して」の形でよく使われます。
💡形容詞 pertinent も大事で、pertinent information は「関連情報」です(≒ relevant information)。

形 short 短い・短時間の・不足した

▶ Cohenさんがすぐに返信いたします。

▶ Springfieldに引っ越した直後に

⊙「ある出来事までの時間が短い(short)」→「すぐに」となりました。shortly after ~「~のすぐ後に・直後に」という表現が頻出です(Part 7の同義語問題では、この形でshortly ≒ soonが問われました)。💡応用として、shortly thereafter「その後すぐに」という表現もたまに出ます。

Section 3　Part 5で超頻出の「コロケーション」(2)

501 immediately

[imí:diətli]

副 すぐに・直接

▶ address the issue immediately

▶ immediately following the speech

502 precisely

[prisáisli]

副 正確に・まさに・ちょうどに

▶ measure the distance precisely

▶ The webinar will start at precisely 9:00 A.M.

503 promptly

[prámptli]

副 素早く・(時間)ちょうどに

▶ respond to an e-mail promptly

▶ The bus will depart promptly at 4:00 P.M.

504 sharp

[ʃáːrp]

形 鋭い・急な
副 (時間)ちょうどに

▶ a sharp rise in material costs

▶ The online meeting starts at 4 P.M. sharp.

700

600

500

400

300

200

100

0

形 immediate 即座の・当面の・直接の

⊙ immediate は「間 に あ る も の (mediate)がない(否定のin→imに変化)」→「即座の」で、その副詞形です。immediately after ~・immediately following ~「~のすぐ後に・直後に」という表現が大事です。
💡 soon after ~・right after ~・just after ~・directly after ~「~の直後に」もセットでチェックを。

▶ すぐにその問題に対処する
※ address「対処する」(352番)

▶ スピーチの直後に
※ following(153番)≒ after

形 precise 正確な
名 precision 正確さ・精密

⊙形容詞 precise は「前もって(pre)切る(cise)」→「余裕をもって(準備する)」→「正確な」です。その副詞形がpreciselyで、「時間通り正確に」→「(時間)ちょうどに」という意味も大事です。💡 That is precisely what I mean.「それがまさに私の言いたいことだ」と強調するときにも使えます。

▶ 正確にその距離を測る

▶ オンラインセミナーは午前9時ちょうどに始まります。

形 prompt 素早い

⊙ pro は「前へ」で(proceed は「前へ進む」)、「前へ出て準備できている」→「素早く」、「その時刻になったらすぐに」→「(時間)ちょうどに」となりました。💡形容詞も大切で、a prompt response「迅速返信」のように使います。いわゆる「即レス」のことです。

▶ 迅速にメールに返信する

▶ そのバスは午後4時ちょうどに出発する。

副 sharply 鋭く・急激に

⊙「シャープな動き」とは「鋭い動き」ですね。「(変化などが)鋭い」→「急な・急激な」で、a sharp rise[increase] in ~「~における急激な増加」は頻出です(語彙問題でも大事)。💡 時間 sharp「 時間 ちょうどに」の用法では、「時計の針が鋭く一点をピシッと指す」イメージを持つといいでしょう(語順にも注意)。

▶ 材料費の急激な高騰

▶ オンライン会議は午後4時ちょうどに始まります。

505

approximately

副 おおよそ・約

[əprάksəmətli]

▶ employ approximately 200 workers

▷ determine the approximate cost

506

roughly

副 おおよそ

[rΛfli]

▶ It will cost roughly 200 dollars.

▶ These two batteries are roughly equal in size.

507

almost

副 ほとんど・もう少しで

[ɔ́:lmoust]

▶ Almost 60 employees are expected to attend the reception.

▷ We're nearly there.

508

strictly

副 厳しく・厳密に

[stríktli]

▶ be strictly forbidden

▶ These documents are strictly confidential.

◀) 3-043

800

700

600

500

400

300

200

100

0

形 approximate おおよその
名 approximation 接近・概算

▶ 約200人の従業員を雇う

▷ おおよその費用を割り出す

⊙ approach「近づく」と語源が関連しており、「近づいていく」→「おおよそ」となりました（≒ about）。Part 5の語彙・品詞問題で超頻出です。
💬 副詞は「名詞以外」を修飾するのが原則ですが、approximatelyは数字の直前に置いて、例外的に名詞を修飾できます。

形 rough おおよその・大まかな

▶ それはおおよそ200ドルかかるだろう。
 ※ ≒ It will cost approximately[about] 200 dollars.

▶ その2つのバッテリーはだいたい同じ大きさだ。

⊙ rough は本来「ざらざらした」→「粗い・大まかな」で、日本語でも「ラフスケッチ」＝「大まかなスケッチ・概略図」と使われています。副詞形がroughlyです。💬 be roughly equal in size は、直訳「サイズにおいて(in size) おおよそ同じ(be roughly equal)」→「だいたい同じ大きさだ」です。

副 nearly ほとんど・もう少しで

▶ 60人近くの従業員がその懇親会に参加する予定だ。

▷ あと少しで着くよ。

⊙「ほとんど」と訳されがちですが、「少し足りない・あともうちょっと」という感覚が大切です。almost 60 employees は「60人近くの従業員（56〜59人くらい）」で、60人を超えることはありません。💬 almost = nearlyで、例2は「私たちはもう少しでそこに着きそう（あともうちょっと）」ということです。

形 strict 厳しい・厳密な

▶ 固く禁じられている

▶ これらの文書は極秘のものだ。

⊙ strict は元々「強く結ぶ」で、そこから「厳しい・厳密な」となりました。副詞strictlyは「厳しく」という訳語で理解しにくい場合も多く、「絶対に〜しなきゃいけない」というイメージを持つといいでしょう。💬 Part 3・4・7の設問で「禁止事項」はよく問われるので、例1の表現はとても大事です。

509

rigorously

副 厳格に・徹底的に

[rígərəsli]

▶ The new regulations will be rigorously enforced.

▶ be rigorously reviewed by the legal department

510

stringent

形 厳しい・厳格な

[stríndʒənt]

▶ comply with stringent rules

▶ meet the stringent safety standards

511

mere

形 単なる・たったの

[míər]

▶ A mere five percent of employees commute to work by bicycle.

▶ The mere thought of presenting in front of the board of directors made Oscar nervous.

512

solely

副 ただ1人で・単に

[sóulli]

▶ rely solely on donations

▶ The community center's staff consists solely of volunteers.

形 rigorous 厳格な・厳しい

▶ 新しい規則は厳格に実施される。
　※enforce「実施する」（432番）
▶ 法務部によって厳格に審査される
　※この rigorously は thoroughly「徹底的に」
　（482番）と言い換え可能

◉「注意深く・徹底的に・ミスがないように」といった感じでよく使われます。be rigorously enforced「厳格に実施される」／be rigorously reviewed [screened]「徹底的に審査される」／be rigorously checked「徹底的にチェックされる」は重要表現です。
◉形容詞も大事で、rigorous training は「厳しい研修」です。

副 stringently 厳しく・厳格に

▶ 厳しい規則を守る

▶ 厳しい安全基準を満たす
　※stringent の代わりに strict や rigorous でも OK

◉つづりが似ている strict「厳しい」と関連づけてください。本来は「ぴんと引っ張る(string)状態(ent)」→「厳しい」です。「規則・基準が厳しい」ときによく使います。◉副詞も大切で、strictly や rigorously と同じく be stringently enforced「厳格に実施される」のように使われます。

副 merely 単に

▶ 自転車通勤をしている社員はたった5%だ。
　※commute to work「通勤する」
▶ 取締役会の前で発表することを考えただけで、Oscar は緊張した。

◉ only（例1）や just（例2）と同じイメージです。本来は「純粋な」という意味で、そこから「純粋な・混ざり物がない」→「〜しかない」となりました。
◉例2は The mere thought of it makes OC で、直訳「それに関する単なる考えはOをCにする」→「単にそれを考えただけでOはCになる」です。

形 sole 唯一の

▶ 寄付のみに頼る
　※rely on ~「〜に頼る」
▶ 公民館のスタッフはボランティアだけで構成されている。
　※consist of ~「〜から構成されている」

◉「ソロデビュー（単独での・1人でのデビュー）」と関連させて、sole は「単独の・唯一の」と覚えてください。副詞形が solely で、only に近いイメージです。◉例のように熟語の間に挟まれることも多く、focus solely on promoting the new service は「新サービスの宣伝だけに集中する」です。

513

exclusively

副 〜だけ

[iksklú:sivli]

▶ be sold exclusively online

▶ discounts available exclusively to our members

514

receipt

名 領収書・受け取ること

[risí:t]

▶ a receipt for some office supplies

▶ upon receipt of the payment

515

completion

名 完了

[kəmplí:ʃən]

▶ the estimated completion date

▶ Upon completion of the course, participants will be able to create effective slides for business presentations.

516

delivery

名 配達

[dilívəri]

▶ by express delivery

▶ The payment is due upon delivery.

800

動 exclude 除外する
前 excluding ～を除いて
形 exclusive 独占的な・高級な

⊙よく「排他的に・もっぱら」と訳されますが、exclusively ≒ only と考えた方がわかりやすいことが多いです。
💡 exclusively to ～「～だけに」や exclusively for ～「～のためだけに」の形でよく出ます。例2は「メンバーだけが利用できる」ということですね。

700

▶ オンラインでのみ販売される

▶ メンバー限定で利用できる割引
※ discounts を available ～ が後置修飾している

600

動 receive 受け取る

⊙「レシート・領収書」に加えて、receive の名詞形「受け取ること」という意味もよく使われます。receipt of a shipment は「発送した商品の受け取り」です。💡 upon receipt of ～「～の受け取り後すぐに」は重要表現です。on・upon は本来「接触」で、「～の受け取りと時間的に接触するくらいすぐに」ということです。

500

▶ 備品の領収書

▶ 支払い受領後すぐに

400

形 動 complete 完全な・すべて揃った／完成させる・記入する
副 completely 完全に

⊙ complete「完成させる」の名詞形です。completion date「完了日・完成日」という複合名詞をチェックしてください（completion が空所で出題実績あり）。💡 upon completion of ～ は「～の完了と接触するくらいすぐに」→「～を終えると（すぐに）・～が完了次第」という超重要表現です。

300

▶ 完了予定日

▶ 講習を修了すると、参加者はビジネスプレゼンテーションの効果的なスライドを作成できるようになります。

200

動 deliver 配達する・伝える・（発表などを）行う

⊙ deliver の名詞形で、TOEIC では「配達ミス」が頻繁に起こるので欠かせない単語です。💡 upon delivery は「配達と接触して」→「配達時に」です。cash on delivery は「配達時に現金で支払うこと・代金引換払い」で、C.O.D と表記されることもあります。他に、upon arrival「到着したら」や upon entry「入場時に」も重要です。

100

▶ 速達で

▶ 配達時にお支払いいただきます。
※ due「支払われるべき」（358番）

0

Section 3　Part 5で超頻出の「コロケーション」(2)　数量・変化系

517

considerable

形 かなりの

[kənsídərəbl]

▶ a considerable number of mistakes

▷ Alicia Stewart is considerably more experienced than the other candidates.

518

substantial

形 かなりの・頑丈な

[səbstǽnʃəl]

▶ a substantial amount of work

▶ The new release of the software represents a substantial improvement over the previous version.

519

significant

形 かなりの・重要な

[signífikənt]

▶ a significant amount of information

▶ play a significant role in turning the company around

520

sizable

形 かなりの・かなり大きな

[sáizəbl]

▶ a sizable sum of money

▶ make a sizable donation to Englewood General Hospital

800

動 consider 考慮する
副 considerably かなり
形 considerate 思いやりのある

⊙「考慮する（consider）ほど」→
「（無視できないほど）多くの」となりました。a considerable number [amount] of ~「かなりの数［量］の~」の形でよく使われます。

700

▶ かなりの数の間違い

▷ Alicia Stewartは他の候補者全員よりもはるかに経験豊富だ。

💡副詞形は、例2のように比較級の直前に置いて「かなり・はるかに」と強調することもできます（substantially・significantlyも同様）。

600

名 substance 物質
副 substantially かなり

⊙「物質（substant＝substance）がある」→「それなりにある」→「かなりの」となりました。「物質・実態のある」→「しっかりした・頑丈な」の意味もあります（例：a substantial building「頑丈な建物」）。💡副詞も重要で、increase profits substantially「利益を大幅に増やす」のように使います。

▶ かなりの量の仕事

▶ ソフトウェアの新しいリリースは、以前のバージョンから大幅に改良されています。
※ represent は「イコール」と考えれば OK（145番）

500

名 significance 重要性・意義
副 significantly かなり
動 signify 意味する

⊙「印（sign）をつけておくほど意義のある」→「かなりの・重要な」となりました。💡「意義深い」という訳語が有名ですが、長文では「重要な」と考えた方が理解しやすいことも多いです。play a significant role in ~ は「~において重要な役割を果たす」です。

400

▶ かなりの量の情報

▶ 会社の立て直しで重要な役割を果たす
※ turn ~ around「~を好転させる」

300

⊙ size + able で「ある大きさに作ることができる」→「かなり大きな」となりました（sizeable というつづりも可）。少し難しいですが、Part 5 で何度も狙われたことがある重要単語です。
💡「かなりの」を表す substantial・significant・considerable・sizable をセットで押さえておきましょう。

200

▶ かなり大きな額のお金

▶ Englewood 総合病院にかなりの額を寄付する

100

0

Section 3　Part 5で超頻出の「コロケーション」⑵　数量・変化系

521

□
□
□

numerous

[nú:mərəs]

形 数多くの

▶ answer numerous questions at the press conference

▶ Torino Fashions has earned numerous awards for its children's clothing.

522

□
□
□

surge

[sə́:rdʒ]

名 急増
動 急に上がる

▶ a surge in e-reader sales

▶ Fitness devices have enjoyed a surge in popularity recently.

523

□
□
□

exponential

[èkspounénʃəl]

形 急激な・飛躍的な

▶ exponential sales growth

▷ The sales of our smartphones have been increasing exponentially.

524

□
□
□

boom

[bú:m]

動 ブームになる・活気づく・繁盛する
名 好景気・急成長

▶ The food service industry is booming.

▶ Last quarter witnessed a boom in housing sales.

形 countless 数えきれない（ほど多い）

⊙ numerous は number と語源が一緒で、そこから「数がたくさん」となりました。many をちょっとカッコつけたイメージです。♀ Part 7 の同義語問題では、countless「数える（count）ことができない（less）」→「数えきれないほど多い・無数の」との言い換えが問われたこともあります。

▶ 記者会見で多くの質問に答える

▶ Torino Fashions は子ども服で多数の賞を受賞した。
※ earn an award「受賞する」（426番）

⊙「うねるようにググッと上に（sur）くる」イメージで、TOEIC では「需要・売上・人気が急上昇する」ときによく使われます。a surge in ~「~における急増」→「~の急増」が大事です（in は「範囲・分野」）。♀ ニュースでも a surge in COVID cases「新型コロナ感染者の急増」とよく使われます。

▶ 電子書籍の売上の急増

▶ 最近、フィットネス機器の人気が急上昇している。
※ enjoy「享受する・（プラスのことが）起こる」（217番）

副 exponentially 急激に・飛躍的に

⊙ 元々は数学用語で、「指数関数的に」→「（指数関数のグラフのように）右肩上がりで急激に上がる様子」を表します。同じペースではなく、倍々に増えていくイメージです。♀ increase や grow・growth と相性が良く、「急激な伸び・急激な成長」を表す際によく使われます。

▶ 飛躍的な売上の伸び

▷ 当社のスマートフォンの売上が急激に増えている。

形 booming 好景気の・急成長の

⊙「マイブーム」は「自分の中で人気が出ている（ハマっている）もの」ですね。本来は「ハチの羽音（ブンブン・ブーン）」で、勢いが増しているイメージです。♀ 名詞では a boom in ~「~におけるブーム」の形でよく使われます。また、Part 7 の同義語問題で boom ≒ growth が出題されたこともあります。

▶ 外食産業は活況を呈している。

▶ この前の四半期では、住宅販売で活況を呈した。
※ 時期 witness ~「時期 は~を目撃する」→「時期 に~が起こる」

525

boost

動 高める・増やす

[bú:st]

▶ boost sales by using big data effectively

▶ boost output by twenty percent

526

fluctuate

動 変動する

[flʌ́ktʃuèit]

▶ Dynamic pricing of hotel rooms means prices fluctuate from day to day based on availability.

▷ fluctuations in demand

527

steady

形 安定した・一定した

[stédi]

▶ a steady increase in sales

▶ a steady stream of customers

528

consistent

形 一貫した・着実な

[kənsístənt]

▶ consistent growth in profits

▶ Our product roadmap is consistent with our long-term strategy.

⊙ boom「ブーム・急上昇」と関連があり、boost は「グ〜ッと上げる」イメージです。日本語でも「ブーストをかける」や「ブースター(ロケットを加速させる道具)」と使われています。

700

▶ ビッグデータを効果的に活用して売上を伸ばす

▶ 生産を20%増やす
※output「生産(高)」(≒ production)

💬 Part 1以外のあらゆるPartで、「売上を伸ばす(boost sales)」取り組みに関する話がよく出ます。

600

名 fluctuation 変動

⊙本来「波・流れ(flow)のように動く」で、上下に変化する様子を表します。例1は fluctuate from ○○ to ○○「○○によって変動する」の形です。

500

▶ ホテルの部屋のダイナミックプライシングとは、空室状況に応じて日々価格が変動することだ。
※based on ~「〜に基づいて・〜に応じて」

▷ 需要の変動

💬名詞形も大事で、fluctuations in ~「〜における変動」の形が問われたこともあります。in は「範囲・分野」を表し、この in が空所になりました。

400

副 steadily 安定して・一定に

⊙「本命の恋人」を「ステディ」と言うことがあります。「デートの頻度も信頼関係も安定している相手」のことです。「ず〜っと安定した状態が続く」イメージです。

300

▶ 売上の着実な増加

▶ 絶え間ない顧客の流れ

💬副詞 steadily も大切で、increase[grow] steadily「着実に増加する[成長する]」などが Part 5でも狙われます。

200

副 consistently 一貫して・絶えず
名 consistency 堅さ・一貫性

⊙「共に(con)立つ(sist = stand)」から、「安定して立つ」→「常に同じ姿勢で安定感がある」イメージです。steady・stable「安定した」や constant「一定の・繰り返される」とセットで押さえておきましょう。

100

▶ 収益の着実な増加

▶ 弊社の製品ロードマップは長期的な戦略と合致しています。

💬例2は be consistent with ~「〜と一致している・首尾一貫している」という表現です。

0

前置詞・接続詞④

【「対比」や「逆接・譲歩」を表す従属接続詞】

☐ **while ／ whereas**「～する一方で」

☐ **though ／ although**「～だけれども」

☐ **even though**「(実際そうであるが)たとえ～でも」 ※thoughを強調

☐ **even if**「(実際はわからないが)たとえ～でも」 ※ifを強調

☐ **whether**「～してもしなくても」

【例】

Being near public transportation is a must, whereas having a washer and dryer in the unit is a plus.

公共交通機関に近いことは必須条件だが、洗濯機と乾燥機が部屋の中にあればなお良い。

※must「必須条件」／unit「部屋」／plus「利点・望ましいこと」(211番)／アメリカでは建物の外にコインランドリーがあることも珍しくない

【「理由」を表す従属接続詞】

☐ **because ／ since ／ as**「～だから」

☐ **in that**「～だから・～という点において」

☐ **now that**「今やもう～だから」

【例】

Now that Ms. Johnson has signed the lease, she intends to move in as soon as possible.

Johnsonさんは賃貸契約書に署名したので、できるだけ早く入居するつもりだ。

※lease「賃貸契約書」／intend to ~「～するつもりだ」

Chapter 3
スコアに変えていく

Section 4
Part 5で超頻出の「コロケーション」(3)

ここでは、ハイスコア獲得に必要な語句を扱います。たとえば、critically acclaimed「批評家によって称賛されている」や a conservative estimate「控えめな見積もり（推測）」といった表現は難しいですが、語彙問題でよく狙われます。難問と言われる問題も、コロケーションで解ける問題がたくさんあるのです。

Section 4　Part 5で超頻出の「コロケーション」(3)

529

critical
[krítikəl]

形 危機的な／重要な／批評家による・批判的な

▶ play a **critical** role in the project

▶ be **critical** of a proposal

530

acclaim
[əkléim]

名 称賛
動 称賛する

▶ win critical **acclaim**

▶ a critically **acclaimed** novel

531

publicity
[pʌblísəti]

名 注目・評判・宣伝

▶ generate **publicity**

▶ receive widespread **publicity**

532

devise
[diváiz]

動 考案する

▶ **devise** a strategy

▷ **formulate** a new business idea

800

副 critically 決定的に・批評家によって・批判的に　**名** critic 批評家　**動** criticize 批判する・批評する　**名** criticism 批判	◉ crisis「危機」→ critical「危機的な・重大な」、さらに「重要な」→「(重大なほど)判断に優れた」→「批評家による・批判的な」と考えればOKです。♡「重要な」という意味が大事で、Part 7の同義語問題で critical ≒ important や critical ≒ essential (132番)が出題されたこともあります。
▶ そのプロジェクトにおいて重要な役割を果たす	
▶ 提案に批判的である　※be critical of ~「~について批判的だ」	

700

	◉「大声を上げて(claim)称賛する」です。acclaimed「称賛された・高く評価された」の形でもよく使います(例:an acclaimed movie director「高く評価された映画監督」)。♡例2のcritically acclaimedは「批評家によって称賛されている・評論家絶賛の」という重要表現です(≒ praised by critics)。
▶ 批評家の称賛を得る	
▶ 批評家に称賛されている小説	

600

500

	◉「広く知れ渡った・公の(public)状態」→「注目・評判」、「注目を集めた状態にすること」→「宣伝」となりました。Part 4・7定番の「広告・宣伝」の話でも頻出です。♡例1の直訳は「注目・話題を生み出す」で、「バズる」に近い感覚で使われます。例2の直訳は「幅広い注目を受け取る」です。
▶ 話題を呼ぶ	
▶ 幅広い注目を集める　※get[gain] publicityも「注目を集める」	

400

300

200

名 device 機械　**動** formulate 考案する・公式化する・明確に述べる	◉ device「機械」が「デバイス」として有名なので、「デバイスを考案する」と覚えてしまいましょう。様々な訳語がありますが、「新しい計画や方法などを考え出す・工夫して新たに生み出す」イメージでよく使います。♡ formulate「形(form)」「公式(form)にする」→「考案する」も似た意味の大事な単語です。
▶ 戦略を考え出す	
▷ 新たなビジネスアイディアを練る	

100

0

Section 4　Part 5で超頻出の「コロケーション」(3)

533

☐
☐
☐

retain

動 保持する

[ritéin]

▶ retain the right to cancel the contract at any time

▶ retain a lawyer

534

☐
☐
☐

exert

動 (力を)使う・(影響・圧力などを)及ぼす

[igzə́:rt]

▶ exert effort to finish the task by the deadline

▶ exert significant influence on the local economy

535

☐
☐
☐

incur

動 (出費・損害を)招く・被る

[inkə́:r]

▶ incur a charge

▶ additional charges incurred during the trip

536

☐
☐
☐

waive

動 (権利や条件を)放棄する・適用を控える／(料金を)免除する

[wéiv]

▶ waive the registration fee

▶ What store policy was waived for Ms. Ferris?

名 retention 保持

▶ いつでも契約を解除する権利を保持する

▶ 顧問弁護士を雇う（抱えておく）
※「必要になったときにいつでも弁護士にお願いできる雇用状態を保つ」ということ

⊙「後ろに (re) 保つ (tain = maintain)」→「保持する・維持する」です（keepを硬くした感じ）。💬 TOEIC では「人を保持する」→「雇った状態を保つ・雇い続ける・離職しないようにする」といった意味でも出ます。Part 7 の同義語問題でcontract「契約する」との言い換えも出題済みです。

名 exertion 努力・行使

▶ 期限までに仕事を終わらせようと全力を尽くす

▶ 地方の経済に大きな影響を及ぼす
※ exert influence on ~「~に影響を及ぼす」

⊙「力を使いまくる・フルパワーで使い切る」ようなイメージです。
💬 exert pressure on ~ は物理的に「力を加える」（例：exert pressure on the cap「キャップを押し込む」）と、比喩的に「圧力をかける」（例：exert pressure on the government to ~「政府に~するよう圧力をかける」）のどちらでも使えます。

▶ 請求を受ける

▶ 出張中に発生する追加費用

⊙意味がとりづらい単語ですが、後ろに「お金」関係の単語がきて、「お金を払わなければいけなくなる」場合によく使われます。incur a late fee は「延滞料が生じる」、incur a cancellation fee は「キャンセル料を負担する」です。💬 Part 7で「経費の負担」や「返金・払い戻し」の話でも出ます。

▶ 登録料を免除する

▶ Ferrisさんに対して、店のどのような方針が適用されませんでしたか？
※ Part 7の設問として

⊙本来「当然の権利があるものを要求しない」で、「料金をもらう権利を放棄する・請求を差し控える」→「（料金を）免除する・請求しない」が大事です。waive ~ fee[charge]「~の料金を免除する・無料にする」は頻出です（語彙問題でも出題実績あり）。
💬例2では「（条件の）適用を控える」の意味です。

537

vulnerable

[vʌ́lnərəbl]

形 脆弱な・(影響などを)受けやすい

▶ be vulnerable to the weather

▷ be susceptible to infections

538

consecutive

[kənsékjutiv]

形 連続した

▶ for five consecutive years

▶ The team won the championship for the fifth consecutive year.

539

visible

[vízəbl]

形 目に見える・明白な

▶ be visible from a distance

▶ a visible sign of growth

540

utmost

[ʌ́tmòust]

形 最大限の
名 最大限

▶ handle the packages with the utmost care

▶ Todd gave his utmost effort to ensure a smooth product launch.

名 vulnerability 脆弱性・弱点
形 susceptible （影響などを）受けやすい

⊙本来「傷つける(vulner)ことができる(able)」で、「傷つきやすい・攻撃や影響を受けやすい」イメージです。be vulnerable to ~「~に弱い・~に対して影響を受けやすい」の形が大事です。◎be susceptible to ~「~に対して影響を受けやすい・~にかかりやすい」とセットで押さえてください。

700

▶ 天気の影響を受けやすい

▷ 感染症にかかりやすい

600

副 consecutively 連続して
形 successive 連続した

⊙secut や sequ は「従う・後に続く」を表し、consequently「従って」や subsequent「その後の」で使われています。consecutive も同語源で、「後に続く」→「連続した」です。
◎例2の for the fifth consecutive year「5年連続で」では、序数(the fifth)を使う、単数形(year)になる点に注意しましょう。

▶ 5年連続で

▶ そのチームは5年連続の優勝を果たした。

500

形 invisible 目に見えない
名 visibility 視界・認知度

⊙「見る(vis = vision)ことができる(ible)」→「目に見える」となりました。be visible to[from] ~「~に[から]見える」や be clearly visible「はっきり見える」でよく使われます。
◎「(目に見えるほど)明らかな」という意味も大事で、noticeable「注目されることができる」→「顕著な」と同じ感覚です。

400

▶ 遠くから見える

300

▶ 明らかな成長の兆候

200

⊙ut は ultra「ウルトラ」と考えて、utmost は「ウルトラ most」と覚えてください。最上級の意味なので直前に the がよくきます。◎with the utmost care は「最大限の注意を持って」→「最大限に注意して」、give one's utmost (effort) は「最大限の努力を与える」→「最大限努力する・ベストを尽くす」です。

100

▶ 荷物を細心の注意をもって取り扱う

▶ Todd は、スムーズな製品発売を確実にするため最大限の努力をした。
※ utmost は名詞「最大限(の努力)」もある(つまり effort なしでも OK)

Section 4　Part 5で超頻出の「コロケーション」(3)

541

compatible

形 気が合う・両立できる・互換性のある

[kəmpǽtəbl]

▶ Mr. Singh's experience is not compatible with the job requirements.

▶ NanoB's photo editing software is compatible with our computers.

542

applicable

形 当てはまる・適用できる

[ǽplikəbl | əplíkəbl]

▶ Discounts are not applicable to online purchases.

▶ Local taxes will be added to your invoice, where applicable.

543

forge

動 築く

[fɔ́:rdʒ]

▶ forge a close relationship

▶ forge ahead with a project

544

sincere

形 心からの

[sinsíər]

▶ express a sincere interest in the position

▶ We extend our sincerest apologies to customers affected by the shipping error.

800

700

600

▶ Singhさんの経験は職務用件に適合していない。

▶ NanoBの写真編集ソフトは当社のパソコンと互換性がある。

⊙ com「一緒に」に注目して「お互いに気が合う・一緒に使える」と考えればOKです。⛿特にネットやIT関係では、be compatible with ~「~に対応している・~と互換性がある」の形でよく使われます。「接続して一緒に使える・異なる機械が互いにうまく機能する」ということです。

動 apply 当てはまる・適用する／申し込む／貼り付ける・塗る
名 application 申込・応用・適用
名 applicant 志望者・応募者

▶ 割引はオンラインでの購入には適用されません。

▶ 該当する場合は、地方税が請求書に加わります。

⊙ applicable は「apply されることができる」→「適用できる」です。be applicable to ~「~に適用できる・当てはまる」(≒ apply to ~)や、if applicable・where applicable「該当する場合」の形が重要です。
⛿ Part 7 頻出の「表・アンケート」では、not applicable「該当なし」と使われます(N/A と略されることも)。

500

400

300

▶ 親密な関係を築く

▶ プロジェクトを推進する

⊙名詞「鍛冶場」という意味があり、「(鉄をトンカチで叩いて)作る」→「(関係を)作る・築く」となりました。良い関係を徐々に作り上げていくイメージです。⛿ forge ahead with ~「~に関して(with)前へ(ahead)作り上げていく(forge)」→「~を推進する・推し進める」という熟語も大切です。

200

副 sincerely 心から

▶ その職に心からの興味を示す

▶ このたびの誤配送により影響を受けたお客様には、心よりお詫び申し上げます。
※ここでは最上級で使われている／extend「伝える」(222番)

⊙副詞 sincerely は手紙の結びで「敬具」として使われています。元々は「誠実に・心から」という意味で、その形容詞形が sincere です。「お礼・感謝・謝罪」などを伝えるときによく使われます。⛿ It is my sincere pleasure to ~「~することを心から光栄に思います」も大事な表現です。

100

0

545

favorable

形 好意的な・良い・有利な

[féivərəbl]

▶ favorable weather conditions

▶ be favorable for economic growth

546

inaugural

形 就任の・最初の

[inɔ́:gjurəl]

▶ an inaugural address

▶ an inaugural issue of a magazine

547

conservative

形 保守的な・控えめな

[kənsə́:rvətiv]

▶ a conservative attitude to education

▶ a conservative estimate of the number of expected orders

548

advisable

形 望ましい・賢明な

[ædváizəbl]

▶ Purchasing tickets beforehand is advisable.

▶ It is advisable to purchase tickets well in advance.

800

700

600

500

400

300

200

100

0

名 動 favor 好意・親切／好意を示す
副 favorably 好意的に・好ましく
形 unfavorable 好ましくない

▶ 好天・良い天候

▶ 経済の成長に好ましい
※ be favorable for[to] ~「~にとって好都合な・有利な」

◉「好意(favor)を持たれることが可能な(able)」→「好意的な」です。a favorable reaction「好意的な反応」、favorable reviews は「好意的なレビュー」です。💡副詞 favorably を使った、compare favorably with ~「~に好意的に比べられるくらい」→「~に引けを取らない」という表現も出ます。

動 inaugurate 就任させる・開始する
名 inauguration 開業

▶ 就任演説
※ address「演説」(352番)

▶ 雑誌の創刊号

◉動詞 inaugurate は「就任させる」、形容詞 inaugural は「就任のときの」→「最初の」です(「連続して起こる出来事における最初の」というイメージ)。出版の話で an inaugural issue「最初の号」→「創刊号」がよく使われます。💡アメリカ人はこの単語でまず「大統領の就任演説」を連想しますが、TOEICで国の政治ネタは出ません。

動 conserve 保存する・保護する・節約する
名 conservation 保存・保護
副 conservatively 保守的に・控えめに

▶ 教育に対する保守的な態度

▶ 期待される注文数の控えめな見積もり
※注文数を少なめに推測すること

◉ conserve「保存する」の形容詞です。日本でも conservative を略して「コンサバファッション(控えめなファッション)」と使われることがあります。💡「保守的な」の訳語が有名ですが、a conservative estimate[guess]「控えめな見積もり・推測」のようにも使えます(Part 5で何度も出題済み)。

動 advise 助言する・知らせる
名 advice 助言・アドバイス

▶ 前もってチケットを購入することが望ましい。

▶ 十分余裕を持ってチケットを購入することをお勧めします。
※ It is a good idea to ~ と同じ感覚

◉「advise されることができる」→「望ましい・賢明な」です。It is advisable to ~「~することが望ましい・~した方がいい」の形が大事で、語彙問題でも品詞問題でも出題されています。💡提案・お勧めするときによく使う表現で、例の「チケットを早めに購入して」はTOEICでの定番パターンです。

Section 4　Part 5で超頻出の「コロケーション」(3)

549

imperative

形 必須の・避けられない

[impérətiv]

▶ It is imperative for team members to communicate, especially when working remotely.

▶ It is imperative that data be backed up on a daily basis.

550

customary

形 習慣的な・普通の

[kʌ́stəmèri]

▶ customary practice

▶ It is customary for consultants to ask a lot of questions before offering advice.

551

unwavering

形 ゆるぎない・断固とした

[ʌ̀nwéivəriŋ]

▶ an unwavering effort

▶ I am grateful for your unwavering support.

552

concerted

形 協力して・努力して

[kənsə́:rtid]

▶ in a concerted effort

▶ take concerted action

◀)) 3-054

800

700

600

500

400

300

200

100

0

▶ 特にリモートワーク時には、チームメンバーがコミュニケーションをとることが不可欠だ。

▶ 日常的にデータをバックアップすることが不可欠だ。
※ on a daily basis「毎日・日常的に」

⊙いわゆる「命令文」は the imperative mood（命令法）で、imperative は「（命令されて）避けられない・必須の」と覚えてください。
💡 例 2 は It is imperative that s 原形「s が〜することは必須だ」の形です。「命令」のニュアンスなので、that 節中も命令文と同じように「動詞の原形」がくるのです。

名 形 custom 慣習・(customs で)税関／特別注文の・オーダーメードの

▶ 慣行

▶ コンサルタントは、アドバイスをする前に多くの質問をするのが通例だ。

⊙ custom「慣習」の形容詞で、日本でも「カスタマリープライス」＝「客が商品に持つ慣習的な（一般的な）価格」と使われています。💡 It is customary for 人 to 〜「人が〜するのが通例だ」や It is customary that 〜「〜するのは普通だ」の形が大事です（語彙問題で出題実績あり）。

▶ 不断の努力

▶ ゆるぎないご支援に感謝いたします。
※ be grateful for 〜「〜に感謝している」

⊙「波(wave)のように揺れることがない(un)」→「ゆるぎない・断固とした」です。「信念・自信・努力」に対してよく使われます。an unwavering belief は「確固たる信念」です。
💡 Part 6・7では unwavering support「ゆるぎない支援・変わることのない支援」に対して感謝を伝えることもあります。

▶ 一致協力して

▶ 協調した行動をとる

⊙ concert には「コンサート・演奏会」と「一致・協力（する）」の意味があります（コンサートは多くの人が協力して音楽を演奏するイメージ）。concerted も語源は同じです。💡 直後に effort や action がくることが多く、make a concerted effort to 〜「〜するよう一丸となって努力する」も頻出です。

553

foreseeable

形 予測できる

[fɔːrsíːəbl]

▶ in the foreseeable future

▶ The company is planning to stay in its current location for the foreseeable future.

554

token

名 (感謝などを表す)印・記念品

[tóukən]

▶ as a token of our appreciation for your donations

▶ Please accept this as a token of my gratitude.

555

duration

名 (持続)時間

[djuréiʃən]

▶ the duration of the flight

▶ Please keep your phones switched off for the duration of the performance.

556

margin

名 余白・差・利益

[máːrdʒin]

▶ write a comment in the margin

▶ by a wide margin

動 foresee 予測する

⊙動詞 foresee は「前もって(fore)見る(see)」→「予測する」です。foreseeable は「予測されることができる」→「予測できる」となりました。
💬 例1は直訳「予測できる未来に」→「近い将来に・まもなく・当面」で、例2の for the foreseeable future は「予測できる未来の間」→「当面の間・しばらく」となります。

▶ 近い将来に

▶ 会社は当面の間、現在の場所にとどまる予定です。

600

⊙ as a token of ~「~の印として」の形が大事です。as a token of our appreciation (for ~)「(~に対する)感謝の印として」は Part 5・6で何度も出題されています。💬 Part 4・6・7で「感謝の印としてクーポンを配る・イベントに招待する」といった話がよく出ます。

500

▶ 寄付に対する感謝の印として

▶ 私からの感謝の印として、これをお受け取りください。

形 durable 耐久性のある

⊙ dure は「続く」で、during は本来「続く間に」→「~の間」ということです。duration は「続く時間」のことです。💬 for the duration of ~「~の持続時間の間」→「~の期間中・~の間」という表現が大切です。

400

300

▶ 飛行時間

▶ 公演中は携帯電話の電源をお切りください。

200

形 marginal へりの・余白の・わずかな
副 marginally わずかに

⊙「マージン(利益)をとる」のように使われますが、本来は「余白」です。「余白」→「売値から制作費を除いて残った余白・差」→「利益」となりました。💬 例2の反対は by a narrow [small] margin「わずかな差で」です。また、形容詞は make marginal improvements「わずかに改善する」と使います。

100

▶ 欄外(余白)にコメントを書く

▶ かなりの差で・大差で
※ wide の代わりに large でも OK / by は「差」を表す

0

557

conjunction

名 連携・共同・関連

[kəndʒʌ́ŋkʃən]

▶ develop a sleep-monitoring app in conjunction with medical experts

▶ This voucher cannot be used in conjunction with other coupons.

558

constraint

名 制約・制限

[kənstréint]

▶ due to budget constraints

▶ under strict time constraints

559

discretion

名 慎重さ・判断・裁量

[diskréʃən]

▶ handle the matter with discretion

▶ at one's discretion

560

installment

名 （分割払いの）1回分・（連続番組などの）1回分

[instɔ́:lmənt]

▶ pay for a computer in monthly installments

▶ the first installment in a documentary series about German castles

800

	⊙「一緒に(con)つなぐ(junc)こと(tion)」→「連携・関連」です。文法用語の「接続詞」は conjunction です。
▶ 医療専門家と共同で睡眠モニタリングアプリを開発する	💬 in conjunction with ~「~と連携して・~と関連して・~と併せて」の形をチェックしてください。in cooper-
▶ この引換券は他のクーポンと併用することはできません。	ation[collaboration] with ~「~と協力して」も似た意味です。

700

動 constrain 制限する・強いる	⊙ stra・stre は「締め付け」のニュアンスで、stress「ストレス」は「メンタルの締め付け」ということです。con-
▶ 予算の制約があるため	straint は「締め付けること」→「制約・制限」です。💬 TOEIC では「予算・時間」の制約でよく出ます。この意味の
▶ 厳しい時間制限のもとで	場合、様々な制限ということで複数形で使うことが多いです。

600

500

形 discreet 思慮分別のある・慎重な	⊙ discreet は「物事の善悪を切り離して(dis)考えられる」→「慎重な」で、
副 discreetly 思慮深く・慎重に	名詞 discretion は「慎重さ」、「慎重な判断」→「判断・裁量」です。
形 discretionary 自由裁量の・任意で	💬 with discretion は「慎重さを持って」→「慎重に」(≒ discreetly)です。
▶ その問題を慎重に扱う	また、例2は at one's disposal でも同じ意味になります(disposal「判断・
▶ 人の判断で・人の好きなように ※≒ at the discretion of ~	裁量」)。

400

300

	⊙クレジットカードの説明で「インストールメント(分割払い)」と使われることがあります。pay in monthly installments は、直訳「毎月1回分の形式で支払う」→「毎月分割で払う・
▶ パソコンの料金を月賦で支払う	月賦で支払う」です。💬 install「取り付ける」の名詞形 installation「取
▶ ドイツの城に関するドキュメンタリーシリーズの初回	付・設置」と混同しないように注意してください。

200

100

0

Section 4 Part 5で超頻出の「コロケーション」(3)

561

strain

[stréin]

名 緊張・負担
動 緊張させる・負担をかける

▶ Many employees are under a lot of strain recently.

▶ The work has put an enormous strain on him.

562

liaison

[lìːeizɔ́ːŋ]

名 連絡（係）

▶ serve as a liaison between management and factory workers

▶ in liaison with on-site employees

563

prominently

[prámənəntli]

副 目立つように・目立って

▶ be prominently featured on our Web site

▶ figure prominently in the government's new policy

564

readily

[rédəli]

副 すぐに・容易に

▶ be readily available to the public

▶ Candidates must be able to adapt readily to changing work environments.

⊙本来「ぴんと張る」で、「気持ちをぴんと張る」→「緊張・ストレス・負担・圧力」など様々な意味があります。

♀ under strain は「緊張した状態で・ストレスを受けて」、put[place] a strain on ~ は、「~に負担を置く」→「~に負担をかける」です（on は「影響」の用法）。

▶ 最近、多くの従業員がかなりのストレスを感じている。

▶ その仕事は彼にとって大きな負担となっている。

動 liaise 連絡をとる・連携する

⊙本来「結び付けること」というフランス語に由来します。音声学などで使われる「リエゾン」という用語は「単語の語尾と次の単語の語頭とのつながり」のことです。♀ a liaison between A and B「AとBの間の連絡係」の形でよく使われます。例2は in liaison with ~「~と連携して」です。

▶ 経営陣と工場労働者の間の連絡係をする
※ serve as ~「~を務める」(348番)

▶ 現場の従業員と連携して
※ on-site「現場の・現地の」(291番)

形 prominent 突き出た／目立った・卓越した／有名な
名 prominence 目立つこと・卓越

⊙「前に(pro)出て目立つ」イメージで、be prominently featured[displayed]「目立つように取り上げられている[表示されている]」は重要フレーズです。♀ figure prominently in ~「~において目立つように重要な部分を占める」→「~で重要な役割を果たす」が出たこともあります（この figure は「重要な部分を占める」）。

▶ 弊社のウェブサイトに大きく掲載されている

▶ 政府の新しい政策において重要な位置を占める

形 ready 準備ができている
名 readiness 用意ができていること

⊙「いつでも用意ができて(ready)」→「すぐに・容易に」です。be readily available「すぐに手に入る・簡単に利用できる」はよく使われます。♀他に、readily accept ~「~をすぐに受け入れる」、be readily accessible「行きやすい」なども頻出です。

▶ 一般の人々が簡単に利用できる

▶ 候補者は変化する労働環境にすぐに適応できなければならない。
※ adapt to ~「~に適応する」(467番)

接続副詞①

Part 6の大半はPart 5と同じ文法・語彙問題なので、特別な対策は不要です。Part 6特有のものとしては「文脈を考慮する」問題があり、特に「接続副詞」がよくポイントになります。「接続副詞」とは「接続詞のような意味を持つ副詞」のことで、以下が大事です。

※「接続副詞」と同じ働きをする「副詞句」もまとめています。

【反論する】

☐ **however**「しかしながら」

☐ **still／all the same／nevertheless／nonetheless**
「それにもかかわらず」

☐ **on the other hand／by contrast／in contrast**「対照的に」

☐ **on the contrary**「しかしながら・それどころか」

☐ **even so**「たとえそうでも」

☐ **instead／alternatively**「その代わりに」

☐ **indeed／rather／in fact／as a matter of fact**
「それどころか実際は」
※ "否定文. In fact, ~." の形(否定文の後)では、「そうではなくて実際は~」
という意味になる

【例】

Antonio is not very fond of coffee. Instead, he prefers to drink herbal tea, or just plain water.

Antonioはあまりコーヒーが好きではない。それよりも、ハーブティーや普通の水を飲むのが好きだ。

Chapter 4
最後の総チェック

Section 1
Part 1での頻出単語

Part 1では他で対策する機会があまりない語句が頻繁に出ます。たとえば、be propped up against ~「~に立てかけられている」／lean over ~「~から身を乗り出す」／canopy「天蓋」／curb「縁石」／dock「埠頭」といった語句は、多くの人はなじみがないと思います。ここでしっかり対策しておけば、本番でもそっくりなものに出合うはずです。

Section 1　Part 1での頻出単語　日常

565

☐
☐
☐

wheelbarrow

名 手押し車

[wíːlbæ̀rou]

▶ A man is pushing a wheelbarrow.

▷ A woman is wheeling a bicycle out of a garage.

566

☐
☐
☐

load

動 積み込む・載せる

[lóud]

▶ Workers are loading cargo into a truck.

▶ A truck is loaded with packages.

567

☐
☐
☐

pile / stack

動 積み重ねる
名 積み重ね

[páil] / [stǽk]

▶ Crates are stacked in a warehouse.

▶ She's organizing books in piles.

568

☐
☐
☐

prop

動 支える・立てかける

[práp]

▶ A shovel has been propped up against a wheelbarrow.

▶ A door has been propped open with a chair.

名動 **wheel** 車輪／（車輪がついたもの
を）動かす
名 **cart** カート・手押し車

⊙ wheel は日本でも「ホイール（車
輪）」とそのまま使われています。
wheelbarrow はなぜか Part 1 でよ
く出る単語です（以前ほど頻出ではあ
りませんが）。◍ wheel は「車輪」→
「（車輪がついたものを）動かす」とい
う動詞もあり、wheel a cart で「カー
トを押す」です。

▶ 男性が手押し車を押している。

▷ 女性が自転車を車庫から出している。
　※ garage「ガレージ・車庫」（発音は「ガラージ」
　「ギャリッジ」）

動 **unload** （積み荷を）降ろす

⊙「ダウンロードする」とは「サーバー
から下の機器（スマホなど）にデータ
を詰め込む」ということです。load A
into[onto] B「A を B に積み込む」や
be loaded with ~「～が積み込まれ
ている」→「～でいっぱいだ」の形が
重要です。◍ 対義語は unload A
from B「B から A を降ろす」の形でよ
く使われます。

▶ 作業員が貨物をトラックに積み込んでいる
　ところだ。
　※ cargo「積み荷・貨物」（619番）

▶ トラックは小包でいっぱいだ。

⊙ Part 1 では「何かが積み重なって
いる」写真がよく出ます。be piled
(up)・be stacked (up)「積み重ねら
れている」の形が大事です。◍ どちら
も名詞用法もあり、in piles「積み重な
った状態で・山積みに」／ be put
into piles「積み重ねられる」／ a pile
of ~・piles of ~「山積みの～」も大
事です。

▶ 倉庫に木箱が積み重なっている。
　※ crate「木箱・容器」

▶ 彼女は本を山積みにして整理している。

⊙ be propped (up) against ~「～
に立てかけられている」が Part 1 頻出
です（ラグビーでスクラムを「支える」
ポジションを「プロップ」と言います。
against は「～に対して」です）。
◍ 応用ですが、be propped open
が出題されたこともあり、「何かに支え
られて開けっ放しになっている」様子
を表します。

▶ シャベルが手押し車に立てかけられている。

▶ ドアが椅子によって開いたままになっている。
　※ be propped open「（支えられて）開いてい
　る・開いたままになっている」

700

600

500

400

300

200

100

0

569

lean

動 寄りかかる・傾く

[líːn]

▶ A broom is leaning against the wall.

▶ They're leaning over the ship's railing.

570

mount

動 取り付ける

[máunt]

▶ He's mounting a painting on the wall.

▶ A rack has been mounted to the vehicle's roof.

571

examine

動 入念に見る・調べる・診察する

[igzǽmin]

▶ A woman is examining a document.

▶ A technician is examining an electronic device.

572

browse

動 見て回る・ざっと読む・閲覧する

[bráuz]

▶ People are browsing in an appliance store.

▶ The man is browsing books in a library.

⊙ lean against ~ は「〜に寄りかかる・立てかけられる」です（against は「反対」→「（反作用の力を感じるほど）強い接触」を表す）。Part 1で何かが寄りかかっている写真は超頻出です。
💡 lean over ~ は、直訳「〜を上から覆って(over)傾く・曲げる(lean)」→「〜から身を乗り出す」です。

▶ ほうきが壁に立てかけられている。
　※≒ A broom is propped up against the wall. ／ broom「ほうき」

▶ 彼らは船の手すりから身を乗り出している。
　※ railing「手すり」(≒ handrail)

⊙ mountain「山」と同じ語源で、「山に登る」→「物の上に登る」→「取り付ける」となりました。mount A on[to] B「AをBに取り付ける」の形が大事です。💡関連語として、install「取り付ける」や be secured to ~「〜に固定されている」なども Part 1によく出ます。

▶ 彼は絵画を壁に取り付けているところだ。

▶ ラックが車の屋根に取り付けられた。

名 examination 試験・検査

⊙「試験・検査」の印象が強いかもしれませんが、Part 1では「入念に見る・調べる」といった意味でよく出ます。「よ〜く見る」というイメージです。💡他の Part では「医者が患者をよ〜く診る」→「診察する」の意味でも出ます。examine a patient は「患者を診察する」です。

▶ 女性は文書を入念に見ている。

▶ 技術者は電子機器を調べている。
　※ technician「技術者」(754番)

⊙ 元々「牛が草を選びながら食べる」で、そこから「（いろいろな商品を選びながら）店内を見て回る・本をパラパラめくる・ネットを見る」となりました。どれも「ざっと見る」イメージがあります。💡 browse through ~「〜にざっと目を通す」という熟語も Part 1で出ます。

▶ 人々が家電量販店で商品を見て回っている。
　※他動詞の browse an appliance store でもOK

▶ 男性は図書館で本を閲覧している。

500

400

300

200

100

0

317

Section 1　Part 1での頻出単語　日常／街中

573

☐
☐
☐

display

[displéi]

動 陳列する・展示する
名 陳列・展示

▶ Some artwork is being displayed in a gallery.

▶ Piles of fruit are on display in a market.

574

☐
☐
☐

exhibit

[igzíbit]

動 展示する
名 展示（品）

▶ Some pottery is being exhibited in a display case.

▶ Sculptures are on exhibit in a large hall.

575

☐
☐
☐

shade

[ʃéid]

名 日陰
動 影を作る

▶ A bench has been placed in the shade of a tree.

▶ A tree is shading a bench.

576

☐
☐
☐

cast

[kǽst | kάːst]

動 投げる・役を割り当てる
名 配役

▶ A tree is casting a shadow on the lawn.

▶ cast a vote for the employee of the month award

700

⊙「ディスプレイ画面(情報を展示する画面)」でおなじみですが、動詞に注意してください。◎通常、進行形+受動態(be being p.p.)「~されている途中」では、写真にその動作をしている「人」がいる必要があります。ただし、be being displayedは「展示中」という状態を表すため、人がいなくても正解になります。

▶ いくつかの芸術作品がギャラリーに展示されている。

▶ 市場で山積みの果物が並んでいる。
　※ be on display「陳列されて・展示されて」

600

名 exhibition 展示会
名 exhibitor 出展者

⊙公式戦ではなく「観客に見せる(=展示する)ための試合」を「エキシビジョンマッチ」と言います。exhibitionの動詞形がexhibitです(発音は「イグズィビット」となるので注意)。◎be being exhibited ≒ be on exhibit「展示されている」です。displayとセットで押さえておきましょう。

500

▶ 展示ケースにいくつかの陶器が展示されている。
　※ pottery「陶器類」(不可算名詞)

▶ 彫刻が大きなホールで展示されている。
　※ sculpture「彫刻」

400

名 shadow 物影・人影

⊙メイクの「シェイディング」は、頬や鼻に「暗い影」を作ってより立体的に見せることです。◎動詞「影を作る・影を投げかける」は難しく感じるかもしれませんが、Part 1ではやたらと「影」の描写が出るので大切です。be shadedは、直訳「影を作られる・投げかけられる」→「陰になっている」です。

300

▶ 木陰にベンチが設置されている。

▶ 木の影がベンチにかかっている。

200

⊙「ニュースキャスター(newscaster)」は「世間にニュースを投げかける人」です。Part 1でcast a shadow on ~「~の上に影を投げる」が頻出です。cast a voteは「票を投げる」→「投票する」です。◎「脚本家が俳優に役を投げかける」→「配役」の意味もあります(日本語でも「キャスト」と使われていますね)。

100

▶ 木が芝生に影を落としている。
　※ lawn「芝生」(580番)

▶ 月間優秀社員賞に投票する

0

577
patio / courtyard　　名 テラス・中庭

[pǽtiòu] / [kɔ́:rtjɑ̀:rd]

▶ Large parasols are shading tables on a patio.

▶ Chairs have been stacked up in a courtyard.

578
awning　　名 日よけ

[ɔ́:niŋ]

▶ A shop awning extends over a walkway.

▷ Some potted plants are being shaded by a canopy.

579
shelter　　名 避難（所）・雨宿りの場所
　　　　　　　動 保護する・避難する

[ʃéltər]

▶ People are sitting in a shelter.

▶ People are taking shelter under a canopy.

580
lawn　　名 芝生

[lɔ́:n]

▶ A woman is mowing a lawn.

▶ A man is operating a lawn mower.

◀)) 4-004

800

700

600

500

400

300

200

100

0

▶ 大きなパラソルの影が、中庭のテーブルにかかっている。
※直訳「大きなパラソルが中庭のテーブルに影を投げかけている」

▶ 中庭に椅子が積み上げられている。

◉日本でも大きなホテルの中庭は「パティオ」と表記されています。Part 3・4で「そのレストランはテラス席がある／テラス席と店内の席のどっちがいい?」などの話も出ます。◉厳密には、patioは「畳石などがある建物の前の空間」、courtyardは「1つの建物に囲まれた空間」のイメージです。

名 canopy 天蓋

▶ 店の日よけが歩道の上に広がっている。
※walkway「歩道」(584番)

▷ いくつかの鉢植えの植物に、天蓋の影がかかっている。
※potted plant「鉢植えの植物」(617番)

◉awningは「店・入口などにある日光や雨を防ぐ覆い」です。主にPart 1で出ますが、Part 7で「業者がawningを取り除いて、保管する」といった話が出たこともあります。◉canopyは「4本の柱の上についた覆い」のことです。awningも含めて、画像検索してイメージをつかんでおくといいでしょう。

▶ 人々は雨宿りできる場所で座っている。

▶ 人々は天蓋の下で避難している(雨宿りしている)。
※take shelter「避難・雨宿りをとる」→「避難する・雨宿りする」

◉「核シェルター」のような大きな施設を連想しがちですが、TOEICでは「駅付近にある屋根付きの場所・自転車置き場」など雨をしのぐ程度のものにも使われます。take shelter from the rainは「雨宿りをする」です。◉例2は People are sheltering under a canopy. も同じ意味になります(動詞)。

名 grass 芝生

▶ 女性が芝生を刈っているところだ。
※mow「刈る」

▶ 男性は芝刈り機を操作している。

◉海外には芝生がある家が多いだけに、よく使われる単語です(アメリカの児童文学でも、幼少期にバイトで「近所の人・親戚の家の芝生を刈っている」描写がよく出てきます)。◉Part 1で「芝刈り」の場面がよく出るので、mow the lawn「芝生を刈る」とlawn mower「芝刈り機」は必ずチェックを。

Section 1　Part 1での頻出単語　街中

581

☐
☐
☐

trim
[trím]

動 刈り込む・形を整える／（経費などを）切り詰める

▶ A man is trimming the lawn.

▶ trim a budget

582

☐
☐
☐

vendor
[véndər]

名 売る人・業者

▶ Street vendors are preparing food.

▶ negotiate with a vendor for a lower price

583

☐
☐
☐

pave
[péiv]

動 舗装する

▶ They're using machines to pave a road.

▷ A cyclist is riding along the pavement.

584

☐
☐
☐

walkway
[wɔ́:kwèi]

名 歩道・通路

▶ Bushes line a walkway.

▷ The tree is shading the sidewalk.

名 trimmer 刈る人[もの]

◉「ペットの毛をきれいに整える仕事」を「トリマー」と言います(和製英語ですが)。trim は「刈る・整える」で、cut just a little「少しだけカットする」イメージです。◉他の Part では、「(経費などを)刈り取る」→「削減する・切り詰める」の意味でも出ます。「経費削減」は定番のテーマです。

▶ 男性が芝生の手入れをしている。

▶ 予算を切り詰める

◉ vend「売る」は、vending machine「自動販売機」でも使われています。vendor は「売る(vend)人(or)」→「物売り・売主」で、street vendor は「通りで売る人」→「露店商人・屋台の人」です。◉ Part 3・4・7 では「売る人」→「供給業者・販売業者」(≒ supplier)の意味でよく出ます。

▶ 屋台の人が料理を作っている。

▶ より安い値段にしてもらうよう供給業者と交渉する

名 pavement 歩道
形 paved 舗装された
動 repave 再舗装する

◉ pave a road「道路を舗装する」という表現で覚えておきましょう。pavement は「舗装された道」→「歩道」、repave は「再び(re)舗装する(pave)」→「再舗装する」です。
◉ 比喩的に pave the way for ~「~のために舗装する」→「~への道を開く・~の準備をする」でも使えます(ニュースで頻出)。

▶ 彼らは機械を使って道路を舗装している。

▷ 1人が歩道で自転車に乗っている。
　※cyclist「自転車に乗る人」(589番)

名 sidewalk / pavement 歩道

◉「歩く(walk)道(way)」→「歩道・通路」です。Part 1 では街中の「道路」が写っている写真がよく出るので、walkway「歩道・通路」/ pavement・sidewalk「歩道」をセットで押さえておきましょう。◉関連語として roadway「道路・車道」/ trail「小道」/ path「散歩道・小道」も出ます。

▶ 歩道に沿って茂みが続いている。
　※bush「茂み」/ line ~「~に沿って続く」

▷ 木の影が歩道にかかっている。

Section 1　Part 1での頻出単語　街中

585

☐
☐
☐

driveway

名 私設車道

[dráivwèi]

▶ A vehicle has been parked in a driveway.

▶ repave the driveway leading to the garage

586

☐
☐
☐

curb

名 縁石
動 抑制する

[kə́:rb]

▶ Cars have been parked along a curb.

▶ A taxi has pulled up to the curb.

587

☐
☐
☐

ramp

名 傾斜路・スロープ

[rǽmp]

▶ A cart is being pushed up a ramp.

▶ A woman is going down a ramp in a wheelchair.

588

☐
☐
☐

stroll

動 ぶらぶら歩く・散歩する
名 ぶらぶら歩くこと・散歩

[stróul]

▶ They're strolling down a path.

▶ They're taking a stroll along a beach.

⊙「一般道路から家のガレージへつながる私道」のことです。⚲日本の家では少ないですが、アメリカやTOEICの世界ではdrivewayがよくあります。Part 1だけでなく、Part 7で「driveway を舗装修理する／車をdrivewayに駐車しないで」といった話が出たりします。

▶ 私道に乗り物(車)が停まっている。

▶ ガレージ(車庫)に通じる私道を再舗装する
※ lead to ~「(道などが)~につながっている・続く」(141番)

⊙ curb は「歩道と車道を分ける高さ20cmくらいの石」のことです。日常生活ではさほど使わないと思いますが、Part 1の街中の写真でなぜかやたらと出る単語です。⚲他のPartや海外ニュースでは、curb the spread of the virus「ウイルスの拡散を抑制する」のように動詞としても使われます。

▶ 数台の車が縁石に沿って停まっている。

▶ タクシーが縁石に寄せて停まっている。
※ pull up の直訳は「上に引く」で、「馬の手綱を上に引っ張る」→「止める」が由来

⊙「(段差をつなぐ)斜面」のイメージです(高速道路の「ランプ」もこのramp)。トラックに荷物を搬入する際の「傾斜」や、車椅子の人が使う「スロープ」などを表します。⚲ ramp up は、直訳「上に(up)傾斜をつける(ramp)・坂を上がる」→「増える・増やす」です(例:ramp up production「増産する」)。

▶ カートが傾斜を押し上げられているところだ。

▶ 女性が車椅子でスロープを降りている。
※ wheelchair「車椅子」

名 stroller (折り畳み式の)ベビーカー

⊙ walk に比べて「(楽しむために)ゆっくり・リラックスして散策する」イメージです。Part 7の「散策ツアー」の紹介などで使われることもあります。⚲名詞を使ったtake a strollは、直訳「ぶらぶら歩くこと(a stroll)を交通手段としてとる(take)」→「ぶらぶら歩く・散歩する」です。

▶ 彼らは小道を散策している。

▶ 彼らはビーチを散歩している。

Section 1　Part 1での頻出単語　街中

589

pedestrian

名 歩行者

[pədéstriən]

▶ Pedestrians are waiting at a crosswalk.

▷ Two cyclists are riding side by side.

590

stairs / steps

名 階段

[stéərz] / [stéps]

▶ One of the men is kneeling on the stairs.

▶ Steps lead to a building entrance.

591

staircase / stairway

名 階段

[stéərkèis] / [stéərwèi]

▶ A door to a staircase has been propped open.

▶ A stairway is divided by a handrail.

592

ascend

動 上がる

[əsénd]

▶ A woman is ascending a long flight of stairs.

▶ in ascending order according to price

800

名 cyclist 自転車に乗る人

⊙ pedestrian は ped「足」に注目して、「足を使って歩く人」→「歩行者」と考えれば OK です。ped は足に塗る「ペディキュア(pedicure)」や足で踏む「ペダル(pedal)」に使われています。
💡 cyclist「自転車に乗る人」も頻出で、-ist は「～する人」を表します。

700

▶ 歩行者が横断歩道で待っている。
　※ crosswalk「横断歩道」

▷ 2人が並んで自転車に乗っている。
　※ side by side「並んで」

600

副 upstairs 上の階に
副 downstairs 下の階に

⊙ stair は「(階段の)1段」で、複数形 stairs「階段」でよく使われます(steps も同様)。💡 flight「一続き」を使った flight of stairs「一続きの階段」という表現も出ます。walk up three flights of stairs は「一続きの階段を3つ上る」、つまり「3階分の階段を上る」ということです。

500

▶ 男性の1人が階段でひざをついている。
　※ kneel (down) on ~「～にひざをつく」

▶ 階段が建物の入口に続いている。
　※ 外の階段や1、2段くらいのものは steps を、建物内の階段には stairs をよく使う

400

⊙ staircase は「階段(stair)の枠(case)」→「(手すりや踊り場などを含めた一続きの)階段」です(≒ stairway)。Part 3・4の図表問題(地図問題)でも「階段」を表す単語が解答のキーになることがあります。💡「1つの staircase」=「多くの steps・stairs」とイメージしてもいいでしょう。

300

▶ 階段へのドアが(支えで)開けっ放しになっている。

▶ 階段が手すりによって分けられている。
　※「階段の真ん中に手すりがあって、階段が左右に分かれている」イメージ

200

動 descend 下りる

⊙「～へ(a)登る(scend)」→「上がる」です。go[walk] up ／ climb ／ ascend「上がる」をセットで押さえておきましょう。💡 in ascending order は「(どんどん)上がっていく順番に」→「昇順に・小さい順に」、in descending order は「下がっていく順番に」→「降順に・大きい順に」です。

▶ 女性が長い階段を上っているところだ。
　※ ≒ A woman is climbing[going up/walking up] a long flight of stairs.

▶ 価格の安い順に

100

0

Section 1　Part 1での頻出単語　街中

593

☐
☐
☐

column
[káləm]

名 柱・(新聞・雑誌の)コラム

▶ Columns line both sides of a hall.

▶ write a monthly magazine column

594

☐
☐
☐

brick
[brík]

名 レンガ
形 レンガの

▶ A woman is leaning against a brick wall.

▶ a brick-and-mortar shop

595

☐
☐
☐

high-rise
[háiràiz]

形 高層の
名 高層ビル

▶ High-rise buildings overlook the water.

▷ Some skyscrapers are visible in the distance.

596

☐
☐
☐

seat
[síːt]

名 座席
動 座らせる・収容できる

▶ Some diners are seated across from each other.

▶ The table I reserved seats up to 10 people.

700

⊙本来は「柱」で、新聞の中で「柱のように細長い部分に書かれた記事」→「(新聞・雑誌の)コラム」となりました。Part 1では本来の「柱」の意味でよく出ます。💬関連語として、lamppost「街灯柱」／streetlamp「街灯」／lighthouse「灯台」もチェックしておきましょう。すべてPart 1対策になります。

▶ ホールの両側に柱が並んでいる。

▶ 雑誌の月刊コラムを書く

600

⊙break「壊す」と関連があり、「壊れた断片」→「レンガ」と考えればOKです。Part 1頻出で、Part 7でも「レンガの発注／レンガ造りの建物」などが出ます。💬brick-and-mortarは「レンガとモルタル(レンガをつなぐ素材)でできた」→「(オンラインではなく)実際に存在する・リアルの」を表します。

▶ 女性はレンガの壁に寄りかかっている。

▶ 実店舗
※ ≒ a physical shop ／ ⇔ an online shop・a virtual shop(9番)

500

名 skyscraper 超高層ビル

⊙「高くに(high)上がった(rise)」→「高層の」です。名詞「高層ビル」もありますが、形容詞としてa high-rise building「高層ビル」と使うことが多いです。💬skyscraperは「空(sky)をこする・スクラッチするもの(scraper)」→「(空をこする・空に達するほどの)超高層ビル・摩天楼」です。

▶ 高層ビルから海が見下ろせる。
※ overlook「見渡す・見下ろす」(624番)

▷ 遠くに超高層ビルがいくつか見える。
※ in the distance「遠くに」

400

300

200

⊙sit「座る」は自動詞、seatは「座らせる」という他動詞です。be seatedで「座らせられる」→「座る」となります。be seated opposite each otherも「向かい合わせに座っている」です。💬応用として、例2のように「(場所は)人数分の席がある・収容できる」といった意味もあります(≒ accommodate「収容できる」)。

▶ 何人かの食事客が向かい合わせに座っている。
※ across from each other「お互いから横切ったところに・向かいに」→「向かい合わせに」

▶ 私が予約した席には、10名まで座れる。

100

0

Section 1　Part 1での頻出単語　街中／室内・料理

597

☐
☐
☐

occupy

動 占める

[ákjupài]

▶ All of the benches in the square are occupied.

▷ The lavatory is unoccupied.

598

☐
☐
☐

windowsill

名 窓敷居・窓の下枠

[wíndousil]

▶ A cup has been left on a windowsill.

▷ Workers are washing the windowpanes.

599

☐
☐
☐

suspend

動 ぶら下げる／保留する・一時停止する

[səspénd]

▶ A ceiling fan is suspended from the ceiling.

▶ suspend production at the plant

600

☐
☐
☐

hang

動 掛かる・掛ける

[hǽŋ]

▶ Some artwork is hanging on a wall.

▶ Decorations have been hung from the ceiling.

🔊 4-009
800
700
600
500
400
300
200
100
0

名 occupation 職業
名 occupancy 占有
名 occupant 占有者
形 unoccupied 空いている

▶ 広場にあるすべてのベンチに人が座っている。
　※square「広場」(239番)

▷ 化粧室は空いています。
　※lavatory「お手洗い・化粧室」

◉飛行機のトイレは使用中のときに"Occupied"という表示が光ります（「トイレが占領されている」→「使用中」のこと）。be occupied「空いていない・満席の・使用中の」という表現が大事です。◎ be unoccupied は「占められていない」→「空いている」です（≒ vacant・empty「空いている」）。

名 windowpane 窓ガラス

▶ カップが窓敷居に置かれている。

▷ 作業員が窓ガラスを洗っている。

◉ windowsill は「窓の (window) 敷居・下枠 (sill)」で、「窓の下にある棚（よく観葉植物が置かれれるような場所）」のことです。◎ windowpane「窓ガラス」は難しい単語ですが、こちらも Part 1 で出題されたことがあります（pane「窓ガラス・窓枠」は panel「パネル」と同語源）。

名 suspension 吊るすこと

▶ シーリングファンが天井から吊るされている。
　※ceiling fan「シーリングファン・天井の扇風機」

▶ 工場での生産を一時停止する

◉ pend には「ぶら下げる」の意味があり、「ペンダント」=「首からぶら下げるもの」、「サスペンダー」=「ズボンをぶら下げるもの」と使われています。Part 1 で be suspended (from ~)「(~から)吊るされている」はよく出ます。◎「ぶら下げて決定しない」→「保留する・一時停止する」も大事です。

▶ いくつかの芸術品が壁に掛かっている。

▶ 装飾が天井から吊るされている。

◉「ハンガー (hanger)」は「服を掛けるもの」ですね。hang-hung-hung という変化で、例1は自動詞「掛かる」、例2は他動詞が受動態になって be hung from ~「~から吊るされている」です。◎ Part 1 で「何かが吊るされている」写真がよく出るので、suspend とセットで押さえておきましょう。

331

Section 1　Part 1での頻出単語　室内・料理

601
stove　名 コンロ

[stóuv]

▶ Pots have been stacked next to a stove.

▶ He's cooking something in a pan on a stove.

602
cupboard　名 食器棚

[kʌ́bərd]

▶ Cookware is being stored in a cupboard.

▶ A cupboard above a sink is full of dishes.

603
grocery　名 食料雑貨

[gróusəri | gróuʃri]

▶ A woman is shopping for groceries.

▷ A man is putting items into a shopping cart in a grocery store.

604
hallway　名 廊下

[hɔ́ːlwèi]

▶ There are a broom and a mop in the hallway.

▷ The conference room is down the hall.

700

▶ 鍋がコンロの横に積み重ねられている。
　※pot「つぼ・鉢・(深い)鍋・急須」

▶ 彼はコンロにあるフライパンで調理している。

◉stoveは「ストーブ」ではなく、キッチンで「火を使って温めるもの」→「コンロ・レンジ」という意味でよく使われます(「ストーブ・暖房」にはheaterを使うのが普通)。💡panはfrying panと同じ意味で、「フライパン」のことです(これもPart 1で大事)。(×)fry panではありません。

600

▶ 調理器具が食器棚に収納されている。

▶ 流しの上にある食器棚はお皿でいっぱいだ。
　※sink「流し・シンク」／be full of ~「~でいっぱいだ」

◉「カップ(cup)をしまう棚(board)」です。日本の家具屋では「カップボード」と表記されますが、正しい発音は「カバァド」といった感じです。kitchen cabinet「食器棚」も同じ意味です。💡例2にあるdishは、「皿」と「(皿に載った)料理」という2つの意味が大切です。

500

400

名 grocery store 食料品店

▶ 女性が食料品の買い物をしている。

▷ 男性が食料品店でショッピングカートに商品を入れている。

◉「スーパーなどで売られている食品(やその他の商品)」のことで、複数形groceriesで使われます。特に八百屋で売る青果のイメージです。
💡grocery storeはsupermarketとほぼ同じで、特にアメリカでよく使われます(厳密にはgrocery storeは少し規模が小さい八百屋のイメージ)。

300

200

名 hall 廊下・玄関・ホール

▶ 廊下にほうきとモップがある。

▷ その会議室は廊下を進んだ先です。
　※Part 2・3で頻出

◉「ホール(hall)に向かう道(way)」→「廊下」です。リスニングの道案内や図表問題(地図問題)でも大事な単語です。💡downは「今いる場所から離れて」という意味で(必ずしも「下」に向かうわけではない)、down the hallway[hall]は「今いる場所から廊下を進んでいった先」を表します。

100

0

605

☐
☐
☐

wipe

[wáip]

動 拭く

▶ A server is wiping a table.

▷ A man is mopping a tile floor.

606

☐
☐
☐

tidy

[táidi]

形 きちんとした
動 片付ける

▶ His workstation is neat and tidy.

▶ She's tidying up the room.

607

☐
☐
☐

dust

[dʌst]

名 ほこり
動 ～のほこりを払う

▶ The man is wiping dust off a screen.

▶ She's dusting a table.

608

☐
☐
☐

empty

[émpti]

形 空の・空いている
動 空にする

▶ an empty room

▶ A woman is emptying a garbage can.

名 動 mop モップ（で拭く）

◉車の窓についている「ワイパー」は「雨を拭くもの」です。wipe off ~「～を拭く」や wipe A off B「BからAを拭き取る」でもよく使います。◉mop は名詞だけでなく、例2のように動詞「モップで拭く」でも使われます。

▶ 給仕係がテーブルを拭いている。

▷ タイルの床をモップで拭いている

◉tide は「潮時」という意味で、tidy は「潮時をきちんとわかっている」→「きちんとした」となりました。Part 1 では動詞「片付ける」が大事です。◉ちなみに、clean は「清潔にする・汚れなどを取り除く」、tidy は「元の位置に戻す・整理する」というイメージです。

▶ 彼の仕事場はきちんと整頓されている。
　※workstation「仕事場・作業場所」(610番)／neat「きちんとした」

▶ 彼女は部屋を片付けている。
　※tidy (up) ~「～を片付ける」

動 sweep 掃く

◉「細かいちり・ほこり」を指します。「ハウスダスト(house dust)」は「家の中のちり・ほこり」ですね。dust [場所]「[場所]のほこりを払う」という動詞に注意してください。◉関連語として、Part 1 で A man is sweeping the floor with a broom.「男性が床をほうきで掃いている」も出ます。

▶ 男性は画面からほこりを拭き取っている。
　※wipe A off B「BからAを拭き取る」

▶ 彼女はテーブルのほこりを払っている。

◉車の燃料メーターが「満タン」のときは "F"(full)、「空」のときは "E" で、これは empty「空っぽの」です。形容詞は「空っぽの」→「人がいない・使われていない」で、an empty room「空室・人がいない部屋」≒ a vacant room「空室」です。◉Part 1 では動詞「～を空にする」も出ます。

▶ 空室・人がいない部屋

▶ 女性がゴミ箱を空にしている。
　※garbage[trash] can「ゴミ箱」

800
700
600
500
400
300
200
100
0

335

Section 1　Part 1での頻出単語　室内・料理／オフィス

609

☐
☐
☐

rake

[réik]

名 熊手
動 (熊手で)集める

▶ She's using a rake to collect leaves.

▶ The man is raking the leaves into piles.

610

☐
☐
☐

workstation / cubicle

[wə́ːrkstèiʃən] / [kjúːbikl]

名 (個人用の)作業場所・
作業スペース

▶ She's talking on the phone at a workstation.

▶ All employees are required to keep their cubicles neat and organized.

611

☐
☐
☐

distribute

[distríbjuːt]

動 分配する・配布する／
流通させる

▶ A woman is distributing some handouts.

▶ The company's health supplements are distributed nationwide.

612

☐
☐
☐

photocopy

[fóutəkàpi]

名 コピー
動 コピーする

▶ She's making photocopies.

▶ photocopy some documents to hand out at a meeting

4-012

800

700

600

500

400

300

200

100

0

▶ 彼女は熊手を使って落ち葉を集めている。

▶ 男性が葉っぱを熊手でかき集めている。
※直訳「男性が落ち葉を熊手で集めて積み重なった状態にしている」

⊙ Part 1で時々出る単語で、「落ち葉を集めたりするときに使う、先に熊の手のような形のつめがついた道具」のことです。例2のように動詞でも使えます（本番で出題済み）。♡ rake in ~ は「お金を熊手で大量に集める」→「荒稼ぎをする」という熟語です。rake in $100 million は「1億ドルを稼ぐ」です。

名 work area / work site / workplace 作業場・職場

▶ 彼女は仕事机で電話で話している。

▶ 全従業員は、自分の作業スペースをきれいで整った状態に保つ必要がある。
※ organized「整った」

⊙ station は本来「(立つ)場所」で、「電車が立ち止まる場所」→「駅」となりました。workstation は「個人が仕事をする場所」→「(個人用の PC がある)仕事場所・作業スペース」を表します。♡ cubicle も似た意味で、オフィスの「パーティションで区切った個人用デスクのある所」のことです。

名 distribution 分配・配布／流通
名 distributor 流通業者

▶ 女性が何枚かの資料を配っている。

▶ 会社の健康サプリは全国で販売されている。
※直訳は「全国的に流通させられている」

⊙「1カ所に集まったものを広げる」イメージで、Part 1では「(書類などを)配布する」の意味で出ます。他の Part でも「資料・アンケート用紙の配布」は頻出です（hand out・pass out「配る」とよく言い換えられます）。♡「(商品を店・各地に)広める」→「供給する・流通させる」の意味もぜひチェックを。

名 動 copy コピー（する）
名 photocopier / copier / copy machine コピー機

▶ 彼女はコピーを取っている。
※ make a photocopy「コピーを作る」→「コピーを取る」

▶ 会議で配布する文書を数部コピーする

⊙ 本来「写真 (photo) 式の複写 (copy)」で、そこから「コピー(する)」となりました。名詞は pass out photocopies of documents「文書のコピーを配る」のように使います。♡ 動詞の用法もあり、photocopy ~ ≒ make a photocopy of ~「～をコピーする」ということです。

Section 1　Part 1での頻出単語　位置関係／水辺

613
□
□
□

face

[féis]

名 顔
動 ～の方を向く・～に面している／直面する（させる）

▶ A café faces a busy street.

▷ People are standing face to face.

614
□
□
□

row

[róu]

名 列
動 （ボートなどを）こぐ

▶ Glasses are lined up in a row on a counter.

▶ have seven days off in a row

615
□
□
□

opposite

[ápəzit]

形 反対の・向かい側の
前 反対に・向かいに

▶ They are heading in opposite directions.

▶ They are sitting opposite each other.

616
□
□
□

water

[wɔ́:tər]

名 水辺・水のあるところ
動 水をやる

▶ Cyclists are riding bicycles along the water.

▶ A man is watering flowers with a watering can.

副 face to face 向かい合って

⊙「顔を向ける」→「〜の方を向く・〜に面している」という動詞が大事です。face 〜 に 直 面 し て い る」、be faced with 〜「〜に直面させられる」→「〜に直面している」のどちらの形でも使われます。♡ face to face は「顔に対して顔」→「向かい合って」というPart 1頻出表現です。

▶ カフェは人通りの多い道に面している。
※busy「人通りの多い」

▷ 人々が向かい合って立っている。

名 動 paddle （カヌーなどの）かい／（カヌーなどを）かいでこぐ

⊙ in a row・in (a) line「列という形式で」→「列になって・並んで」はPart 1頻出です。in a row は「列に並んで」→「連続で」の意味もあります。♡「こ ぐ」の 意 味 で、People are rowing[paddling] a boat in a river.「人々は川でボートをこいでいる」とも使えます（paddle「こぐ」もPart 1で登場済み）。

▶ カウンターにはグラスが一列に並んでいる。
※be lined up「並んでいる」

▶ 7連休をとる

動 oppose 反対する
名 opposition 反対

⊙ in opposite directions「それぞれ反対方向に」では形容詞として使われています。♡見落としがちですが、前置詞opposite 〜「〜の向かいに」も 大 事 で す。be located directly opposite the station は「駅の真向かいに位置している」です。Part 3・4の地図問題やPart 5でもこの用法が狙われます。

▶ 彼らは反対方向に進んでいる。
※head「進む」(172番)

▶ 彼らは向かい合わせに座っている。
※ ≒ They are sitting across from each other.

⊙単語自体は簡単ですが、「水辺・水のあるところ(海・川・湖など)」を表す点が大事です(Part 1で水辺の写真は頻出)。a body of water「水のカタマリ」→「水域」という表現も出ます(bodyは「カタマリ」のイメージ)。♡花に水をあげる写真では、動詞「水をやる」としてもよく使われます。

▶ 数人が水辺に沿って自転車に乗っている。

▶ 男性がじょうろで花に水をやっている。
※watering can「水をやる容器」→「じょうろ」

617

plant

[plǽnt]

名 植物・工場
動 (植物を)植える

▶ She's watering a potted plant.

▶ work in a manufacturing plant

618

hose

[hóuz]

名 ホース

▶ A man is spraying water from a hose.

▶ A hose is coiled up on the ground.

619

cargo

[ká:rgou]

名 積み荷・貨物

▶ The ship is loaded with cargo.

▶ A cargo vessel is tied up in a harbor.

620

dock

[dák]

名 埠頭
動 (船を埠頭などに)着ける・(埠頭などに)着く

▶ A boat has been secured to the dock.

▶ Sailing vessels have been docked in rows in a marina.

800

700

▶ 彼女は鉢植えの植物に水をやっている。

▶ 製造工場で働く

⊙「植物」の意味が有名で、Part 1で potted plant「鉢に植えられた植物」がよく出ます。動詞「(植物を)植える」も大切で、plant some flowers「花を植える」です。◍「植える」→「育てる」→「作る(場所)」から「工場」という意味もあります。Part 4・7で工場の話題はよく出ます。

600

500

▶ 男性がホースで水をまいている。
　※with a hose「ホースを使って」でもOK

▶ 地面でホースが巻かれている。
　※be coiled (up)「巻きつけられている」(難しい熟語だが、Part 1でたまに出る)

⊙英語のhoseは「ホース」ではなく「ホウズ」と発音されます。Part 1で出ると意外と苦労する人が多い単語です。◍sprayもPart 1重要語で、「(塗料の)スプレー」が有名ですが、本来は「まく・まき散らす」という意味です。例1で動詞の用法をチェックしてください。

400

▶ その船は貨物でいっぱいだ。

▶ 港に貨物船が停泊している。
　※vessel「(大きな)船」／be tied up「結ばれている・固定されている」

⊙cargoは「車(car)に荷物を積むこと」→「積み荷」です。「カーゴパンツ」は「貨物船で働く作業員が履いたズボン」が始まりです。◍a cargo ship・a cargo vessel「貨物船」がよく出ます。Part 7ではcargo shipping「貨物輸送」も大事です。ちなみに「貨物列車」はa freight trainです。

300

200

▶ ボートが埠頭に固定されている。
　※be secured to ~「~に固定されている」

▶ マリーナ(港)に帆船が並んで停泊している。

⊙dockを-ing形にするとdocking「ドッキング」で、「船を埠頭にドッキングさせる(くっつける)」と考えてください。例1はA boat is tied to a dock. でもほぼ同じ意味です(be tied to ~「~につながれている」)。◍動詞で、be docked「埠頭に着けられる」→「埠頭に着いている・停泊している」もよく使われます。

100

0

Section 1　Part 1での頻出単語　水辺

621
☐
☐
☐

pier

名 埠頭・桟橋

[píər]

▶ Boats are tied to a pier.

▷ A ship has docked at a wharf.

622
☐
☐
☐

fountain

名 噴水

[fáuntən]

▶ A fountain is located in the middle of a plaza.

▶ A fountain is spraying water into the air.

623
☐
☐
☐

reflect

動 映す・反映する・よく考える

[riflékt]

▶ Skyscrapers are reflected in the water.

▶ a new work-from-home policy reflecting employees' desires

624
☐
☐
☐

overlook

動 見渡す・見下ろす／見落とす／大目に見る

[òuvərlúk]

▶ A high-rise building overlooks some boats secured to a pier.

▶ overlook some spelling errors on the company's Web page

名 wharf 埠頭・波止場
名 quay 埠頭・波止場

◉「船が停泊できる水面に突き出した（水の上にある）細長い通り」です。dockは名詞・動詞の両方ありますが、pierは名詞のみです。◍応用としてwharf・quay「埠頭・波止場」もチェックを（他のPartで「波止場にあるレストラン」などが出ます）。国内外問わず港町で見かける単語です。

▶ 数隻のボートが桟橋につながれている。

▷ 1隻の船が波止場に停まっている。

◉本来「流れる・湧き出る」→「泉・湧き水・噴水」です。「チョコレート<u>ファウンテン</u>」とは「チョコレートを噴水状に流して楽しむ料理」です。◍fountainのtが飲み込まれて「ファウン・ン」のように発音されることもあります（mountain「マウン・ン」やcertainly「サー・ンリー」などと同じ現象）。

▶ 噴水は広場の真ん中にある。
　※plaza「広場・複合商業施設」

▶ 噴水が水を噴き上げている。
　※spray A into B「AをBにまき散らす・噴き上げる」

名 reflection 反射・映った像・熟慮

◉「元の方向へ(re)曲げる(flect)」→「映す・反映する・反響する」で、Part 1ではbe reflected on[in] ~「～に映っている」が大事です。◍「頭の中で反響する」→「よく考える」で、reflect on ~「～についてよく考える・振り返る」の形もよく使われます。onは「意識の接触（～について）」です。

▶ 超高層ビルが水面に映っている。

▶ 社員の要望を反映した新しい在宅勤務制度

◉「向こう(over)を見る(look)」→「見渡す・見下ろす」です。Part 1ではA overlook B「A(高い場所)はBを見下ろす・AからBが見渡せる」の形でよく出ます。command(380番)と似た感覚です。◍わざと向こうを見れば「大目に見る」、うっかり向こうを見れば「見落とす」となります。

▶ 高層ビルから、桟橋に固定されている数隻のボートが見下ろせる。

▶ 会社のウェブページにあるいくつかのスペルミスを見落とす

接続副詞②

【並べる】

- ☐ also ／ besides ／ moreover ／ furthermore ／ what is more ／ in addition ／ additionally「加えて」
- ☐ similarly ／ in the same way「同様に」
- ☐ firstly ／ secondly ／ finally「最初に／2番目に／最後に」
- ☐ first of all ／ to begin with ／ to start with「まず・最初に」
- ☐ for one thing「1つには」　※「理由」などを述べるときに使う
- ☐ then「それから」
- ☐ in the meantime「その間に」
- ☐ meanwhile「その間に・一方で」

【例】

Mark Okamoto greeted the guests as they arrived for the reception. Meanwhile, the other Springfield Steel employees finished setting up the room.

Mark Okamoto は宴会に到着したゲストを出迎えた。その間、Springfield Steel の他の従業員は、会場のセッティングを終えた。

【具体例を出す】

- ☐ for example ／ for instance「たとえば」
- ☐ specifically「具体的に言えば」
- ☐ by way of illustration「実例として」

【例】

There are many cheaper alternatives to flying to Seattle. For instance, we can save about $70 if we go by train.

シアトルまで飛行機で行くよりも安い方法は他にたくさんある。たとえば、電車で行けば70ドルほど節約できる。

※ alternative to ~「~の代わりの選択肢」

Chapter 4
最後の総チェック

Section 2
テーマ別重要単語(1)

「会社・求人・退職」関連のテーマはあらゆる Part で登場します。colleague「同僚」／applicant「応募者」といった基本単語から、milestone「画期的な出来事」／commensurate「見合う」といった少し難しめのものまで、テーマ別で効率よく習得していきます。「TOEICではどういった流れでよく出るか」もしっかり解説しているので、本番でも瞬時に場面が想像できるようになります。

Section 2　テーマ別重要単語⑴　会社・業務一般

625

☐
☐
☐

colleague

名 同僚

[káli:g | kɔ́li:g]

▶ earn the respect of his colleagues

▷ work closely with coworkers

626

☐
☐
☐

subordinate

名 部下
形 下位の・補助的な

[səbɔ́:rdənət]

▶ one's direct subordinate

▶ take on a subordinate role in the project

627

☐
☐
☐

supervise

動 監督する・管理する

[sú:pərvàiz]

▶ supervise subordinates

▷ The supervisor assured the workers of the safety of the machine.

628

☐
☐
☐

firm

形 堅い・しっかりした
名 会社

[fɔ́:rm]

▶ have a firm grasp on an abstract concept

▶ run a law firm

800

700

600

500

400

300

200

100

0

名 coworker 同僚
動 名 形 associate 連想する・関係させる/同僚・従業員/準〜・副〜

▶ 彼の同僚の尊敬を集める

▷ 同僚と密に連携して働く

⊙「一緒に(co)集まり・リーグ(league)を作る人」→「同僚」です(league「集まり」は野球の「パ・リーグ」で使われています)。リーディングではcollege「大学」と見間違えないように、リスニングでは「カリーグ」「コリーグ」という発音に注意を。
💬 coworkerは「共同で(co)働く人(worker)」→「同僚」です。

▶ 直属の部下

▶ プロジェクトで補助的な役割を引き受ける
　※take on ~「〜を引き受ける」

⊙「下に(sub)順序よく(ordin = order)並ぶ」→「下位の・従属した」、「下位のポジションの人」→「部下」です。💬 be subordinate to ~「〜より下位の」という表現もあり、An assistant is subordinate to a manager.「アシスタントは部長の部下だ」のように使えます。

名 supervisor 上司・監督・管理者
名 supervision 監督・管理
形 supervisory 監督の・管理の

▶ 部下を監督する

▷ 管理者は労働者に機械の安全性を保証した。
　※assure 人 of ~「人に〜について保証する」

⊙「上から(super)見る(vise = vision)」→「監督する」です。oversee「上から(over)見る(see)」→「管理する」との言い換えが大事で、supervise a project ≒ oversee a project「プロジェクトを監督する」です。
💬 Part 5の品詞問題でsupervisory experience「管理者の経験」も出題済みです。

副 firmly 堅く・しっかりと

▶ 抽象的な概念をしっかり把握する
　※abstract「抽象的な」

▶ 法律事務所を経営する
　※run「経営する」(359番)

⊙「がっしりした」イメージで、a firm mattress「堅いマットレス」の他に抽象的なものにも使えます。💬 TOEICでは「固い」→「固く契約を結ぶ」→「(契約を結ぶ)会社」の意味でよく出ます。最近は日本語でも「コンサルティングファーム(consulting firm)」=「コンサルティング会社」と使われています。

Section 2 テーマ別重要単語(1) 会社・業務一般

629

foundation

名 土台・設立・基金・財団

[faundéiʃən]

▶ lay a firm foundation for a sales network in Canada

▶ Yamamoto Metals has grown steadily since its foundation in 1973.

630

assignment

名 割り当て／(割り当てられた)仕事・課題

[əsáinmənt]

▶ a seating assignment

▶ finish an assignment on time

631

streamline

動 合理化する

[strí:mlàin]

▶ streamline operations

▷ Our streamlined manufacturing process enables us to respond quickly to bulk orders.

632

procedure

名 手順・手続き／処置

[prəsí:dʒər]

▶ streamline the registration procedure

▶ follow the safety procedures outlined in the manual

◀) 4-017

800

700

600

500

400

300

200

100

0

動 found 設立する・創設する
名 founder 設立者・創設者

▶ カナダでの販売網の確かな土台を築く

▶ Yamamoto Metalsは1973年の創立以来、着実に成長してきた。
※動詞found「設立する」を使って、since it was foundedと表すことも可能

◉「ファンデーション」はメイクの「土台」になるものです（正確な発音は「ファウンデーション」）。「土台・基礎・設立」→「基本金・基金」→「(基金で運営される)財団」となりました。
💬 donate money to the Japan Foundation「国際交流基金に資金を寄付する」のように組織の名前にもよく使われます。

動 assign 割り当てる・任命する

▶ 座席の割り当て

▶ 課題を予定通りに終わらせる

◉ assign「割り当てる」の名詞形で、「割り当て」と、「割り当てられたもの」→「仕事・課題」という意味があります。日本の大学でも「来週のアサインメントはエッセイを4000字」と使う教授もいます。💬 an overseas assignmentは「海外に割り当てられること」→「海外配属・海外勤務」です。

名 stream 小川
形 streamlined 合理化された

▶ 業務を合理化する（作業の無駄を省く）

▷ 合理化された製造工程のおかげで、当社は大量注文に迅速に対応できる。
※a bulk order「大口注文・大量注文」（757番）

◉「小川(stream)のようなライン(line)」→「流線形・(流線のように)スムーズにする」→「合理化する」となりました。「無駄を省く・効率的にする」イメージで、「作業・方法・過程」を表す単語と相性が良いです。💬余談ですが、この本の著者3人が所属する社名はストリームライナー(Streamliner)です。

動 名 process 処理する／プロセス・作業・方法・手順
動 proceed 進行する・続ける

▶ 登録手順をシンプルにする

▶ マニュアルで示されている安全手順に従う

◉ proceed「進める」やprocess「プロセス・過程」と同語源で、「1つひとつ進めていくプロセス」→「手順」となります。複合名詞の registration procedure「登録手順」や safety procedure「安全手順」は品詞問題でも大事です。💬応用として、医療の話題ではa medical procedure「医療処置・治療」も出ます。

Section 2　テーマ別重要単語(1)　会社・業務一般／企業の新展開

633

division

名 分割・部門

[divíʒən]

▶ the division of household chores

▶ be promoted to division manager

634

sector

名 部門・分野

[séktər]

▶ the energy sector

▶ Tourism is a key sector of Japan's economy.

635

merge

動 合併する

[mə́:rdʒ]

▶ merge with a competitor

▷ acquire a rival company

636

expand

動 拡大する

[ikspǽnd]

▶ expand a business

▶ expand into a rapidly growing market

800
700
600
500
400
300
200
100
0

divide 分ける
department 部門・部署
section 部門・課

⊙「大きなものを分割した(divide)もの」というイメージです。Part 5の語彙問題で何度も正解になっています。♡「会社を分割したもの」→「部門・部署・課」で、division manager[head]「部門長」／ the sales division「営業部」／ the research and development division「研究開発部」が大切です。

▶ 家事労働の分担
　※chore「雑用・家事」

▶ 部門長に昇進する

⊙ sectは「切る」で(sectionは「区切られた場所」→「区域」)、sectorは「区切られた所」→「部門・分野」となりました。日本語でも「民間セクター」などと使われています。♡「会社の部門・部署」ではなく「経済の一部分・業界」のことで、Part 7の同義語問題ではsector ≒ industry「業界」が出題済みです。

▶ エネルギー部門

▶ 観光業は日本経済で重要な分野だ。

merger 合併
acquire 獲得する・買収する
acquisition 獲得・買収／入手作品

⊙ニュースで出てくる「M & A」とはmergers and acquisitions「合併と買収」のことです。そこから動詞mergeを覚えてください。TOEICで「他社との合併」は定番の話題です。♡acquireは本来「あることを求めて(uire = require)得る」で、「獲得する」や「会社を獲得する」→「買収する」となりました。

▶ 競合他社と合併する

▷ ライバル会社を買収する

expansion 拡大

⊙ex「外へ」から「広がる」イメージで覚えてください。自動詞でexpand into ~「~に拡大する・進出する」の形も大切です(本番でこのintoが問われたこともアリ)。♡Part 7では、本文でexpandが使われ、正解の選択肢でincrease in number「(数において)増える」と言い換えられたこともあります。

▶ 事業を拡大する

▶ 急成長している市場に進出する

Section 2　テーマ別重要単語⑴　企業の新展開

637

headquarter
[hédkwɔ̀ːrtər]

名 (headquarters で)
本社
動 本社を置く

▶ The company is headquartered in Paris.

▶ Fischer AG, headquartered in Vienna, is preparing to enter the North American market.

638

base
[béis]

名 土台・基礎・本拠
動 基礎を置く・(本拠を)
置く

▶ improve our services based on customer feedback

▶ a company based in Madrid

639

branch
[bræntʃ]

名 支店・分館

▶ This office is a branch; our head office is in Tokyo.

▶ a new branch of the Milwaukee Public Library

640

chapter
[tʃæptər]

名 章／(歴史・人生など
の)区切り・時期／支部

▶ open a new chapter in the history of AI

▶ The Portland chapter of the Speechmasters club has many active members.

▶ その会社はパリに本社を置いている。
※≒ The company has its headquarters in Paris.（名詞）

▶ 本社がウィーンにあるFischer社は、北米市場への参入を準備している。

◉「頭・中心（head）になる場所（quarters）」→「本社・本部」です。動詞は、be headquartered in ～「～に本社が置かれている」→「～に本社を置いている・～に本拠地がある」の形でよく使われます。💡例2はS, headquartered in ○○, V.「Sは○○に本社を置き、Vする」という形です（分詞構文）。

600

▶ 顧客からのフィードバックに基づいてサービスを改善する

▶ マドリードに本拠を置く会社
※≒ a Madrid-based company／
○○-based「○○に本拠を置く」

◉be based on ～ は「～に基礎を置かれる」→「～に基づいている」です（on は「意識の接触」→「依存・土台」）。💡be based in ～「（本拠・拠点が）～に置かれる」→「～に拠点を置いている」も大事です。Part 7では「本社の場所」がよく問われますし、Part 5の語彙問題で出題されたこともあります。

500

400

▶ ここは支店で、本社は東京にあります。
※ head office「本社」

▶ Milwaukee公立図書館の新館

◉本来は「枝」で、「枝分かれした店」→「支店・支社」となりました。a branch managerは「支店長」です。💡「本館から枝分かれした建物」→「分館」といった意味でもたまに出ます。たとえば大きな図書館があって、そこから枝分かれした小さな図書館のことです（○○区立△△図書館のようなイメージ）。

300

200

▶ AIの歴史における新たな章を開く

▶ Speechmastersクラブのポートランド支部には、多くの活動的なメンバーがいる。

◉「小さく分ける」イメージで、「本を小さく分ける」→「章」（「チャプター」でおなじみ）、「時代を小さく分ける」→「区切り・時期」となりました。💡さらに「会社・組織を小さく分ける」→「支部・分会」の意味もあります。こちらの意味も本番で出題済みです。

100

0

Section 2　テーマ別重要単語(1)　企業の新展開／求人・就職

641
milestone

名 画期的な出来事・節目

[máilstòun]

▶ a significant milestone in the development of virtual reality

▶ Opening its first location overseas has marked an important milestone for the company.

642
groundbreaking

形 画期的な

[gráundbrèikiŋ]

▶ groundbreaking research

▷ break ground on the project

643
kickoff

名 開始

[kíkɔ̀:f]

▶ celebrate the kickoff of the project

▷ kick off a meeting

644
seek

動 求める・探す

[sí:k]

▶ We are seeking experienced sales associates.

▶ seek to promote the new service

800
700
600
500
400
300
200
100
0

▶ VR開発における重要な出来事

▶ 海外で初めての店舗のオープンは、その会社にとって重要な節目となった。
※location「店舗」(251番)

◉「1マイル(mile)ごとに目印として置いた石(stone)」→「目印」→「(目印になるような)画期的なもの・節目」です。日本でもビジネスで「マイルストーン」と使われています。💡mark an important milestone for ~ は「~にとって重要な節目をマークする・示す」→「重要な節目となる」です。

動 break ground 着工する・開始する

▶ 画期的な研究

▷ プロジェクトに着手する

◉「地面(ground)を切り開く(break)ような」→「画期的な・革新的な」です。「新しくて大きな変化をもたらす・影響を与える」イメージです。💡break groundは「地面を切り開く」→「(建設に)着工する・事業を開始する」という熟語です。1度の公開テストでこの熟語が2回出たこともあります。

動 kick off 始まる・開始する

▶ プロジェクトの幕開けを祝う

▷ ミーティングを始める
※the kickoff meeting for the projectは「プロジェクトの開始ミーティング」

◉サッカーやラグビーの「キックオフ」は「(蹴り出すことで)試合を始める」わけですが、それがビジネスでも使われると考えてください。日本でも「キックオフミーティング」=「プロジェクトの最初の会議」と使われています。💡動詞kick off「始まる・開始する」もPart 7などで出題済みです。

名 job seeker 求職者

▶ 当社は経験豊富な販売員を募集しています。
※a sales associate「販売員」(498番)

▶ 新サービスを広めようと努める

◉seek advice「アドバイスを求める」の用法以外に、seek to ~「これから~しようという動作を求める」→「~しようと努める」も重要です。💡求人では「探す・募集する」の意味でよく出ます(≒ look for ~・search for ~・hunt for ~)。ちなみに、job seekerは「仕事を探している人・求職者」です。

Section 2　テーマ別重要単語(1)　求人・就職

645
applicant

名 応募者

[ǽplikənt]

▶ interview a job applicant

▷ accept applications for the open position

646
candidate

名 候補者・応募者

[kǽndidèit]

▶ seek a qualified candidate

▶ The successful candidate for the position will have experience managing large teams.

647
temporary

形 一時的な・仮の

[témpərèri]

▶ hire temporary workers

▶ issue a temporary username and password

648
permanent

形 永続的な・常設の

[pə́:rmənənt]

▶ land a permanent position

▶ display a special temporary exhibition instead of the permanent one

800

700

600

500

400

300

200

100

0

動 apply 当てはまる・適用する／申し込む／貼り付ける・塗る
名 application 申込(用紙)・適用・アプリ
名 appliance 電化製品

▶ 仕事の応募者と面接する

▷ その空いた職への求人応募を受け付けている

◉「申し込む(apply)人(ant)」→「応募者」です。-ant「〜する人」はassistant「助手」やaccountant「会計士」で使われていますね。💬 applicationは「申込・応募・申請」の意味でよく出ます。application form「申込用紙」やapplication process「申込手続き」に関する話は定番です。

◉本来「白い服を着た人」で、身の潔白を表すために選挙の候補者が白衣を着ていたことに由来します(candle「ロウソク」も同じく「白」という語源)。💬 TOEICでは「仕事の候補者・応募者」で使われます。the successful candidateは「成功する候補者」→「(求人で)選ばれる候補者・採用される応募者」です。

▶ 適した候補者を探す
 ※qualified「適任の」(494番)

▶ その職で採用される応募者は、大きなチームをまとめた経験がある方になります。
 ※experience -ing「〜する・した経験」

副 temporarily 一時的に

◉「話のテンポが良い」は元々「時間」のことで、temporary「あるテンポの間」→「一時的な・仮の」となりました。💬 求人の話題では、a temporary employee[worker]「臨時の従業員」／temporary staff「臨時のスタッフ」／temporary position「臨時の職」などが頻出です。

▶ 臨時の従業員を雇う

▶ 一時的な(仮の)ユーザーネームとパスワードを発行する

副 permanently 永久に
名 permanence 永続

◉「パーマ」はpermanentのことで、「永久的に髪にクセをつける」ということです。「永久の」が弱まって「半永久的な」や「ある程度長い」くらいの意味でもよく使います。💬 a permanent jobも「一生の仕事」ではなく、実際は「正社員としての仕事・定職」で使われます。full-timeに近い意味です。

▶ 正社員としての職を得る
 ※land「手に入れる」(162番)

▶ 常設展示の代わりに、特別企画展を展示する
 ※one = exhibition

Section 2　テーマ別重要単語(1)　求人・就職

649 part-time

[pá:rttàim]

形 非常勤の・アルバイトの
副 非常勤で・アルバイトで

▶ a part-time curator at a museum

▷ offer Ms. Harlan a job as a full-time salesperson

650 preferable / preferred

[préfərəbl] / [prifə́:rd]

形 好ましい・望ましい

▶ A minimum of three years of payroll experience is preferable.

▶ It is preferred that candidates have graduated from a four-year university.

651 expertise

[èkspərtí:z]

名 専門知識・専門技術

▶ programming expertise

▶ hire people with expertise in social media advertising

652 background

[bǽkgràund]

名 背景・経歴

▶ people with different cultural backgrounds

▶ The ideal candidate will have a background in sales.

800

700

600

形副 full-time 常勤の・フルタイムの／常勤で・フルタイムで

⊙「部分的な時間」で働くので part を使います。日本語の「パート」とは異なります。求人で「非常勤の職だけが応募可能／常勤の職をオファーする」などがよく出ます。◎ work part-time「非常勤で働く」のように副詞でもよく使われます。

▶ 博物館の非常勤学芸員
※ curator「(博物館・図書館などの)館長・管理者」

▷ Harlanさんに常勤の販売員の内定を出す(常勤の販売員としての職を提供する)

動 prefer 好む
名 preference 好み
形 desirable / desired 望ましい

⊙ prefer(好む)+ able で、「好まれることができる」→「好ましい・望ましい」となりました。◎求人で preferable・preferred・desirable・desired・plus (211番)を見たら、「望ましい条件・優遇条件(だけど必須ではない)」と意識してください。「必須」か「必須でない」かの区別が設問でよく狙われます。

▶ 給与計算の経験が3年以上あることが望ましい。
※ payroll「給与支払いの業務」(662番)

▶ 候補者は4年生大学を卒業していることが望ましい。

500

400

300

名 expert 専門家

⊙「expert(専門家)が持っているもの」→「専門知識・技術」と考えればOKです。求人で「専門知識が必要」と応募条件を示す際によく使われます。Part 5でも正解になったことがある重要単語です。◎リスニングでも出るので、「エキスパティーズ」という発音・アクセントも押さえておきましょう。

▶ プログラミングの専門技術

▶ SNS広告の専門知識を持つ人を雇う
※ expertise in ~「~における専門知識」

200

⊙「後ろ(back)にある土台(ground)」→「背景・経歴」で、日本語でも「彼のバックグラウンドを知って驚いた」と使われています。◎ Part 7の求人では「経歴」の意味が重要です。professional background は「職歴」、educational[academic] background は「学歴」です。

100

▶ 様々な文化的背景を持つ人々

▶ 理想的な候補者は営業職での経歴(経験)を有する方になります。

0

Section 2　テーマ別重要単語⑴　求人・就職

653
□
□
□

prior
[práiər]

形 前の
前 (prior to ~ で)～より前に

▶ **Prior** experience in a similar job is desirable.

▶ Present your ID badge **prior to** entering the facility.

654
□
□
□

managerial
[mǽnidʒíəriəl]

形 経営の・管理(者)の

▶ screen applications for the **managerial** position

▶ Successful applicants should have **managerial** experience.

655
□
□
□

proficient
[prəfíʃənt]

形 熟練した・堪能な

▶ The successful candidate will be **proficient** in English and Mandarin.

▷ demonstrate **proficiency** in leadership skills

656
□
□
□

aspire
[əspáiər]

動 熱望する

▶ **aspire** to become a famous artist

▷ a workshop for **aspiring** supervisors

◀)) 4-023

800

700

600

500

400

300

200

100

0

名 priority 優先事項

⊙求人で prior experience「以前の経験・過去の経験」という表現がよく使われます（≒ previous experience）。⊙ prior to ~「~より前に」の形も大事です。この to は前置詞なので、後ろには名詞・動名詞がきます。Part 5・6 で何度も問われている超重要表現です。

▶ 同様の仕事における過去の経験があると望ましい。

▶ 施設に入る前に ID バッジを提示してください。

動 manage 経営する・管理する
名 manager 管理者・経営者・部長
名 management 管理能力・経営陣
形 manageable 管理できる・扱いやすい

⊙ manage「管理する」の形容詞形で、managerial position「管理職」や managerial experience「管理職の経験」がよく出ます（TOEIC では、求人で「管理職の経験」がよく求められる）。⊙ Part 5 で manageable「管理されることができる」→「管理できる」との区別が問われたこともあります。

▶ 管理職への応募を選考する
※ screen「選考する」（199番）

▶ 採用される応募者は管理職の経験が必須です。

名 proficiency 熟練（していること）
副 proficiently 上手に・流暢に

⊙「前で（pro）作る・行う（fici）」→「（人前で作るほど）熟練した」です。「プロ（pro）が十分な（sufficient）技術を持っている」と覚えてもいいでしょう。⊙ be proficient[fluent] in 言語「言語 において堪能だ」→「言語 が堪能だ」は重要表現で、求人で「外国語」の能力がよく求められます。

▶ 採用される応募者は、英語と標準中国語に堪能である必要がある。

▷ リーダーシップの能力が優れていることを示す

形 aspiring 意欲的な・~志望の
形 would-be ~志望の

⊙「~に向かって（a）息を吹き込む（spire）」→「熱望する」で、aspire to ~「~することを熱望する」の形が大切です（未来志向の to）。⊙ aspiring は「熱望するような」→「意欲的な・~志望の」です。ちなみに、would-be も「将来、もしなれるなら~になる（be）つもり（would）の」→「~志望の」です。

▶ 有名な芸術家になることを熱望する

▷ 管理職志望の人を対象にしたワークショップ

Section 2　テーマ別重要単語(1)　求人・就職

657

promising

[prámisiŋ]

形 前途有望な・見込みのある

▶ Promising candidates will be invited to tour our production facility.

▶ a promising result

658

competitive

[kəmpétətiv]

形 競争力の高い・他に負けない

▶ offer competitive salaries and flexible work schedules

▶ be sold at competitive prices

659

commensurate

[kəménsərət]

形 見合う・釣り合った

▶ a salary commensurate with experience

▶ For mid-career hires, starting salary is commensurate with qualifications and experience.

660

benefit

{bénəfit}

名 利益・手当・福利厚生
動 利益を得る

▶ Employee benefits include 15 days of paid vacation and a housing allowance.

▶ an agreement that benefits both companies

動 promise 約束する

⊙「将来を約束された」とよく訳されますが、それだとpromisedだと勘違いしてしまうので、「明るい未来をpromiseする」→「前途有望な」と考えてください。求人の話題ではa promising candidate「有望な候補者」がよく出ます。💡物事に対して「期待がもてる・うまく行きそうな」の意味でも使えます(例2)。

▶ 有望な候補者は、当社の生産施設を見学するよう案内されます。

▶ 期待が持てる結果

動 compete 競争する
名 competition 競争
名 competitor 競争相手・競合企業

⊙ competition「競争」の形容詞形で、a competitive marketは「競争力の高い(競争が激しい)市場」です。💡訳語で混乱しやすいので注意してください。求人のcompetitive salaryは「他社に負けない(=高い)給料」、広告で使われるcompetitive priceは「他店に負けない(=安い)値段」となります。

▶ 他社に負けない給料とフレックス制を提供する

▶ 他店に負けない値段で売られている

⊙本来は「共に(com)測る(mens = measure)ような」で、天秤で2つのものを測って「釣り合っている」イメージです。難しい単語ですが、Part 7で「待遇・給料」を説明するときに頻出です。💡名詞の直後に置くか(例1)、be commensurate with ~「~に見合う」の形(例2)でよく使います。

▶ 経験に見合うだけの給料

▶ 中途採用の場合、入社時の給料は資格と経験に応じて決まります。
※mid-career hire「中途採用者」

形 beneficial 利益になる・有益な

⊙「利益」の訳語が有名ですが、TOEICでは「手当・給付金・福利厚生」の意味も超重要です(複数形benefitsで使われることが多い)。💡動詞も大切で、benefit「~のためになる・~に利益を与える」や、benefit from ~「~から利益を得る・得をする」の形でよく使います。

▶ 福利厚生には15日の有給休暇と住宅手当が含まれます。
※employee benefits「従業員手当・福利厚生」/housing allowance「住宅手当」

▶ 両社に利益をもたらす合意

661

package

[pǽkidʒ]

名 小包・まとめたもの・プラン

動 包装する

▶ receive a competitive salary and an attractive benefits package

▶ offer vacation packages tailored to customers' preferences

662

payroll

[péiròul]

名 従業員名簿・給与・給与支払い（の業務）

▶ be in charge of payroll for all employees

▶ We have 200 people on the payroll.

663

paycheck

[péitʃèk]

名 給料支払い小切手・給料

▶ streamline payroll procedures in order to send out paychecks faster

▶ The bonus will be included in your next paycheck.

664

hands-on

[hǽndzán]

形 実際の・実地の

▶ hands-on training

▶ a hands-on approach to management

名 packaging 包装・パッケージ
名 parcel 小包

⊙ TOEIC では「いろいろまとめたもの」というイメージが大事で、benefit(s) package は「会社で働くメリット（benefit）をいろいろまとめたもの」→「福利厚生」です。◎「パック・プラン・パッケージ旅行」といった意味も大切で、Part 7 の同義語問題で、package ≒ plan が問われたこともあります。

▶ 他社に負けない給与と魅力的な福利厚生制度を受ける

▶ お客様の好みに合わせた休暇プランを提供する
※ tailored to ~「〜に合わせた」(468番)

⊙ 本来は「支払い・給与（pay）を記した名簿（roll）」で、そこから「従業員名簿・給与（支払い）」となりました。payroll office・payroll department は「給与課」です。◎ on the payroll は「従業員名簿に載って」→「雇用されて」という表現です。

▶ 全従業員の給与支払いを担当している

▶ 当社には200人の従業員がいる。
※直訳「当社には200人の雇用された人がいる」

⊙ 本来は「給料（pay）を支払う小切手（check）」です。日本に比べて、海外では「小切手」がはるかに頻繁に使われており、TOEIC でも「給料支払い小切手」が登場します。◎「小切手」→「給料」自体も表すようになりました。

▶ 給料支払い小切手をより迅速に送れるように、給与支払い業務をシンプルにする

▶ ボーナスは次回の給料に含まれます。

形 on-the-job 実際の・実地の

⊙ Hands are on.「手が触れている」→「実際に体験している」から生まれました。hands-on training は、他人の話や講義を聞くのではなく「実際に自分の手（hand）で働きながら学んでいく研修」のことです。◎ on-the-job「仕事の現場その場で」→「実地の」も研修に関する説明でよく出ます（日本でも略してOJTと使われています）。

▶ 実地の研修
※ ≒ on-the-job training

▶ 実践型の経営手法
※経営者と社員が同じ場所で一緒に作業しながら経営する手法のこと

665

intensive

形 集中的な

[inténsiv]

▶ a two-week intensive training course

▶ enroll in an intensive seminar about SEO

666

résumé

名 履歴書

[rézəmèi]

▶ e-mail a cover letter and résumé

▷ If interested, send the application along with a cover letter and CV to our human resources department.

667

portfolio

名 作品集・ポートフォリオ

[pɔːrtfóuliòu]

▶ bring a portfolio of your works to the interview

▶ an investment portfolio

668

appraisal

名 評価・査定

[əpréizəl]

▶ a performance appraisal

▶ make an appraisal of the property

4-026

800
700
600
500
400
300
200
100
0

形 intense 強烈な・激しい
副 intensively 集中的に
名 intensity 激しさ・熱心さ
動 intensify 強くする

▶ 2週間の集中研修講座

▶ SEO に関する集中セミナーに登録する
※ enroll in ~「~に登録する」(769番)

◉大学では「集中講座」を「インテンシブコース」と言います。「短期間にたくさんの活動・注意などをギュッと詰め込む」イメージです。TOEIC で「集中研修・集中セミナー」の話はよく出ます。◉例1は two-week がハイフンで結ばれて「形容詞」の働きをしています（形容詞なので weeks とはしない）。

名 CV (= curriculum vitae) 履歴書
名 cover letter カバーレター・添え状

▶ カバーレターと履歴書をメールで送る

▷ 興味がおありでしたら、カバーレターと履歴書を一緒に人事部までお送りください。
※ イギリス英語では CV「履歴書」が使われる

◉元々「要約」で（大学の授業で配られる「レジュメ」は授業内容を「要約した紙」のこと）、「人のキャリアを要約した紙」→「履歴書」となりました。resume「再開する」と混同しないように注意を。◉カバーレターは「履歴書に添える手紙」で、補足事項や自己PR など職歴以外に伝えたいことを書いたりします。

▶ 作品のポートフォリオを面接に持ってくる

▶ 投資ポートフォリオ

◉「持っている何かを集めたもの」のイメージで、TOEIC では「アーティストなどの作品一覧」という意味が大事です。Part 7 の求人で「portfolio を提出して」とよく出ます。◉経済に詳しい人は a stock portfolio「株式一覧表」などが浮かぶかもしれませんが、これも「持っている株を集めたもの」ですね。

動 appraise 評価する・査定する

▶ 勤務評定
※ ≒ a performance review[evaluation] (231番)

▶ 物件（財産）を査定する

◉「値段(prais = price)をつける」→「評価・査定」です。a performance appraisal は「仕事ぶり・業績の評価」→「業績評価・勤務評定・人事考課」です。Part 7 の人事の話でよく使われます。◉例2は make an appraisal of ~「~を評価する・査定する」という表現です（不動産の査定の話で頻出）。

367

Section 2　テーマ別重要単語(1)　退職・退職スピーチ・受賞式など

669 retirement

名 退職

[ritáiərmənt]

▶ announce the retirement of the company's CEO

▶ a retirement party

670 farewell

名 別れ

[fὲərwél]

▶ a farewell party

▶ bid farewell to retiring colleagues

671 outgoing

形 去っていく・退職する／外向的な

[áutgòuiŋ]

▶ have a farewell party for an outgoing employee

▶ have an outgoing personality

672 incoming

形 入ってくる・新任の

[ínkʌ̀miŋ]

▶ answer an incoming call

▶ provide on-the-job training for incoming staff

4-027

800

700

600

500

400

300

200

100

0

retire 退職する
retiree 退職者

⊙ retire は「再び(re)後ろへ引く(tire)」→「退職する」です。TOEICの世界ではa retirement party「退職パーティー」や a retirement celebration「退職の祝賀会・退職祝い」が頻繁に開催されます(特にPart 3・4頻出)。♀ quit や leave は単に「仕事を辞める」、retire は「定年で退職する」です。

▶ 会社のCEOの退職を発表する

▶ 退職パーティー

⊙本来は「良い(well)旅を(fare)」→「さようなら」という別れのあいさつです(good-byより古い言い方)。♀ bid は「言う」で、bid farewell to ~ は「~に別れ(の言葉)を言う・別れを告げる」です。make a farewell speechなら「送別のスピーチをする・別れの辞を述べる」となります。

▶ 送別会

▶ 退職する同僚に別れを告げる

⊙「会社の外に(out)出ていく(going)」→「去っていく・退任する」、「性格が外に(out)向いている(going)」→「社交的な・外向的な」となりました。♀ outgoing mail「発送用郵便物」という表現も出ますが、「外に出ていく(outgoing)郵便物(mail)」と考えればOKですね。

▶ 去っていく従業員のための送別会を開く

▶ 社交的な性格だ

⊙「中に(in)やってくる(coming)」→「入ってくる」です。an incoming call は「かかってくる電話」、an incoming flight は「入ってくるフライト」→「(飛行機の)到着便」です。♀「新しく中にやってくる」→「新任の・後任の」も大事で、Part 7で「新任の社員を研修する」といった話で出てきます。

▶ かかってくる電話を受ける

▶ 新しくやってくるスタッフに実地研修を行う

Section 2　テーマ別重要単語(1)　退職・退職スピーチ・受賞式など

673

☐
☐
☐

banquet

名 宴会・晩餐会

[bǽŋkwit]

▶ attend a banquet in honor of the company's founder

▷ cancel a reception in the hotel's ballroom

674

☐
☐
☐

luncheon

名 昼食会

[lʌ́ntʃən]

▶ cater a business luncheon

▶ Please join us for a luncheon to celebrate the company's anniversary.

675

☐
☐
☐

commemorate

動 祝う

[kəmémərèit]

▶ commemorate the company's 100th anniversary

▷ receive a commemorative plaque

676

☐
☐
☐

keynote

名 基本・基調
形 基調となる

[kí:nòut]

▶ deliver the keynote address at this year's convention

▶ a keynote speaker

名 ballroom 宴会場

▶ 会社の創業者に敬意を示す宴会に参加する
※in honor of ~「～に敬意を表して」（450番）

▷ ホテルの宴会場での宴会を中止にする

⊙ banquetは「フォーマルな夕食会・多くの人が集まる晩餐会（コース料理）」、receptionは「カジュアルな交流会（軽食・ビュッフェ）」のイメージです。💬 ballroom は本来「舞踏会（ball：ballet「バレエ」）ができる広い部屋」→「宴会場」です。banquet hall[room]と同じ意味になります。

▶ ビジネスの昼食会に食事を用意する
※cater「料理を提供する」（103番）

▶ 会社の記念日を祝う昼食会にお越しください。

⊙ 日本語でも「ランチを食べるときにテーブルに敷くもの」を「ランチョンマット」と言いますが、luncheon自体は「フォーマルな昼食会」のことです。banquet「晩餐会」とセットで押さえておきましょう。💬 TOEICでは「新入社員歓迎の昼食会／記念日を祝う昼食会」などが頻繁に開催されます。

名 commemoration 記念
形 commemorative 記念の

▶ 会社の創立100周年を祝う

▷ 記念の盾を受け取る
※plaque「表彰盾・記念額」

⊙「すごく（強調のcom）記憶（memor = memory）に残す」→「（記憶に残るように）祝う」です。💬 例2のa commemorative plaque「記念の盾」は少し難しいですが、Part 7で「コンテストの受賞者は記念の盾を受け取る／会社の名前が記念の盾に刻まれる」といった話で出てきます。

▶ 今年の大会で基調演説を行う
※deliver「（発表などを）行う」（398番）

▶ 基調講演者

⊙ 元々は「主音」という音楽用語ですが、実際にはmain theme「メインテーマ」の意味で使われます。💬 a keynote address[speech] は「基調講演・基調演説（会議などのメインテーマを語る演説）」で、その演説をする人がa keynote speakerです。

677

prestigious

形 名誉ある・一流の

[prestídʒiəs]

▶ win many prestigious awards

▶ work at a prestigious consulting firm

678

recipient

名 受け取る人

[risípiənt]

▶ the recipients of the memo

▶ Award recipients will be given commemorative plaques.

679

nominate

動 指名する・推薦する

[námənèit]

▶ nominate a colleague for an award

▷ solicit nominations for this year's employee of the year award

680

applause

名 拍手（喝采）

[əplɔ́ːz]

▶ Please give John Wang a big round of applause.

▶ Let's have a warm round of applause for Ms. Broussard.

名 prestige 名声

◉単に「有名」というだけでなく、「名誉ある・一流で憧れの」という意味合いで使われます。受賞スピーチでa prestigious award「名誉ある賞」がよく出ます。♥prestige「名声」は名詞で、(×)a prestige firm「一流の会社」と使えない点に注意してください(品詞問題で狙われることもあります)。

▶ 数々の名誉ある賞を受賞する

▶ 一流のコンサルティング会社で働く

◉最近は「(臓器移植で)ドナーから臓器を受け取る人」のことを「レシピエント」と言います。「受け取る(receive)人」のことです。♥「(文書や荷物の)受取人」に加えて、「賞を受け取る人」→「受賞者」という意味も大切です。Part 4・7頻出の「コンテスト・表彰」の話でよく出ます。

▶ 社内文書を受け取る人

▶ 受賞者には記念の盾が贈られます。

名 nomination 指名・推薦
名 nominee 指名された人

◉「名前(nomi = name)を挙げる」→「指名する・推薦する」です。日本語でも「ノミネート作品」などと使われていますが、そこまでオーバーな意味ではなく、社内のことでよく使われます。♥nomineeは-ee「〜される人」に注目して、「nominateされた人」→「指名された人」と考えればOKです。

▶ 同僚を賞に推薦する
※nominate 人 for 賞「人を賞に推薦する・候補に挙げる」

▷ 今年の最優秀社員の候補を募集する
※solicit「求める」(782番)

動 applaud 拍手する・称賛する

◉explode「爆発する」と同語源で、「爆発するかのような拍手喝采」のイメージです。♥give 人 a round of applauseは「人に一斉の拍手喝采を与える」→「人に盛大な拍手を送る」です。Part 3・4のスピーチや退職パーティーでは、最後に「○○さんを拍手で迎えましょう」と別の人にバトンタッチするのが定番です。

▶ 皆さん、John Wangに盛大な拍手を!
※a round of ~「ひとまわりの〜」→「ひとしきりの〜・一斉の〜」

▶ Broussardさんに温かく盛大な拍手を送りましょう。

接続副詞③

【言い換える】

☐ **in other words／that is (to say)／namely**
「言い換えると・つまり」

☐ **to put it differently**「言い換えると・つまり」

※putは「言葉を置く」→「述べる」という意味

【原因・結果を述べる】

☐ **thus／hence／therefore**「だから」

☐ **consequently／in conclusion／as a result**「その結果」

☐ **that is why**「そういうわけで」

☐ **in short／in brief／in a word／to sum up**「要するに」

☐ **accordingly**「それに応じて・従って」

【例】

Two employees suddenly quit last month. Consequently, we are currently understaffed.

先月、2人の従業員が突然会社を辞めた。その結果、当社は現在人手不足だ。

※ understaffed「人手不足で」(192番)

Chapter 4
最後の総チェック

Section 3
テーマ別重要単語(2)

TOEIC頻出の「広告・宣伝」では、自社の商品・サービスを自画自賛するときに難しめの語句がよく使われるので、ここで重点的に対策してきます。また、inclement weather「悪天候」／ on the premises「敷地内で」／ plumber「配管工」といった、「TOEICならでは」の語句を徹底的にマスターしていきましょう。

681

accomplished

形 熟練した・優れた

[əkɑ́mpliʃt]

▶ an accomplished sculptor

▶ be recognized for her accomplished career

682

experienced

形 経験豊富な

[ikspíəriənst]

▶ seek experienced engineers to fill vacancies in our department

▶ You can rest assured that everyone on the project team is an experienced professional.

683

knowledgeable

形 精通している

[nɑ́lidʒəbl]

▶ one of our knowledgeable sales staff

▶ be knowledgeable about artificial intelligence

684

noted

形 有名な

[nóutid]

▶ a noted photographer

▷ a notable increase in sales

800

動 accomplish 成し遂げる・達成する
名 accomplishment 達成・業績・成果
形 skilled 熟練した・腕の良い
形 skillful 熟練した

▶ 優れた彫刻家

▶ 彼女の素晴らしいキャリアが称えられる

⊙本来 accomplish「成し遂げる」の過去分詞で、「成し遂げられた・あるレベルまで完成された」→「熟練した・優れた」となりました。Part 5の品詞・語彙問題でも頻出です。◉ skilled「技術をたたき込まれた」→「腕の良い」も大事で、a highly skilled technician「極めて腕の良い技術者」のように使います。

700

名動 experience 経験（する）
形 inexperienced 経験不足の
形 seasoned 経験豊富な

▶ 我々の部署の空いている職を埋めるため、経験豊富なエンジニアを募集する

▶ プロジェクトチームの全員が経験豊富なプロフェッショナルなのでご安心ください。

⊙「(たくさんの)経験をさせられた」→「経験豊富な」と考えるといいでしょう。◉ season は動詞「(季節ごとに旬の)味付けをする」もあります。seasoned は「(人が)味付けをされた」→「いろいろな経験を与えられた」→「経験豊富な」です。例2の You can rest assured that ~「~ですのでご安心ください」も重要です。

600

500

名 knowledge 知識

▶ 弊社の知識が豊富な販売員

▶ 人工知能に精通している

⊙動詞 know「知っている」、名詞knowledge「知識」で、形容詞がknowledgeable「知識がある」→「精通している」です。例1のように広告・宣伝で「スタッフの知識が豊富」とよく使われます。◉ be knowledgeable about ~「~に精通している」の形もチェックしてください。

400

300

形 notable 注目に値する・注目すべき
形 noteworthy 注目に値する・注目すべき
形 noticeable 目立って・顕著な

▶ 有名な写真家

▷ 売上の著しい増加

⊙ note「メモをとる・注目する」の過去分詞形で、「注目されるくらい」→「有名な」となりました。◉ notable は「注目されることができる」→「注目に値する」(必ずしも「有名」である必要はありません)、noteworthy は「注目する価値がある(worthy)」→「注目に値する」です。

200

100

0

685

renowned

形 有名な

[rináund]

▶ an internationally renowned chef

▶ be renowned for its long-lasting batteries

686

distinguished

形 際立った・名高い

[distíŋgwiʃt]

▶ a distinguished researcher

▶ receive an award for her distinguished achievement

687

established

形 既存の／定評のある・著名な

[istǽbliʃt]

▶ the established system standards

▶ an established business executive

688

remarkable

形 注目すべき・著しい

[rimáːrkəbl]

▶ a remarkable achievement

▶ The conference was a remarkable success.

名 renown 名声

◉「名前(nown = name)を与えられるほど有名な・名高い」という意味です。a world-renowned violinist は「世界的に有名なバイオリニスト」です（≒ a world-famous violinist）。💬 be famous[noted/renowned] for ~「~で有名だ」をセットで押さえておきましょう（for は「理由」を表す）。

▶ 国際的に有名なシェフ

▶ 長持ちするバッテリーで有名だ
※ long-lasting「長持ちする」(173番)

動 distinguish 区別する
形 distinguishable 区別できる・見分けられる

◉本来は distinguish「区別する」の過去分詞形で、「他者とは（良い意味で）区別された」→「際立って優れた・有名な・名高い」となりました。💬動詞は distinguish between A and B / distinguish A from B「AとBを区別する・見分ける」の形をチェックしてください。Part 5 でも狙われます。

▶ 名高い研究者

▶ 彼女の際立って優れた功績により受賞する

動 establish 設立する・確立する・制定する
名 establishment 設立・施設

◉本来は establish「設立する・確立する」の過去分詞形で、「確立された」→「すでにある・既存の」です。💡「（評判が）確立された」→「定評のある・著名な」の意味も大切です。well-established は「十分に定評のある」で、a well-established author「十分に定評のある著者」のように使われます。

▶ 既定のシステム規格

▶ 著名な企業幹部

動 名 remark 述べる／コメント・意見
副 remarkably 際立って・著しく・驚くほど

◉ remark は「気づく・述べる」で、remarkable は「気づいて、言われることができる」→「言及するに値する」→「注目すべき・著しい」となりました。💬 noted や renowned が「（特徴・能力・業績などで）有名な」を表すのに対し、remarkable は「（特別・驚くべきことなので）注目すべき」という感じです。

▶ 驚くべき成果

▶ そのカンファレンスは驚くべき成功を収めた。

Section 3　テーマ別重要単語(2)　広告・宣伝

689

marked
形 著しい・際立った

[máːrkt]

▶ a marked increase in subscribers

▷ The new software is markedly easier to use than the old version.

690

beat
動 打つ・打ち負かす

[bíːt]

▶ Our sales figures beat our projections.

▶ at a price that can't be beat

691

unparalleled
形 比べるものがない・比類なき

[ʌnpǽrəleld]

▶ The museum boasts an unparalleled collection of 19th century French paintings.

▷ unrivaled quality

692

exceptional
形 非常に優れた

[iksépʃənl]

▶ an exceptional service

▷ exceptionally skilled craftspeople

副 markedly 著しく・際立って
名動 mark 印・記号／印をつける／示す・目立たせる／祝う

▶ 定期購読者の著しい増加

▷ 新しいソフトウェアは、旧バージョンよりはるかに使いやすい。

◉「印・マーク(mark)をつけられるくらい目立った」→「著しい・際立った」です。a marked difference「目立った違い」／a marked improvement「著しい向上」です。◉ 副詞 markedly も大事で、Part 5の語彙問題で正解になったこともあります(markedも出題済みです)。

600

形 unbeatable 無敵の・最良の

▶ 当社の売上高は我々の予測を上回った。
※この beat は過去形(beat-beat-beaten [beat])

▶ どこにも負けない価格で
※ that は関係詞／この beat は過去分詞形

◉本来「バット(bat)で打つ」で、目的語を「打つ」→「打ち負かす・勝つ」となります("**勝者** beat **敗者**"の関係)。例1は「売上高が予測を打ち負かす」→「上回る・超える」です。◉例2は at an unbeatable price でもOKです。いずれも「打ち負かされることができない価格で」ということです。

500

400

形 unrivaled 比べるものがない・比類なき

▶ その美術館は19世紀のフランス絵画の比類なきコレクションを誇っている。

▷ 最高の品質

◉ parallel は「平行」→「並んでいる」→「似ている・匹敵する」で、unparalleled は「匹敵されるものがない」→「比べるものがない・比類なき」です。◉ unrivaled も似た感覚で、「ライバル(rival)にならない(un)」→「比べるものがない・他のどれよりも優れている」→「最高の・無敵の」ということです。

300

200

副 exceptionally 非常に
前 except 〜を除いて
名 exception 例外

▶ 非常に優れたサービス

▷ 極めて腕の良い職人
※ craftspeople「職人」(720番)

◉ except「〜を除いて」の形容詞形で、「例外的な」→「(例外的に)優れた」となりました。広告で商品を自画自賛するときによく使われますし、Part 5でも出題例のある単語です。◉ 副詞 exceptionally は「例外と言えるほど優れた」→「非常に・とても」です。

100

0

Section 3　テーマ別重要単語(2)　広告・宣伝

693
leading
[líːdiŋ]

形 首位の・主要な・一流の

▶ a leading authority on Internet marketing

▶ play a leading role in the movie

694
proven
[prúːvən]

形 証明された・実績のある

▶ a proven manufacturer

▶ have a proven track record

695
certified
[sə́ːrtəfàid]

形 公認の・資格を持った

▶ a certified instructor

▷ certify that they comply with the rule

696
affordable
[əfɔ́ːrdəbl]

形 (値段が)手頃な

▶ affordable housing

▷ affordably priced products

動 形 lead 指揮する・進行する・主導する・（〜に）つながる／主要な・先頭の

⦿「他をleadするような」→「首位の・一流の」です。日本のプロ野球でも「首位打者」をleading hitter「リーディングヒッター」と言います。🗨 Part 4頻出の「映画」の話では、leading role・lead role「先頭に出る(lead)役割(role)」→「主役」という表現も大事です。

▶ インターネット・マーケティングの第一人者
※ authority「第一人者」／on は「意識の接触（〜について）」

▶ その映画で主役を演じる

⦿ prove「証明する」の過去分詞形で、本来は「良い・悪いがハッキリと証明された」ときに使うのですが、実際には「良いこと」に使われることが圧倒的に多いです。🗨 proven track recordは「証明された(proven)実績(track record)」→「折り紙付きの実績」という重要表現です。

▶ 実績のあるメーカー

▶ 折り紙付きの実績がある

動 certify 証明する・認定する
名 certificate 証明書・修了証
名 certification 証明(書)・認定
形 licensed 免許を持った・認可された

⦿ certifyは「確かな(certi = certain)状態にする」→「(確かなものだと)証明する・認定する」です。certifiedは「認定された」→「公認の・資格を持った」となります。🗨 licensed「免許を与えられた」→「免許を持っている・認可された・公認の」も大事な単語です（Part 5の語彙問題で出題済み）。

▶ 認定の講師

▷ その規則を守っていると証明する

副 affordably 手頃な値段で
動 afford 余裕がある・与える

⦿ afford「余裕がある」(226番)に"-able"がついて、「余裕で購入されることができる」→「手頃な」と考えてください。🗨 cheapは「安っぽい」というニュアンスが含まれることが多いため、広告ではaffordableなどを使って「値段が安い」ことをアピールします。品詞・語彙問題でもよく狙われます。

▶ 手頃な値段の住居

▷ 手頃な値段の商品
※ price は動詞「値段をつける」

700

600

500

400

300

200

100

0

Section 3　テーマ別重要単語(2)　広告・宣伝

697

reasonable

[ríːzənəbl]

形 理にかなった・（値段が）手頃な

▶ a reasonable amount of time to finish the work

▶ be sold at reasonable prices

698

modest

[mádəst]

形 謙虚な・控えめな／適度な・わずかな

▶ clean and inspect the air conditioner for a modest fee

▶ a modest increase in sales

699

nominal

[námənl]

形 名ばかりの・ごくわずかの

▶ charge a nominal fee

▶ Library patrons can reserve meeting rooms for a nominal charge.

700

rate

[réit]

名 割合・速度・料金
動 評価する

▶ be shipped at a flat rate of $3

▶ The tour is highly rated.

副 reasonably 理にかなったことだが・手頃に

▶ その作業を終わらせるための妥当な時間

▶ 手頃な価格で販売されている

💡本来「道理(reason)に適した」で、「理にかなった・妥当な・もっともな」→「(値段が)理にかなった・手頃な」となりました。「リーズナブルな値段」とは「激安」ではなく、「その物に見合う、納得できる値段」のことです。💬Part 7 の同義語問題で、reasonable ≒ fair が問われたこともあります。

副 modestly 謙虚に・控えめに／そこそこ

▶ エアコンを手頃な料金で清掃・点検する

▶ 売上のわずかな増加

💡本来「尺度(mode)に合った」で、人に対して「謙虚な・控えめな」、物に対して「適度な・わずかな」と使えます。not very great・not very bigといったイメージです。💬人に使う例は TOEICではあまり出ませんが、He is modest about his achievements. 「彼は自分の業績について謙虚だ」となります。

副 nominally 名目上は

▶ ごくわずかな料金を請求する

▶ 図書館の利用者は、ごくわずかな料金で会議室を予約することができます。
※patron「利用者」(285番)

💡「名前(nomin = name)の(al)」→「名ばかりの・名目上の」→「ごくわずかの」となりました。💬feeは本来「専門職・公共団体への支払い」という意味で、TOEICでは「手数料」の意味でよく出ます(例：a registration fee「登録料」)。for a nominal fee [charge]「ごくわずかな料金で」は頻出表現です。

名 rating 評価

▶ 一律3ドルの料金で配送される

▶ そのツアーは高く評価されている。

💡「割合」の意味は有名ですが、「1つひとつのものに対する割合・価値」→「料金」も大事です。flatは「金額が平らな」→「一律の・均一の」で、flat rate[fee]「均一料金」となります。💬「価値を見極める」→「評価する」の意味もあり、Part 7 の「アンケート調査・レビュー」でもよく使われます。

701

durable

形 耐久性のある

[djúərəbl]

▶ be made of durable construction materials

▶ Concrete is sturdy and durable enough to withstand severe weather.

702

versatile

形 何にでも使える・多くの才能がある

[və́:rsətl | və́:rsətàil]

▶ This versatile printer can print anything from post cards to posters.

▶ a versatile actress who has performed a variety of different roles

703

testimonial

名 証明・推薦の声
形 証明の

[tèstəmóuniəl]

▶ The long lines at Giuseppi's Pizza Paradise are a testimonial to the shop's popularity.

▶ Visit our Web site to read testimonials written by hundreds of satisfied customers.

704

inclement

形 荒れ模様の

[inklémənt | ínkləmənt]

▶ in case of inclement weather

▶ We were compelled to call off the company retreat due to inclement weather.

名 durability 耐久性
名 duration （持続）時間
形 sturdy 頑丈な

⊙ dure は「続く・持ちこたえる」(= endure)で、durable は「持ちこたえられることができる」→「耐久性のある」です。TOEIC では「商品の耐久性」をアピールすることがよくあります。💡似た意味の sturdy も宣伝でよく使われます（study と見間違わないように）。語彙問題で出たこともある重要単語です。

▶ 耐久性のある建設資材で造られている

▶ コンクリートは厳しい天候に耐えられるだけの丈夫さと耐久性がある。
　※withstand「耐える」(327番)

600

名 versatility 多機能・多才
副 versatilely 万能に・多才に

⊙ DVD の正式名称は2通りあり、digital video disc と digital versatile disc「多目的なデジタルディスク」です。物に対して「多目的・いろいろな用途に向く・何にでも使える」という意味で、宣伝で「この商品は使い道が多い」とアピールする際によく出てきます。💡人に対しては「多くの才能がある」となります。

▶ この万能なプリンターは絵はがきからポスターまで何でも印刷できる。

▶ 多くの様々な役を演じてきた多才な女優

500

400

名 testimony 証言・証拠

⊙「証言(testimony)をしてくれるもの」→「証拠・証明するもの」です。例1は testimonial to ~「~の証拠」の形です。💡「商品の良さを証明してくれるもの」→「客からの声・推薦の声」という意味も大切です。特に Part 7で「ウェブサイトでお客様の声を見て」と出てきます。

300

▶ Giuseppi's Pizza Paradise の長蛇の列は、その店の人気の高さを物語っている。
　※直訳「~の長蛇の列はその店の人気の証拠」

▶ 当社サイトで、何百人もの満足していただいたお客様の（推薦の）声をご覧ください。

200

⊙ 間違いなく inclement weather「悪天候」の形で出ます。特に Part 4 のラジオニュースでは悪天候を伝える天気予報が頻出です。悪天候の結果、「フライトの遅延・会議への遅刻・道路の閉鎖」などが頻繁に生じます。💡語彙問題で inclement weather の inclement が空所になったこともあります。

100

▶ 悪天候の場合
　※≒ in the event of inclement weather

▶ 悪天候のため、私たちは社員研修を中止せざるをえなかった。
　※be compelled to ~「~せざるをえない」

0

Section 3　テーマ別重要単語(2)　天気・交通

705

harsh

形 厳しい・容赦ない

[háːrʃ]

▶ The harsh weather has caused the flight to be delayed.

▶ cleaning solutions that are free of harsh chemicals

706

adverse

形 不利な・良くない

[ædvə́ːrs]

▶ have an adverse impact on economic growth

▶ due to adverse weather conditions

707

outage

名 停止・停電

[áutidʒ]

▶ a power outage

▶ handle a network outage

708

jam

名 混雑
動 動かなくする

[dʒǽm]

▶ Ms. Canul nearly missed her flight due to a traffic jam.

▶ Paper got jammed in the copier.

⊙本来は「ざらざらした」で、そこから「(天候などが)厳しい/(人・言葉などが)容赦ない/(洗剤などが)きつい・(生地を傷めるほど)刺激が強い」となりました。◉meet with harsh criticismなら、「容赦ない批判に遭う・容赦なく批判される」です。

▶ 悪天候のためフライトが遅れている。

▶ 刺激の強い化学物質を含まない洗浄液
　※solution「溶液」(247番)／be free of ~「~がない・~を含まない」

副 adversely 不利に
名 adversity 逆境
名 adversary 敵

⊙「反対の方に(ad)向けられた(verse)」→「逆方向に・反対して」→「不利な・良くない」です。「良くない」がハッキリ「悪い」となり、have an adverse impact on ~「~に悪影響を与える」はよく使います(≒adversely affect ~)。◉天気の話題でadverse weather conditions「悪天候」も出ます。

▶ 経済成長に悪影響を与える

▶ 悪天候が原因で

⊙「正常な状態の外へ出た(out)状態(age)」→「停止・停電」です。TOEICではstorm「嵐」などで停電が発生することがよくあるので、a power outage「電力の停止」→「停電」は重要表現です。◉a power failure「電力供給の失敗」→「停電」やwithout power「停電で」もセットで押さえてください。

▶ 停電
　※outageだけでも「停電」を表せる

▶ ネットワーク障害に対応する

⊙「グチャッと混ぜる」イメージです(パンに塗るジャムもイチゴや砂糖をグチャッと混ぜたもの)。a traffic jamで「(車がグチャッと混ざった)交通渋滞」となります。◉「コピー機の中で紙がグチャッと混ざる・渋滞する」→「(紙を)詰まらせる・紙詰まり」も大切です。渋滞・コピー機の紙詰まりはTOEIC定番です。

▶ 交通渋滞のせいで、Canulさんは危うくフライトに乗り遅れるところだった。

▶ コピー機の紙が詰まった。
　※≒ The copier got jammed.

Section 3　テーマ別重要単語(2)　天気・交通

709

☐
☐
☐

stick

[stík]

動 突き刺す・くっつける・固執する・動けなくする・渋滞にはまらせる

▶ stick to the agenda

▶ get stuck in a traffic jam

710

☐
☐
☐

alternative

[ɔ:ltə́:rnətiv]

形 代わりの
名 代わりのもの[人]

▶ take an alternative route to avoid traffic congestion

▶ alternative energy sources

711

☐
☐
☐

alternate

形 [ɔ́:ltərnət]　動 [ɔ́ltərnèit]

形 代わりの
動 交互に起こる・交代する

▶ find alternate transportation

▶ alternate between going to the office and working remotely

712

☐
☐
☐

detour

[dí:tuər]

名 迂回路

▶ Drivers are advised to take the detour to avoid traffic delays.

▶ follow the detour signs

⊙「(棒で)突き刺す」→「突き刺してくっつける」、「心にくっつける」→「固執する」となりました(stick to ~「～にくっつく・固執する・やり通す」)。

▶ きちんと議論に沿っている(議題から離れず話を進める)

💡「棒で刺して動けなくする」→「渋滞にはまらせる」で、be[get] stuck in a traffic jam「渋滞にハマっている[ハマる]」は超頻出です。

▶ 交通渋滞にハマる
※stick-stuck-stuckという変化

副 alternatively 代わりに・あるいは

⊙辞書に「どちらか1つを選ぶべきの」と書かれることもありますが、「代わりの」と考えればOKです。an alternative route「代わりの道」→「迂回路」はTOEIC頻出です。💡名詞用法がPart 5で問われたこともあります。consider the alternativesは「別の選択肢を考える」です。

▶ 交通渋滞を避けるために迂回路を通る

▶ 代替エネルギー源
※化石燃料の代わりになる風力・太陽光などのこと

⊙PCの Alt キーはalternateのことです(押すたびにキーボードの機能が交互に変わります)。本来は「交互の・1つおきの」ですが、実際にはalternativeと同じように「代わりの」という意味でもよく使われます。💡例2は動詞alternate between A and B「AとBを交互に繰り返す」です(Part 5で出題済み)。

▶ 代わりの交通手段を選ぶ
※≒ find alternative transportation

▶ 出勤とリモートワークを切り替える(交互に繰り返す)

⊙「離れて(de)動く(tour:ツアー)」→「迂回路」です。take a detourは「迂回路を(交通手段として)とる」→「迂回路を通る」となります。💡TOEICでは「渋滞を避けるために迂回路を通って」といった話がよく出るので、alternative[alternate] route・detour「迂回路」をセットで押さえましょう。

▶ 運転する方は、交通の遅れを避けるため迂回路のご利用をお勧めします。
※be advised to ~「～することを助言される」→「～することをお勧めします」

▶ 迂回路の標識に従う

Section 3　テーマ別重要単語(2)　天気・交通／旅行・観光

713

divert

動 そらす

[divə́ːrt | daivə́ːrt]

▶ divert traffic away from the accident

▶ divert funds from research to marketing

714

spectacular

形 壮大な・素晴らしい

[spektǽkjulər]

▶ This room provides spectacular views of the city.

▶ a spectacular success

715

breathtaking

形 息をのむような・驚くべき

[bréθtèikiŋ]

▶ The hill commands a breathtaking view of the coast.

▶ make a breathtaking discovery

716

stunning

形 驚くほど美しい・非常に魅力的な

[stʌ́niŋ]

▶ The hotel offers stunning views of the surrounding area.

▶ a stunning collection of paintings by Claude Monet

名 diversion そらすこと・気晴らし

▶ 交通(車の流れ)をその事故から迂回させる

▶ 資金を研究からマーケティングに振り分ける

◉「分離(di)して向ける(vert)」→「向きを変える・そらす」です。divert attention「注意をそらす」や、「交通の流れをそらす」→「迂回させる」の意味でよく使われます。◎例2のように「使い道を別の目的に変える」場合にも使えます。divert ○○ from A to B「○○をAからBに振り分ける」です。

名 spectacle 光景

▶ この部屋からは、都市の壮大な景色が見える。

▶ 華々しい成功

◉「見せる(spectacle)ような」→「(見世物のように)壮観な」です。日本語でも「壮大なスペクタクル」や「スペクタクル映画(舞台や演出が壮大な映画)」と使われています。◎目に見える壮観さ以外に、例2のように「素晴らしい・目を見張る・華々しい」といった感じでも使えます。

副 breathtakingly 息をのむほどに・驚くほど

▶ 丘から息をのむほど美しい海岸がよく見える。
※ command「見渡せる」(380番)

▶ 驚くべき発見をする

◉「息(breath)をとる(take)ような」→「息をのむような・驚くべき」で、「景色が息をのむほど美しい」ときによく使います。Part 7で「ホテルの部屋からの美しい眺め」をアピールするときにも出る単語です。◎副詞はbreathtakingly beautiful「息をのむほどに美しい」のように使います。

動 stun 驚かせる

▶ そのホテルからは周辺地域の素晴らしい景色が楽しめます。

▶ クロード・モネの非常に魅力的な絵画のコレクション

◉「スタンガン(stun gun)」は電流で人を「気絶させる」ものです。そこからstunningは「(スタンガンをくらったような)全身に電流が流れる衝撃」をイメージしてください。◎「(女性がきれいな服装をして)驚くほど美しい」場合にも使います。TOEICには出ないでしょうが、イメージをつかむには良いと思います。

Section 3　テーマ別重要単語(2)　旅行・観光

717

scenic

形 景色の(良い)

[síːnik]

▶ preserve the scenic beauty of the town

▶ a scenic coastline

718

landscape

名 風景(画)・地形

[lǽndskèip]

▶ exhibit beautiful landscape paintings of the Swiss Alps

▷ Our landscaping company can take care of your garden.

719

landmark

名 目印・名所・画期的な出来事
形 重要な

[lǽndmàːrk]

▶ visit historic landmarks in Paris

▶ a landmark discovery in the history of science

720

craft

名 技巧・工芸(品)
動 念入りに作る

[krǽft]

▶ the craft of making cheese

▶ All of the crafts in this shop are made by local artisans.

◀ 4-039

800
700
600
500
400
300
200
100
0

名 scene 場面
名 scenery 景色

⊙名詞scene「場面・景色」の形容詞がscenicで、「景色の」(例1)と「景色の良い」(例2)の意味があります。
◎風景描写でよく使われる単語として、picturesque「絵のように美しい」／magnificent「壮大な」／splendid「壮大な・優れた」／majestic「壮大な・威厳のある」もセットで押さえておきましょう。

▶ 町の景観美を守る

▶ 景色が美しい海岸線

名 landscaping 造園
名 landscaper 造園家

⊙「土地(land)の風景(scape)」→「風景(画)」です。観光の話題やPart 7の「展示会・絵画教室の案内」でよく使われます。◎landscapingは「風景(landscape)を作ること」→「造園」です。「造園業」とは庭木の手入れや緑地を管理する仕事で、TOEICによく出ます。

▶ スイスのアルプス山脈の美しい風景画を展示する

▷ 当造園会社は、お客様の庭のお手入れができます。
　※take care of ~「~の面倒を見る・扱う」

⊙「土地にある(land)旅行者の目印(mark)」→「目印・名所」です。
◎「(目印となるくらい)画期的な出来事・重要な」という意味もあり、a landmark decision「画期的な決定」のようにも使えます。milestone(641番)と似た意味です。

▶ パリの歴史的な名所を訪れる

▶ 科学史における画期的な発見

名 artifact 工芸品・(古代の)人工遺物
名 craftspeople / artisan 職人
名 craftsmanship / artisanship 職人技

⊙本来「熟練・技巧」で、そこからさらに「熟練者が作ったもの」→「工芸品」となりました。「ペーパークラフト」とは「紙で作った作品」です。◎craftspeople は「工芸品を作る(craft)人(people)」→「(集合的に)職人」です。artisan「職人」も同じ意味で、こちらはart「芸術」に注目すると覚えやすいでしょう。

▶ チーズを作る技能

▶ この店の工芸品はすべて、地元の職人によって作られています。

721

souvenir

名 (自分の)記念品・お土産

[sùːvəníər]

▶ a souvenir shop

▶ This is a good place to purchase souvenirs made by local craftspeople.

722

renovation

名 改修

[rènəvéiʃən]

▶ The bridge is temporarily closed for renovations.

▶ The exhibition hall is under renovation.

723

refurbish

動 修理する・改装する

[rìːfə́ːrbiʃ]

▶ refurbish cameras and sell them at affordable prices

▶ refurbish the lobby and guest rooms

724

revamp

動 改良する・修理する

[rìːvǽmp]

▶ revamp the company's Web site

▶ revamp the hotel to add modern conveniences

⊙つづりと発音が難しい単語ですが、TOEICでよく出ます。「旅の思い出が心に浮かぶ物」のイメージです。ちなみに遊園地の「お土産売り場」に「スーベニア」と書かれることもあります。💡Part 4ではツアーガイドが最後に「お土産店に寄ろう／お土産を買うと割引になる」と言うのがお決まりの流れです。

▶ 土産物店
  ※≒ a gift shop

▶ ここは地元の職人が作ったお土産を買うのに良い場所です。

動 renovate 改修する
動 remodel 改修する
動 redecorate 改修する

⊙ renovate「再び(re)新しくする(novate)」→「改修する・修復する」の名詞形です。under renovation「改装中で」のunderが問われることもあります。💡remodel「再び(re)作る(model)」→「改修する」、redecorate「再び(re)デコレートする・装飾する(decorate)」→「改修する」も大事です。

▶ その橋は改修のため一時的に閉鎖している。

▶ その展示ホールは改装中だ。

名 refurbishment 改装作業
形 refurbished 修理された・改装された

⊙本来「再び(re)磨く(furbish)」で、「修理する・(中古商品を)新品同様の状態に戻す」となりました。💡さらに「建物を磨き直して新しくする」→「改装する」の意味も大切です。ちなみにreformは「(制度・社会などを)改善する・改革する」という意味で、いわゆる「リフォーム」の意味はありません。

▶ (中古の)カメラを新品同様の状態に戻して、手頃な値段で販売する

▶ ロビーと客室を改装する

⊙「再び(re)良くする」→「改良する・修繕する」と考えればOKです(vampは「つぎはぎ」で、本来は「布・皮を取り換える」)。💡「システムの改良・イメージの向上・建物の修理」などに使えます。「より良くなるように手を加える」イメージを持つといいでしょう。

▶ 会社のウェブサイトを改良する

▶ そのホテルを改装して現代的な利便性を加える
  ※豪華な老舗ホテルを現代化するイメージ

Section 3　テーマ別重要単語(2)　改装・改修など

725 demolish　　　動 取り壊す

[dimáliʃ]

▶ demolish an old building

▷ the demolition of the old abandoned apartment blocks

726 lighthouse　　　名 灯台

[láithàus]

▶ There are a number of lighthouses built along the coast in this area.

▶ sell raffle tickets to raise money for the restoration of the historic lighthouse

727 mural　　　名 壁画

[mjúərəl]

▶ restore a mural

▶ be fascinated by the beautiful mural

728 botanical　　　形 植物の

[bətǽnikəl]

▶ go on a tour of the botanical gardens

▶ a herbal shampoo made exclusively with botanical ingredients

名 demolition 取り壊し

▶ 古い建物を取り壊す

▷ 廃墟と化した(人がいない)古びた団地の取り壊し
※abandon「放置する」／apartment block「団地」

⊙ゲームの武器に「デモリッシャー(demolisher)」という名前がついていたりします。demolishは「建物を完全に取り壊す」ときによく使われ、Part 7で正解根拠となったこともある重要単語です。♡tear down「取り壊す」も似た意味の熟語で、tear down the community center「公民館を取り壊す」のように使います。

▶ このエリアの海岸沿いには、多くの灯台が建っている。

▶ 歴史ある灯台の修復を行う資金を集めるために福引チケットを販売する
※restoration「修復」(434番)

⊙「光(light)を提供する建物(house)」です。TOEICでは「観光名所としての灯台」や、「灯台の修復」の話がよく出てきます。♡raffle ticket「福引チケット」とは「券の番号と当選番号が一致すれば商品がもらえる福引」のことです(主に慈善事業の資金集めに行われる)。難しい表現ですが、TOEICには出てきます。

▶ 壁画を修復する

▶ 美しい壁画に魅了される

⊙日本でも「壁に様々な絵を描くこと」を「ミューラルアート」と言ったりします(muralの発音は「ミューロゥ」という感じ)。♡少し前からTOEICでやたらと出るようになった単語で、Part 7で解答のキーになったり、リスニングで出たりします(「壁画の修復」や「壁画の制作」の話で登場します)。

名 botanist 植物学者

▶ ツアーで植物園に行く

▶ 植物由来の成分だけで作られたハーブシャンプー
※exclusively(513番) ≒ only

⊙日本語でも「ボタニカルシャンプー(植物由来成分を使ったシャンプー)」や「ボタニカル柄(植物をモチーフにした図柄)」と使われています。♡TOEICのツアーでは botanical garden「植物園」が人気です。他にも「ホテルは植物園に近い／植物を育てるコツ／植物療法が専門」と出ます。

700

600

500

400

300

200

100

0

729

☐
☐
☐

wildlife

名 野生生物

[wáildlàif]

▶ protect the natural habitats of wildlife

▶ wildlife conservation

730

☐
☐
☐

aboard

副 前 乗って

[əbɔ́:rd]

▶ Welcome aboard Bonjour Airlines flight 72 bound for Rotterdam.

▶ be aboard the plane for seven hours

731

☐
☐
☐

fasten

動 しっかり固定する・締める

[fǽsn]

▶ Please keep your seatbelt fastened while seated.

▶ fasten a note to a package

732

☐
☐
☐

via

前 ～経由で・～によって

[ví:ə | váiə]

▶ fly to Auckland via Sydney

▶ send a package via express delivery

800
700
600
500
400
300
200
100
0

▶ 野生生物の生息地を保護する

▶ 野生生物の保護

⊙「野生(wild)に住む生物(life)」という意味です。Part 7で「野生生物保護のイベント／野生生物を見るツアー」などがよく出ます。⊙habitat「生息地」も大事な単語です。habitには「住む」という意味があり、inhabitは「中に(in)住む(habit)」→「居住する」です。

▶ ロッテルダム行きのBonjour航空72便にご搭乗いただき、ありがとうございます。
※bound for ~「~行きの」

▶ 7時間飛行機に乗っている
※このaboardは前置詞

⊙「船の甲板(board)へ乗って」→「(船・飛行機などに)乗って」となりました。on board「乗って」と同じ意味です(364番)。Part 4頻出の機内アナウンスでWelcome aboard ~「~にご搭乗いただきありがとうございます」とよく使われます。⊙これを転用して、新入社員にWelcome aboard!「当社へようこそ!」と言えます。

▶ 着席中はシートベルトをお締めください。
※while (you are) seated「(あなたが)座っている間は」

▶ 小包にメモを結び付ける
※fasten A to B「AをBに結び付ける」

⊙「ファスナー」は「しっかり締めるもの」です。飛行機やタクシーでfasten your seatbelt「シートベルトを締める」が使われます。⊙keep one's seatbelt fastenedは、直訳「シートベルトが締められた状態のままにして」→「シートベルトを締めて」です(keep OCの形)。

▶ シドニー経由でオークランドへ飛ぶ
※via ≒ by way of ~「~経由で」

▶ 速達で小包を送る
※via ≒ by way of ~・by means of ~「~によって・~という手段で」

⊙本来は「道(を通って)」→「~経由で・~によって」となりました。「トリビア(trivia)」は「旅人が3つの(tri:トリオ)道(via)で交わった情報」→「雑学」ということなんです。⊙by way of ~「~という手段によって・~経由で」やby means of ~「~という手段によって」という熟語も大切です。

733

overhead

[óuvərhèd]

形 頭上の
名 間接費・経費

▶ Please make sure all your belongings are stowed in the overhead bins.

▶ cut overhead costs

734

transit

[trǽnzit]

名 別便への乗り換え・
輸送

▶ transit passenger

▶ The package was damaged in transit.

735

aisle

[áil]

名 通路

▶ Would you prefer a window seat or an aisle seat?

▶ It's located in aisle nine, next to the spices.

736

property

[prápərti]

名 所有物／財産・所有
地・不動産・物件

▶ lost property

▶ show the property to potential buyers

▶ お手持ちの荷物はすべて、必ず頭上の荷物入れにおしまいください。
※belongings「所有物・持ち物」／stow「収納する・詰め込む」

▶ 諸経費を減らす

⊙「頭の(head)上(over)」→「頭上の」です。Part 4の機内アナウンスで an overhead bin[compartment]「(機内の)頭上の手荷物入れ」がよく使われます。💡もう1つの意味は、「手元に残らず頭上に消えていく」→「間接費・経費」と覚えてしまいましょう。

700

名 transition 転換・移行
形 transitory 一時的な・つかの間の
形 transitional 移り変わる・過渡期の

▶ 乗り継ぎ客

▶ 輸送中に小包が破損した。

⊙ transは「移動する」で、transportation「輸送機関」などで使われています。日本語でも「(飛行機の)乗り継ぎ」を「トランジット」と言います。💡TOEICでは「輸送中のトラブル(荷物の紛失・破損など)」がよく出るので、in transit「輸送中に」という表現も重要です(≒ in shipping)。

600

500

▶ 窓側と通路側のお席、どちらがご希望ですか。

▶ 9番通路のスパイスの隣にあります。
※スーパーにて

⊙飛行機の座席指定では、aisle seat「通路側の席」か window seat「窓側の席」を選びます。日本の航空会社でも「アイル」で通じるので一度言ってみてください。💡お店の「通路」という意味もあり、商品の場所を「○番通路にありますよ」と伝えるときにも使います。

400

300

名 real estate 不動産

▶ 紛失物

▶ 見込み客(購入する可能性のある人)に物件を見せる

⊙本来「自分のモノ」で、そこから「所有物」や「財産・所有地・不動産・物件」となりました。💡TOEICで「物件探し」や「不動産業者とのやりとり」は頻出です。real estate「リアルに存在する(real)財産(estate)」→「不動産」もよく出ます。

200

100

0

737

mover

名 引っ越し業者

[múːvər]

▶ receive an estimate from the mover

▶ I hired a mover to help me move out of my apartment.

738

relocate

動 移転する・移転させる

[rìːlóukeit | rìːloukéit]

▶ The company relocated downtown.

▶ relocate a plant to a different neighborhood

739

tenant

名 部屋を借りる人・居住者

[ténənt]

▶ lease a property to a tenant

▶ Tenants are required to bear the expense of cleaning the apartment when they leave.

740

landlord

名 家主・大家

[lǽndlɔ̀ːrd]

▶ negotiate with the landlord about the rent

▷ ask the superintendent to repair a leaky faucet

動 名 move 引っ越す・移転する・移転させる／引っ越し

⊙ move「動かす」は簡単ですが、TOEICでは「引っ越す・移転する」の意味でよく出ます。mover は「荷物を移動させる人」→「引っ越し業者」です（≒ a moving company）。
💡 TOEICでお店やオフィス移転はよく出ますし、「職業」を問う設問で mover が答えになることもあります。

▶ 引っ越し業者から見積もりをもらう

▶ 私はアパートからの引っ越しを手伝ってもらうために、引っ越し業者を雇った。

名 relocation 移転

⊙ locate は本来「置く」という意味でしたね（102番）。relocate は「再び(re)別の場所に置く(locate)」→「移転する・移転させる」です。💡自動詞としてrelocate to[from] ~「～に[から]移転する」（例1）、他動詞として relocate A to B「AをBに移転させる」（例2）のように使えます。

▶ その会社は中心街に移転した。
※ downtown は「下町」ではなく「町の中心部に・繁華街に」という意味（副詞なので直前に前置詞は不要）

▶ 工場を近くの場所に移転する

⊙「貸し手」と勘違いする人も多いのですが、正しくは「部屋を借りる人」です（よく商業ビルに「テナント募集」と書いてありますね）。💡個人で住む「賃借人・居住者」、店舗を借りる「ビジネスオーナー」のどちらにも使えます。Part 3・4・7では「物件探し」や「不動産業者とのやりとり」がよく出ます。

▶ 物件を居住者に貸す
※ lease A to B「AをBに貸す」

▶ 退去時の部屋の清掃費用は、入居者の負担となります。
※ bear「(費用を)負担する」（224番）

名 superintendent 監督者・(アパートの)管理人

⊙「土地(land)の主人(lord)」→「土地所有者・家主・大家」です。Part 3・4で「アパートの大家」がよく出てきます。「tenant が landlord に家賃交渉する」と整理しましょう。💡 superintendent は「上に(super)伸ばす・指揮する(intend) 人 (ent)」→「監督者・管理人」です。

▶ 大家と家賃交渉する

▷ 管理人に水漏れする蛇口の修理をお願いする
※ leaky「水漏れする」（743番）／faucet「蛇口」

741

premise

[prémis]

名 前提／敷地・構内・建物

▶ be based on the premise stated above

▶ Please refrain from using mobile phones on the premises.

742

vacate

[véikeit]

動 空ける

▶ vacate the premises

▶ We will contact you as soon as the room is vacated.

743

leak

[líːk]

動 漏らす・漏れる
名 漏れ

▶ The sink in the kitchen is leaking.

▶ an engine that leaks oil

744

plumber

[plʌ́mər]

名 配管工

▶ call a plumber to repair a leaking pipe

▷ The plumbing in this old house is rusty and leaky.

⦿本来「前に(pre)送られた(mise = mit)」で、「前もって置かれたもの」→「前提」となりました。 💬さらに、「物件に前提としてついてくる土地」→「敷地・構内・建物」です。特に on the premises「敷地内で」が重要です（この意味では複数形 premises で使われます）。

▶ 上記で述べた前提に基づいている

▶ 構内(敷地内)での携帯電話の使用はお控えください。
※refrain from -ing「～することを控える」

形 vacant 空いている
名 vacancy (ホテルの)空室・(職の)空き

⦿ vac は「空っぽ」という意味で、vacation は「オフィスや仕事の予定が空っぽ」→「休暇」と考えてください。動詞 vacate は「空っぽにする・空ける」という意味で、引っ越し・物件探し・修復工事の話でよく出ます。 💬名詞は fill a job vacancy「仕事の空き(欠員)を埋める」のように使われます。

▶ 家(部屋)を空ける・敷地を立ち退く

▶ その部屋が空き次第、ご連絡いたします。
※不動産業者とのやりとりにて

形 leaky 漏れる
名 leakage 漏れ

⦿「情報をリークする」と言いますが、本来は「水がしたたる」で、「漏れる」→「(情報を)漏らす」ということです。 💬 TOEIC の世界では台所・天井・水道管などの「水漏れ」が頻繁に起こります。特に Part 3・4では「水漏れを大家や業者に伝える／業者が水漏れを修理する」話が頻出です。

▶ キッチンのシンクが水漏れしている。

▶ オイル漏れしているエンジン

名 plumbing 配管・配管業・配管工事

⦿ TOEIC では水道トラブルが頻発するので、plumber「配管工」は大活躍します。リスニングで頻出なので、「プラマー」という発音に注意してください(bは発音しません)。Part 7の求人で「配管工の経験」が求められることもあります。 💬ゲームのマリオの職業は配管工です(だから土管が出てくるのかも)。

▶ 水漏れしている水道管を修理してもらうため配管工に電話する

▷ この古い家の配管は錆びていて水漏れしている。
※rusty「錆びついた」

感情動詞

感情を表す動詞は分詞(-ing・p.p.)の形でよく使われ、「-ingとp.p.の判別」が問われます。感情動詞の大半は「～させる」という意味で、「能動関係(その気持ちにさせる)」なら-ing、「受動関係(その気持ちにさせられる)」ならp.p.を使うと考えてください。大事な感情動詞を一気にマスターしましょう。

---

①ワクワク系：□ amuse「楽しませる」／□ interest・intrigue「興味を持たせる」／□ excite「ワクワクさせる」／□ thrill「ワクワクさせる」／□ please・delight「喜ばせる」／□ satisfy「満足させる」／□ relieve「安心させる」／□ entertain「楽しませる」／□ refresh「気分を爽やかにする・元気づける」

②感動系：□ move・touch「感動させる」／□ impress「(良い)印象を与える・感心させる」／□ strike「印象を与える」

③魅了系：□ attract「興味を持たせる」／□ fascinate・enchant・charm「魅了する」／□ absorb・involve・engross「夢中にさせる」

④驚き系：□ surprise・amaze・astonish「驚かせる」

⑤疲労系：□ bore「退屈させる」／□ tire「疲れさせる」／□ exhaust「ひどく疲れさせる」

⑥失望系：□ embarrass「恥ずかしい思いをさせる」／□ confuse「混乱させる」／□ depress・disappoint・discourage「がっかりさせる」／□ disgust「嫌悪感を抱かせる」

⑦怒り・狼狽系：□ annoy・irritate「イライラさせる」／□ offend「不快にさせる・怒らせる」／□ upset「狼狽させる・むしゃくしゃさせる」／□ bother「悩む・悩ませる」／□ dismay「狼狽させる・失望させる」／□ bewilder・perplex「困惑させる」／□ shock「ショックを与える」／□ humiliate「恥をかかせる」

⑧恐怖系：□ scare・frighten・terrify・horrify「怖がらせる」／□ alarm「心配させる」

Chapter 4
最後の総チェック

Section 4
テーマ別重要単語(3)

最後は「工場・配送・コンテスト」などでよく使われる単語です。たとえば、リスニングでassembly line「組立ライン」が聞こえた瞬間に「工場だ」と意識できれば、会話の場所を問う設問で確実に1問ゲットできます。
最後までやり抜けば、見える景色がまったく変わり、英文の聞きやすさ・読みやすさ、さらには問題の解きやすさが格段にupしているはずです。さあ最後のSectionです。がんばりましょう！

745

assemble

[əsémbl]

動 組み立てる/集まる・集める

▶ They're assembling a chair.

▶ assemble in the town square

746

assembly

[əsémbli]

名 組立・集まり

▶ an assembly guide

▶ have oversight of the assembly line

747

manufacture

[mænjufǽktʃər]

動 製造する
名 製造

▶ manufacture automobiles at the plant

▷ I'll give you a tour of our manufacturing plant.

748

facility

[fəsíləti]

名 容易さ/能力/施設・設備

▶ take a tour of the manufacturing facility

▶ a recreation complex that houses a gym and other facilities

🔊 4-046

800
700
600
500
400
300
200
100

◉「中心に集まる」イメージで、物が集まれば「組み立てる」(≒ construct)、人が集まれば「集まる・集める」(≒ gather)となります。◉例2は自動詞「集まる」ですが、他動詞で assemble a committee「委員会を招集する」のようにも使えます。

▶ 彼らは椅子を組み立てているところだ。
　※ Part 1頻出

▶ 町の広場に集まる
　※ square「広場」(239番)

◉「集まり・集合」の意味もありますが(例：an assembly hall「集会場」)、TOEIC では「組立」という意味で圧倒的によく出ます。◉TOEIC で「工場」の話題がよく出るので、assembly line「組立ライン」という表現が超重要です。line は「生産ライン」で、「工場で製品を組み立てる作業の工程」のことです。

▶ 組立手引書

▶ 組立ラインを監督する
　※ have oversight of ~「~を監督する」
　(279番)

名 **manufacturer** 製造業者・メーカー
名 形 **manufacturing** 製造(の)

◉本来は「手で(manu)作る(fact)」→「製造する」ですが、今は手動でなく機械生産にも使われます。
◉a manufacturing plant「製造工場」／a manufacturing facility「製造施設」／a manufacturing process [procedure]「製造工程」も頻出です。

▶ 工場で自動車を生産する

▷ 製造工場をご案内します。
　※ give 人 a tour of ~「人 に~の見学を与える」→「人 に~を案内する」

動 **facilitate** 容易にする・手伝う・進行する
名 **facilitator** 進行役・司会者

◉本来は「容易さ」で、「容易にする力」→「能力」、「容易にするための場所」→「施設・設備」となりました(様々なものがあるので通常は複数形で使う)。◉本文の具体的な施設(工場・研究所・ジムなど)を、選択肢で総称的に表すこともよくあります。重要な「まとめ単語」です。

▶ その製造施設を見学する

▶ ジムやその他の施設を収容するレクリエーション施設
　※ complex「複合施設」(204番)／house「収容する」(166番)

Section 4　テーマ別重要単語(3)　工場・研究

749

laboratory

[lǽbərətɔ̀:ri]

名 実験室・研究室

▶ increase the budget for the robot laboratory

▷ a computer lab

750

overhaul

動 [òuvərhɔ́:l]　名 [óuvərhɔ̀:l]

動 詳しく調べる・整備する
名 点検・整備

▶ overhaul an engine

▶ overhaul the healthcare system

751

halt

[hɔ́:lt]

動 停止する
名 停止

▶ halt the assembly line immediately

▶ bring production to a halt

752

malfunction

[mælfʌ́ŋkʃən]

名 不調・故障
動 故障する

▶ a computer malfunction

▶ repair malfunctioning equipment

800

名 lab 研究室

⊙研究所やサロンで「○○ラボ」と使われていますが、これは lab = laboratory の略です（長い単語なので、ネイティブも lab とよく言いますし、TOEIC にも出ます）。💡リーディングで、つづりが似ている lavatory「お手洗い・化粧室」とのひっかけが出たこともあります（片方が本文、片方が選択肢にありました）。

700

▶ ロボット研究室の予算を増やす

▷ コンピューター室

600

⊙「分解→点検→修理・整備する」イメージです。車や時計で「オーバーホール」といえば「分解して詳しく点検すること」です。💡「機械を分解して整備する・修理する」（例1）に加えて、比喩的に「システムや方法を徹底的に見直す・改良する」（例2）という意味でも使えます。

▶ エンジンを（大掛かりに）整備する

▶ 医療制度を徹底的に整備する（抜本的に見直す）

500

⊙ stop を難しくした単語です。TOEIC では「組立ラインを止める／商品を製造中止にする」でよく使われます。💡名詞は bring ~ to a halt「~を停止状態に持ってくる」→「~を停止する」、come to a halt「中止の状態にやってくる」→「止まる・休止する」という表現が大事です。

400

▶ すぐに組立ラインを停止する

▶ 生産を停止する

300

名 glitch 軽い故障・バグ
名 bug バグ

⊙ mal は「悪い」という意味です。TOEIC には出ませんが、malaria「マラリア（蚊が媒介する感染症）」は本来「悪い(mal)空気(aria)」という意味です。💡動詞の malfunction は、break down「壊れる」や is not working properly「正常に機能していない」によく言い換えられます。

200

▶ コンピューターの不具合

100

▶ 故障している機器を修理する

0

753

mechanic

名 修理工

[mikǽnik]

▶ a car mechanic

▷ due to a mechanical malfunction

754

technician

名 技術者

[teknı́ʃən]

▶ have the laptop fixed by a computer technician

▷ contact technical support for assistance with a malfunctioning microwave oven

755

inventory

名 在庫・棚卸し

[ínvəntɔ̀:ri]

▶ manage the store's inventory

▶ Before ordering more supplies, we need to take inventory of what we already have.

756

back-ordered

形 入荷待ちの・取り寄せ中の

[bǽkɔ́:rdərd]

▶ a back-ordered item

▷ The item is out of stock and is on back order.

形 mechanical 機械の・機械的な

▶ 自動車修理工・自動車整備士

▷ 機械の故障が原因で

⊙「機械」という誤解が多いのですが、mechanic は「修理工」という「人」を指します。「メカを扱う人」と覚えてください（「機械」そのものは machine です）。⊙形容詞も大事で、TOEIC では mechanical malfunction がフライト遅延の原因としてよく出てきます。

名 technique 技術・方法
形 technical 技術的な・専門の
副 technically 専門的に・厳密に言えば

▶ コンピューター技術者にノートパソコンを修理してもらう
　※ have O p.p.「O を〜してもらう」

▷ 故障した電子レンジに関して助けてもらうため、技術サポートに連絡する

⊙「テクニック（technique）を持つ専門家（ian）」です。辞書には「専門家・技巧家」とありますが、実際には「機械を直す人」に使われることが多いです。TOEIC で機械トラブルは日常茶飯事なので、非常に大事な単語です。⊙形容詞も大切で、resolve a technical issue は「技術的な問題を解決する」です。

▶ 店の在庫を管理する

▶ 追加の備品を注文する前に、すでに持っているものを棚卸しする必要があります。

⊙ invent「発明する」と同語源で、inventory「（倉庫で）偶然見つけたもの」→「在庫」と考えればいいでしょう。take inventory (of ~)「(～の) 棚卸しをする・在庫数を確認する・在庫目録を作る」は重要表現です。⊙あらゆる Part で「在庫の確認／在庫を減らして新商品を準備する」などと非常によく出ます。

形 on back order 入荷待ちで・取り寄せ中で

▶ 入荷待ちの商品

▷ そちらの商品は在庫がございませんので、入荷待ちの状態になっております。
　※ out of stock「在庫切れで」（164番）

⊙「予想以上に売れて在庫がなくなり、倉庫に戻って（back）注文されている（ordered）」と考えてください。⊙ 商品 is on back order.「 商品 が入荷待ちの状態である」の形でも使えます（例2）。TOEIC では「在庫切れ」が頻繁に生じ、客は「別の商品にする／新しく入ったら取り置きして」と伝えたりします。

757

bulk

名 容量・大量・大部分

[bʌ́lk]

▶ sell fish in bulk to a sushi restaurant

▶ offer a discount on bulk orders

758

voucher

名 引換券・クーポン券

[váutʃər]

▶ a meal voucher

▶ a voucher good for a free flight anywhere in the continental United States

759

valid

形 有効な

[vǽlid]

▶ Contest winners will receive a $50 gift certificate valid at Derek's Garden Supplies.

▶ present a valid driver's license

760

redeem

動 商品・現金に換える

[ridíːm]

▶ redeem a coupon

▶ The voucher can be redeemed for any products in our store.

4-049

800
700
600
500
400
300
200
100
0

形 bulky かさばった

⊙「大きな塊」のイメージで、「容積」→「大きな容積」→「大量・大部分」となりました。in bulk「大量に・まとめて」や a bulk order「大口注文・大量注文」は重要で、Part 7で「大量注文すれば割引する・無料配送する」などと出ます。🔎 the bulk of ~「~の大半」の形でも使えます。

▶ 寿司屋に魚を大量に売る

▶ 大口注文に対して割引する

⊙「商品・サービスを利用できる券（食事券・商品券・宿泊券・割引券など）」のことです。coupon は有名ですが、TOEIC では voucher の方がよく出ます（同義語問題で voucher ≒ coupon も出題済み）。🔎 例2では、a voucher を good for ~「~と交換できる・~に使える」が後置修飾しています。

▶ お食事券

▶ アメリカ本土のどこでも無料で使えるフライト引換券
　※continental「大陸の・本土の」

動 validate 有効にする
名 validity 妥当性・有効性
形 invalid 無効な

⊙value「価値」と関連があり、「期限内なら価値がある」→「有効な」となりました。「（クーポン券などが）有効な・使える」（例1）、「（免許などが）有効な・効力のある」（例2）という意味でよく使います。🔎 例1にある gift certificate「ギフト券・商品券」は voucher と言い換えることができます。

▶ コンテスト優勝者には、Derek's Garden Supplies で利用できる50ドルのギフト券が贈られます。

▶ 有効な運転免許証を提示する

形 redeemable 商品・現金と交換できる

⊙「クーポンなどを物・金に換える」という意味です。🔎 例2は redeem クーポン for 商品 「クーポン を 商品 に換える」の受動態です（for は「交換」）。redeemable は「redeem されることができる」で、例2の can be redeemed は is redeemable「交換できる」に言い換え可能です。

▶ クーポンを商品に換える

▶ その引換券は、当店のどの商品とも交換可能です。

Section 4　テーマ別重要単語⑶　販売・配送

761

expire

[ikspáiər]

動 期限が切れる

▶ Your Bluetooth speaker's warranty has already expired.

▶ The contract expires in March.

762

lapse

[lǽps]

動 失効する
名 過失

▶ renew your subscription before it lapses

▶ Don't Let Your Subscription to *Mountain Gardener* Lapse!

763

overnight

形 [óuvərnàit]　副 [òuvərnáit]

形 一晩の・夜間の・翌日配送の
副 一晩で

▶ offer overnight delivery service

▶ work on the report overnight

764

expedite

[ékspədàit]

動 早める

▶ expedite the shipping process

▶ pay an additional fee for expedited shipping

名 expiration 期限切れ・終了

⊙「外に (ex) 息を吐く (spire)」→「(息を吐き尽くして)終わる」→「期限が切れる」です。TOEIC では「(クーポン・会員資格・保証などの)有効期限が切れる／(契約が)終了する」といった意味でよく出ます。●名詞形を使った the expiration date「有効期限・消費期限」もチェックを。

▶ お客様の Bluetooth スピーカーの保証期限はすでに切れています。
　※ ≒ Your Bluetooth speaker is out of warranty.(97番)

▶ その契約は3月に終了する。

⊙「滑り落ちる・知らぬ間に過ぎる」イメージです(collapse は「一緒に (co) 落ちる (lapse)」→「崩壊する」)。TOEIC では「経過する」→「(期限が過ぎてうっかり)失効する」という意味が重要です。●例2は直訳「*Mountain Gardener* の定期購読を失効させないで」→「定期購読を継続しよう」です。

▶ 定期購読の期限が切れる前に更新する

▶ *Mountain Gardener* の定期購読更新をお忘れなく(失効しないように継続しよう)!
　※手紙の見出しなど

⊙「夜 (night) を超えて (over)」→「一晩の」です。TOEIC では「一晩で配送する」→「翌日配送の」が大事で、overnight delivery[shipping]「翌日配送」／ overnight express「翌日配送の速達便」と使われます。●副詞も大切で、例2の overnight は through the night で言い換えられます。

▶ 翌日配送サービスを提供する

▶ 一晩中その報告書の作業をする

⊙ ped は「足・足枷」で(pedestrian「歩行者」と同語源)、expedite は「足枷の外へ (ex)」→「足枷を外して進める」→「早める・促進する」となりました。●expedited shipping[delivery] は「早められた配達」→「速達」です。express shipping[delivery](394番)とセットで押さえておきましょう。

▶ 出荷作業を迅速化する

▶ 速達のため追加料金を払う

700
600
500
400
300
200
100
0

419

765

fragile

形 壊れやすい・もろい

[frǽdʒəl | frǽdʒail]

▶ a fragile vase

▶ ship fragile items in shock-resistant packaging

766

defective

形 欠陥のある

[diféktiv]

▶ return a defective product

▷ have a faulty hair dryer replaced under warranty

767

intact

形 そのままの・無傷の

[intǽkt]

▶ Thanks to the careful packaging, the fragile dishes all arrived intact.

▶ Much of the historic structure remains intact.

768

admission

名 入場(料)・入学

[ædmíʃən]

▶ admission fee

▶ Admission to the botanical garden is free.

名 fragility 壊れやすさ・脆弱性

◉空港で荷物を預ける際に「取扱注意で」と伝えると"FRAGILE"というステッカーが貼られることがあります(「壊れ物注意」くらいの意味)。TOEICでは「壊れやすい商品の発送」がよく出ます。💬a fragile relationship「もろい人間関係」／fragile ecosystem「壊れやすい生態系」のようにも使えます。

▶ 壊れやすい花瓶

▶ 壊れやすい品物を衝撃に強い梱包材に包んで発送する
※○○-resistant「○○に耐久性のある」(798番)

名 defect 欠陥
名 flaw 欠陥・傷
形 faulty 欠陥のある・誤った

◉defectは「パーフェクト(perfect = fect)から離れている(de)」→「不足」→「欠陥」で、その形容詞です。TOEICで「不良品(a defective product)を返品する」話はよく出ます。💬faultは本来「失敗」で、テニスでサーブ失敗を「フォルト」と言います。faultyは「失敗の」→「欠陥のある」です。

▶ 不良品を返品する

▷ 欠陥のあるヘアドライヤーを保証期間内に交換してもらう
※under warranty「保証期間中で」(97番)

◉「触られて(tact = touch)いない(in)」→「そのままの・無傷の」です。例1はintactの直前までで文が完成していますが、「届いたときの状態」をintactで表しています。be delivered intact・arrive intact「無傷の状態で届く」は頻出です。💬例2のremain intact「そのままの状態だ・無傷のままだ」もよく出ます。

▶ 丁寧な梱包のおかげで、壊れやすい皿がすべて無傷で届いた。

▶ 歴史的建造物の多くはそのままの状態で残っている。

◉「入ることを認める(admit)」→「入場・入学・入社」です。「何かに入るのを認めてもらうこと」と押さえておきましょう。例2はadmission to ~「~への入場(料)」の形です。💬他にgeneral admission seating「全員に(general)入場が認められた(admission)座席(seating)」→「自由席・一般席」もチェックを。

▶ 入場料
※≒ admission charge

▶ 植物園への入場は無料です。
※botanical garden「植物園」(728番)

Section 4　テーマ別重要単語(3)　ワークショップ・コンテスト・イベント

769
☐
☐
☐

enroll

動 登録する・入会する

[inróul]

▶ enroll in a biology course

▶ be enrolled in a workshop

770
☐
☐
☐

attendance

名 出席(者数)

[əténdəns]

▶ Don't forget to confirm your attendance.

▶ low attendance

771
☐
☐
☐

turnout

名 出席者(数)・投票者数

[tə́:rnàut]

▶ be surprised at the turnout to the exhibition

▶ Voter turnout in the last election was extremely low.

772
☐
☐
☐

submission

名 提出(物)

[səbmíʃən]

▶ the submission date

▶ Her submission will be prominently displayed on the art contest pamphlet.

名 enrollment 登録(者数)・入会(者数)

◉「名前を名簿(roll)の中に入れる(en)」→「登録する」です。roll は「(ロール状にクルクル巻いた)名簿」で、「エンドロール」とは「制作スタッフの名簿」です。enroll in ~「~に登録する」の形が大事です。◉ enroll 人 in ~「人 を~に登録させる」の用法もあります(例2はその受動態)。

▶ 生物の授業に履修登録する

▶ ワークショップに登録している
※ be enrolled in ~「~に登録している」

名 attendee 出席者
動 attend 世話する・対応する(attend to ~)／出席する
名 attendant 接客係

◉「行為(出席・参加)」と「数(出席者数・参加人数)」を表せます。「出席者が多い・少ない」には high・low を使います。attendance at ~「~への出席」や in attendance「出席して」も大事です。◉ attendee「出席者」や attendant「接客係」としっかり区別してください(Part 5 でもポイントになります)。

▶ ご出欠のご確認をお忘れなく。

▶ 出席者が少ないこと・参加人数の少なさ
※⇔ high attendance

◉ turn out には「足を外に(out)向ける(turn)」→「足を運ぶ・出席する」という意味があり、名詞 turnout で「出席者(数)」となりました。「パーティー・会議・イベントなどに行く人」の意味でよく使われます。◉ 特に海外ニュースでは「選挙への出席者数」→「投票者数・投票率」の意味でもよく見かけます。

▶ その展示会の来場者数に驚く

▶ この前の選挙の投票率は極端に低かった。

動 submit 提出する
形 submissive 服従する・従順な

◉ submit「提出する」の名詞形です。「提出すること」と「提出した物(提出物・応募作品)」という意味があります。TOEIC では「コンテストへの応募作品」や「雑誌などへの投稿」という意味でよく使われます。◉ 応用として、an online submission「ウェブ上での投稿」もチェックしておきましょう。

▶ 提出日

▶ 彼女が提出した作品は、芸術コンテストのパンフレットの目立つ所に掲載されます。
※ prominently「目立って」(563番)

773

☐
☐
☐

entry

[éntri]

名 入ること・入力・参加・応募作品

▶ an entry form

▶ All entries must be submitted no later than December 13.

774

☐
☐
☐

mandatory

[mǽndətɔ̀:ri]

形 義務の・必須の

▶ Attendance at the workshop is mandatory.

▶ It is mandatory for factory workers to wear protective gear while operating equipment.

775

☐
☐
☐

informative

[infɔ́:rmətiv]

形 有益な

▶ an informative article

▶ an informative webinar about using social media as a marketing tool

776

☐
☐
☐

input

[ínpùt]

名 意見・情報／入力
動 入力する

▶ input the data into a spreadsheet

▶ Your input is extremely valuable.

🔊 4-053

800

700

600

500

400

300

200

100

0

動 enter 入る／入力する／参加する・参入する・エントリーする／（交渉・事業に）入る・締結する
名 entrance 入口・玄関

▶ 参加申込書

▶ すべての応募作品は12月13日までに提出しなければならない。
※ no later than ~「〜までに」

⊙「入ること」以外に、「入力・記入」や「大会へのエントリー・参加」（例1）、「エントリーした物」→「応募作品・出品物」（例2）が大切です。同義語問題でentry ≒ submission to a contest も出題済みです。💬 submissionと同じく、「ブログなどの記事の入力」→「（投稿）記事」の意味もあります。

動 mandate 命令する

▶ そのワークショップへの参加は必須です。

▶ 工場で働く人は、機械を操作する間は防護具を着用することが義務付けられている。
※ protective gear「安全防具」(46番)

⊙ voluntary・optional「任意の」の逆の意味です。TOEICでは「（会議・セミナーへの）出席が義務」などがよく出て、しかも設問で狙われます。💬 imperative「必須の」(549番)と同じく、仮定法構文(例2)やIt is mandatory that s 原形 の形でよく使います。例2の後半は while (they are) operating equipmentです。

動 inform 知らせる
形 informed 情報に基づいた
名 information 情報

▶ 有益な記事

▶ マーケティングツールとしてSNSを使うことに関する、有益なオンラインセミナー

⊙「informationに満ちた」→「知りたい情報・役立つ情報がたくさん含まれている」イメージです。💬「有益なセミナーに参加して／あのプレゼンはinformativeだったから次回は聞いた方がいいよ」などとよく出ます。Part 5の品詞・語彙問題でも何度も正解になっている重要単語です。

名 output 生産（高）

▶ データを表計算ソフトに入力する

▶ お客様のご意見は大変貴重です。

⊙ put in「中に入れる」から生まれた単語です。例1はinput A into B「AをBに入力する」です。💬 TOEICでは「（入力された・提供された）意見・情報・考え」の意味でよく出ます。feedback・idea・advice・opinion のイメージです。

777

introductory

形 入門の・発売特価の

[ìntrədʌ́ktəri]

▶ an introductory course

▶ Don't miss out on this introductory offer!

778

novice

名 初心者

[návis]

▶ The course is ideal for complete novices.

▶ The workshop is intended for novice programmers.

779

advanced

形 先進的な・高度な・上級の

[ædvǽnst]

▶ advanced video editing skills

▶ be designed for intermediate to advanced students

780

amateur

名 アマチュア
形 アマチュアの

[ǽmətʃùər | ǽmətər]

▶ Entry to the singing contest is restricted to amateurs.

▶ an amateur photographer

800

700

600

500

400

300

200

100

0

動 introduce 紹介する／導入する／売り出す・発売する
名 introduction 紹介・導入

▶ 入門講座

▶ この特別提供価格をお見逃しなく!
※ miss out on ~「~を見逃す」

◉ introduceの形容詞で、ワークショップでは「入門の」という意味で出ます。◉宣伝では「初回の・発売特価の」という意味が大切で、introductory offerは「新商品の発売に伴う申し出」→「特別価格」のことです。an introductory rate[price]「初回料金・特別価格」という表現も出ます。

◉ beginnerと同じ意味の難しい単語ですが、TOEICには出てきます。「まったく経験したことがない・最近入ったばかりの」というイメージです。フィギュアスケートで9〜12歳のクラスが「ノービス」と呼ばれています。◉例2のように、noviceを名詞の前に置いて形容詞っぽく使うこともできます。

▶ その講座はまったくの初心者にとって理想的です。

▶ そのワークショップは初心者のプログラマー向けです。

動 名 advance 進む・進める／前進・進歩
名 advancement 進歩・昇進

▶ 高度な動画編集スキル

▶ 中級から上級レベルの学生が対象である
※ be designed for ~「~を対象とした」
（189番）

◉ advance「進める」の過去分詞形で、「進められた」→「先進的な・高度な・上級の」です。資格スクールで「アドバンス(ト)コース」=「上級コース」と使われています。◉ TOEICでは講座の「レベル分け・対象」がよく狙われるので、beginner・basic「初級」／intermediate「中級」もチェックを。

◉つづりと発音に注意してください。発音はそのまま「アマチュア」のときもありますが、「アマタァ」と発音されることも多く、リスニングで大事な単語です。◉ amateurはprofessional「プロの」の反対です。例1のような英文が出て、設問で「アマチュア or プロ」の区別が問われることもあります。

▶ 歌唱コンテストへの参加はアマチュアに限られています。

▶ アマチュアの写真家

781

fund-raising

形 資金集めの

[fʌ́ndréiziŋ]

▶ hold a fund-raising event

▶ hold a fund-raising dinner to raise money for a charity

782

solicit

動 求める

[səlísit]

▶ solicit donations

▶ solicit feedback from users of the app

783

checkup

名 検査・健康診断

[tʃékʌ̀p]

▶ a routine checkup

▶ have an annual physical checkup

784

pharmacy

名 薬局

[fɑ́ːrməsi]

▶ pick up some medication at the pharmacy

▷ a pharmaceutical company

名 fund-raiser 資金集め(のイベント)
名 動 fund 資金(を提供する)
名 funding 資金提供・資金調達

⊙raise は「(お金を)集める」で(341番)、fund-raising は「資金(fund)を集める(raising)ための」です。a fund-raising event ≒ a fund raiser「資金集めのイベント」です。
💡TOEIC では慈善目的で「資金集めのイベント・食事会・コンサート」が頻繁に開催されます。

▶ 資金調達イベントを開催する

▶ 慈善活動のお金を集めるためにチャリティーディナーを開催する

⊙「1人きり・ソロ(soli)で不安になっていろいろ求める」→「求める」と覚えましょう。「お金・情報・助け」を求める際によく使います。💡 unsolicited e-mail は「求められていないメール」→「迷惑メール」です。また、「勧誘お断り」の看板に "No Soliciting" と書かれることもあります。

▶ 寄付を募る

▶ アプリのユーザーから意見を求める

⊙動詞 check up「検査する」が名詞になったものです。checkup だけでも「健康診断」を表せますが、a physical[medical] checkup「健康診断」の形でもよく使います。💡a dental checkup は「歯科検診」です。リスニングでは「病院」とのやりとりで、Part 7では「従業員が健康診断を受ける」などでこの語が出ます。

▶ 定期健診
※≒ a regular checkup

▶ 年に1度の健康診断を受ける

名 pharmacist 薬剤師
形 名 pharmaceutical 製薬の／
(pharmaceuticals で)製薬会社

⊙最近は日本の薬局でも、看板に pharmacy と表記する店が増えています。アメリカでは drugstore とも言いますが、TOEIC では pharmacy「薬局」がよく使われます。💡特にリスニングに頻出で、Part 3・4 の場所を問う設問で At a pharmacy が正解になることもあります。

▶ 薬局で薬を受け取る
※ medication「薬」(drug より硬めの語)

▷ 製薬会社
※≒ pharmaceuticals

Section 4　テーマ別重要単語(3)　医療／料理

785

prescribe

[priskráib]

動 (薬などを)処方する

▶ prescribe a medication for allergies

▷ go to the pharmacy to pick up my prescription medication

786

refill

名 [rí:fil]　動 [ri:fíl]

名 (薬の)再調剤・詰め替え品・おかわり
動 再調剤する・補充する

▶ have a prescription refilled

▶ Would you like a refill?

787

dine

[dáin]

動 食事をする

▶ dine with clients at a Chinese restaurant

▷ Diners are seated on a patio.

788

cuisine

[kwizí:n]

名 料理

▶ a restaurant noted for Japanese cuisine

▶ Chez Gabriel serves authentic French cuisine prepared by its award-winning chef.

◀)) 4-056

800

700

600

500

400

300

200

100

0

名 prescription 処方箋・処方薬

⊙「医者が事前に(pre)書く(scribe)」→「処方する」です。Part 3・4で「処方薬を受け取りにきて/処方薬について質問したい」といった話がよく出ます。◉ prescription medication[drugs] は「処方薬(医師の処方箋が必要な薬)」です。

▶ アレルギーの薬を処方する
　※allergy「アレルギー」(発音は「アラジー」)

▷ 処方薬を受け取りに薬局に行く

⊙「再び(re)満たす(fill)」→「補充(する)」です。日本では薬局で処方箋と交換に薬を受け取りますが、アメリカでは1回の処方箋で何度かの薬を処方してもらえることが多く、その際に refill がよく使われます(TOEIC でも頻出)。◉「飲み物を再び満たす」→「おかわり」の意味もあります。

▶ 処方薬を再調剤してもらう

▶ おかわりはいかがですか?
　※レストランにて

名 dining 食事
名 diner 食事客・食堂

⊙ dine の -ing 形は dining「食事」で、日本語でも「ダイニング」と使いますね。dine with ~「~と食事をする」、dine out「外食する」が頻出です。◉ diner は「食事する(dine)人(er)」→「食事客」の意味が大事で、Part 1でもよく出ます。つづりが似ている dinner「夕食」と混同しないように注意を。

▶ 中華レストランで顧客と食事をする

▷ 食事客が中庭に座っている。
　※patio「中庭」(577番)

⊙カッコイイ響きで、日本のレストランの名前や雑誌でもよく使われています(発音は「クゥィズィーン」といった感じ)。国 + cuisine「国の料理」の形で使われることが多いです。◉ diet は「(健康面を意識した)食事」(311番)、cuisine は「(凝った・地域独特の)料理」というイメージです。

▶ 和食で有名なレストラン

▶ Chez Gabriel は受賞歴のあるシェフが料理をした、本格的なフランス料理を提供している。
　※authentic「本場の・本格的な」

Section 4　テーマ別重要単語(3)　料理／出版

789

culinary

形 料理の

[kʌ́linəri]

▶ attend a culinary school founded by a renowned chef

▶ develop culinary skills

790

nutrition

名 栄養

[njuːtríʃən]

▶ take part in a seminar on nutrition and exercise

▷ nutritional information

791

biography

名 伝記・経歴

[baiágrəfi]

▶ a biography of a famous entrepreneur

▶ Our doctors' bios can be found on our Web site.

792

circulation

名 循環・流通・発行部数・(図書館の)貸出

[sə̀ːrkjuléiʃən]

▶ Newspaper circulation has declined over the past 20 years.

▶ the circulation desk

🔊 4-057

800
700
600
500
400
300
200
100
0

⊙ cuisine「料理」と関連のある単語で、少しつづりが似ていますね。特にPart 7で「レストランや料理学校の宣伝／シェフの経歴紹介」でよく使われます。culinary school[institute]「料理学校」が頻出です。🌎アメリカでは高校によってはCulinary Arts「料理の方法」という授業が存在します。

▶ 有名なシェフによって創設された料理学校に通う
　※ renowned「有名な」(685番)

▶ 料理の腕前を上げる

形 **nutritional** 栄養上の
形 **nutritious** 栄養に富んだ
名 **nutritionist** 栄養士

⊙ nurse「看護師」は本来「育てる人」という意味で、nourish・nurture「育てる」と関連があります。nutrition は「(育てるための)栄養」ということです。🌎 TOEIC の世界では健康意識が高い人が多く、「栄養に関するセミナー」や「栄養プランの作成」などがよく出ます。

▶ 栄養と運動に関するセミナーに参加する

▷ 栄養情報(栄養成分)

形 **biographical** 伝記の・伝記に関する
名 **biographer** 伝記作家
名 **autobiography** 自叙伝・自伝

⊙ 本来は「生命(bio)を書いたもの(graphy)」です。bio は biology「生物学」、graphy は autograph「自分で書いたもの」→「サイン」で使われています。🌎 bio「経歴」と短縮されることも多く、日本でもSNSの自己紹介欄でbioを見かけることがあります。

▶ 有名な起業家の伝記

▶ 当病院の医師の経歴はウェブサイト上でご覧いただけます。

動 **circulate** 循環する・流通する・広まる

⊙「グルグルと円(circle)のようにまわること」→「循環・(通貨の)流通・(新聞などの)発行部数」となりました。空気を循環させる扇風機みたいな機械を「サーキュレーター(circulator)」と言います。🌎「本が貸し手と借り手で循環する」→「(図書館の)貸出・返却」の意味でも出ます。

▶ 新聞の発行部数はここ20年で減少している。

▶ (図書館の)貸出・返却カウンター

793

avid

形 熱心な

[ǽvid]

▶ an avid reader

▶ I'm an avid follower of his social media.

794

abridged

形 要約された

[əbrídʒd]

▶ an abridged version

▶ The abridged edition of his novel is scheduled to be published in August.

795

proofread

動 校正する

[prúːfrìːd]

▶ proofread a final draft

▶ proofread a document before sending it to the publisher

796

attire

名 衣服

[ətáiər]

▶ in formal attire

▶ be required to dress in respectable attire

800

700

⊙本来「渇望する」で、「すごく好き・熱心」という感じです。本やスポーツによく使われ、an avid baseball fan だと「熱心な野球ファン」です。

▶ 熱心な読者・本の虫

▶ 私は彼のSNSの熱心なフォロワーです。

💡「熱心だ・熱狂して」系の単語は大事で、標準：eager・willing・keen・enthusiastic ／応用：avid ／発展：ardent・zealous を押さえてください。

600

動 abridge 要約する

⊙本来は abridge「要約する」の過去分詞形です。an abridged version [edition]「要約版・簡約版」でよく使われます。💡洋書によく abridged や unabridged「簡約化されていない（＝短くなっていない原作）」と書いてあります。

500

▶ 簡約版

▶ 彼の小説の簡約版が8月に出版予定だ。

400

名 proofreading 校正
名 proofreader 校正者
名 proof 証拠・校正刷り

⊙ proof は本来「証明・検査」で、「（事実を証明する）証拠」の意味が有名です。proofread は「検査する（proof）ように読む（read）」→「校正する」です（完成前に原稿をチェックすること）。💡例1の draft「原稿」も大事で、draft a proposal「提案書の草案を書く」のように動詞でも使います。

300

▶ 最終稿を校正する

▶ 出版社に送る前に、文書を校正する

200

⊙訳語は「衣服」で十分ですが、厳密には「きちんとした服装」のイメージです。💡in ○○ attire「○○な服装で」の形が大切です。「服装の中にすっぽり包まれている」イメージから in を使います。

100

▶ 正装で・フォーマルな服装で
　※⇔ in casual attire「カジュアルな服装で・軽装で」

▶ きちんとした服装をすることが求められる
　※ respectable「きちんとした」

0

435

797
fabric

名 生地・織物

[fǽbrik]

▶ transparent fabric

▶ Our garments are made of wrinkle-free fabrics.

798
resistant

形 抵抗する・耐久性の
ある
名 抵抗者

[rizístənt]

▶ The watch's tough sapphire display is resistant to cracking.

▶ waterproof and water-resistant materials

799
stain

動 汚す・着色する
名 汚れ・しみ

[stéin]

▶ remove tough stains from fabrics

▶ install a new stain-resistant carpet in the hotel ballroom

800
synthetic

形 統合の・合成の

[sinθétik]

▶ synthetic fabrics

▶ a shirt that is free of synthetic dyes

名形 textile 生地・織物／織物の

⊙ DIYで流行っている「ファブリックパネル」は、木製のパネルにファブリック（布）を貼り付けたインテリアのことです。◎似た意味のtextileも大事で、a textile factory「繊維工場」のように使います。

▶ 透けて見える布地

▶ 当社の衣服はしわになりにくい繊維で作られています。
※ garment「衣服」(59番) ／ wrinkle-free「しわになりにくい」

動 resist 抵抗する
名 resistance 抵抗

⊙ resist は「反対に(re)立つ(sist = stand)」→「抵抗する」で、形容詞は be resistant to ~「~に耐久性のある」の形が重要です（例1）。
◎○○-resistant は「○○に耐久性のある」です。water-resistant「防水の」／ heat-resistant「耐熱の」／ wrinkle-resistant「しわになりにくい」のように使われます。

▶ その時計の丈夫なサファイアのディスプレイは割れにくい。
※ crack「割れる」

▶ 防水・耐水素材
※ waterproof「防水の」

⊙「ステンレス(stainless)」とは「汚れ(stain)がない(less)」という意味です。歯磨き粉のCMでも「(コーヒーが原因の)歯の汚れ」を「ステイン」と言っていました。◎stain-resistant は「汚れにくい・防汚加工された」で、宣伝で「当社の製品は汚れにくい」とアピールすることもあります。

▶ 生地のしつこい汚れを落とす

▶ 汚れにくい新しいカーペットをホテルの宴会場に設置する
※ ballroom「宴会場」(673番)

名 synthesis 総合・合成
動 synthesize 統合する

⊙ "syn" は「同じ・一緒に」で、日本語でも「シンクロ(synchro)」=「同時に起こる」と使われています。synthetic は「一緒に(syn)置く」→「統合の・合成の」です。◎TOEICでは、衣服の話題で「(天然素材ではなく)化学物質を合成して人工的に作った」という意味でよく出ます。

▶ 合成繊維

▶ 合成染料を含まないシャツ
※ dye「染料」

437

⊙ Index 索引

本書の見出し語と派生語を掲載しています。※グレーは派生語のページ番号

関 正生 (せき まさお)

1975年7月3日東京生まれ。慶應義塾大学文学部 (英米文学専攻) 卒業。TOEIC® L&R テスト990点満点取得。2006年以降のTOEIC公開テストをほぼ毎回受験し、990点満点を取り続けている。
リクルート運営のオンライン予備校『スタディサプリ』で、全国の小中高生・大学受験生対象に、毎年140万人以上に授業を、また、『スタディサプリ English』でのTOEIC テスト対策講座では、約700本のTOEIC テスト対策の動画講義を行っている。著書に『TOEIC 神速』シリーズ (ジャパンタイムズ出版)、『世界一わかりやすいTOEIC® テストの英単語』(KADOKAWA)、『極めろ!リーディング解答力 TOEIC® L&R TEST PART 7』(スリーエーネットワーク)、『サバイバル英文法』(NHK 新書) など120冊超、累計300万部突破。英語雑誌『CNN ENGLISH EXPRESS』(朝日出版社) でコラムを連載中。

桑原雅弘 (くわはら まさひろ)

1996年6月14日山口県生まれ。東京外国語大学国際社会学部 (英語科) 卒業。英検®1級、TOEIC L&Rテスト990点満点、TOEIC® S&Wテスト各200点満点、英単語検定1級を取得済み。大学入学時より有限会社ストリームライナー (関正生事務所) に所属し、80冊以上の参考書・語学書の制作に携わる。
著書 (共著) に『世界一わかりやすい 英検®準1級に合格する過去問題集』(KADOKAWA)、『大学入試 英作文が1冊でしっかり書ける本 [和文英訳編]』(かんき出版)、『完全理系専用 看護医療系のための英語』(技術評論社)、『自分の力で書く大学入試英作文 FINAL DRAFT』(いいずな書店)、『大学入学共通テスト 突破演習【リスニング編】』(三省堂) がある。

Karl Rosvold (カール・ロズボルド)

アメリカ、ミシガン州出身。1993年から日本で活動、東京大学大学院 (学際情報学府修士課程) 修了。大手IT企業・金融機関・大学等でビジネス英語を教える経験を経て、現在はストリームライナー (関正生事務所) を中心に活動。英検®1級・TOEIC® L&Rテスト990点満点・TOEIC® S&W各200点満点・TEAP試験4技能満点取得のほか、日本語能力試験1級合格 (満点)。実際に試験を受験するだけでなく、語数・使用語彙レベル・英文の内容・設問の作られ方と方向性などを徹底的に分析した上で、問題作成・解説執筆・校正・監修を行う。著書に『TOEIC® L&Rテスト 超速効!神ポイント100』(ジャパンタイムズ出版)、『TEAP攻略問題集』(教学社) など。

関 正生の

TOEIC® L&R テスト
神単語

2023年2月5日　　初版発行
2023年2月20日　　第2刷発行

著者　　関 正生、桑原雅弘、Karl Rosvold
　　　　©Masao Seki, Masahiro Kuwahara, Karl Rosvold, 2023
発行者　　伊藤秀樹
発行所　　株式会社ジャパンタイムズ出版
　　　　102-0082 東京都千代田区一番町2-2 一番町第二 TG ビル2F
　　　　ウェブサイト https://jtpublishing.co.jp/
印刷所　　中央精版印刷株式会社

・本書の内容に関するお問い合わせは、上記ウェブサイトまたは郵便でお受けいたします。
・万一、乱丁落丁のある場合は、送料当社負担でお取りかえいたします。
　ジャパンタイムズ出版・出版営業部あてにお送りください。

定価はカバーに表示してあります。
Printed in Japan
ISBN978-4-7890-1855-5

本書のご感想をお寄せください。
https://jtpublishing.co.jp/contact/comment/